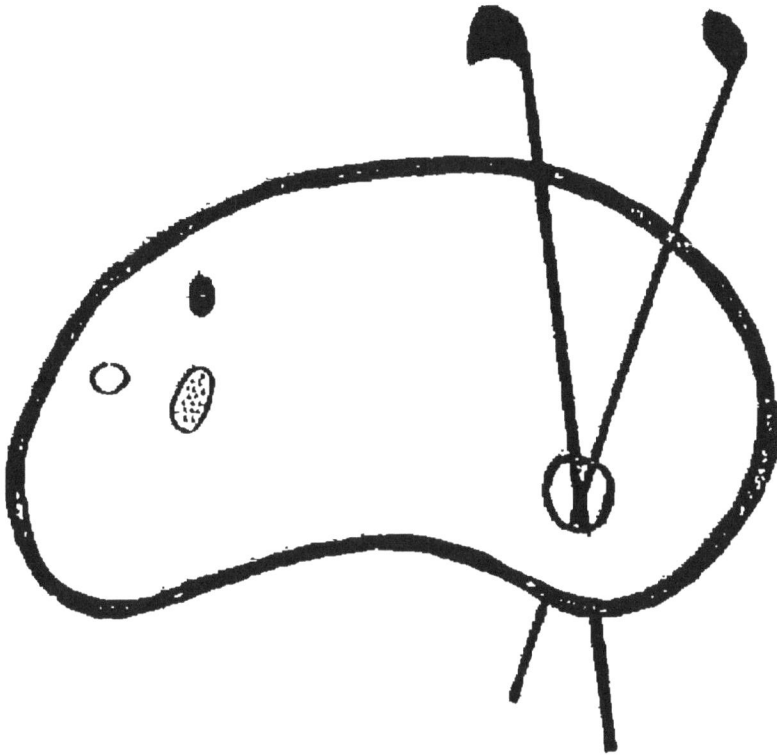

DEBUT D'UNE SÉRIE DE DOCUMENTS
EN COULEUR

RAPPORT

A

MONSIEUR LE PRÉFET DE POLICE

SUR LA

Revision de l'Ordonnance de 1875

CONCERNANT LES INCENDIES

Par HENRI BUNEL

ARCHITECTE EN CHEF

Articles 189 et 190 de la Coutume de Paris.

Article 674 du Code civil.

Ordonnance de Police concernant les Incendies du 15 septembre 1875.

Arrêté du Préfet de la Seine concernant l'établissement des tuyaux de fumée du 15 janvier 1881.

PARIS

IMPRIMERIE ET LIBRAIRIE CENTRALES DES CHEMINS DE FER

IMPRIMERIE CHAIX

SOCIÉTÉ ANONYME

(Succursale B), rue de la Sainte-Chapelle, 5.

1895

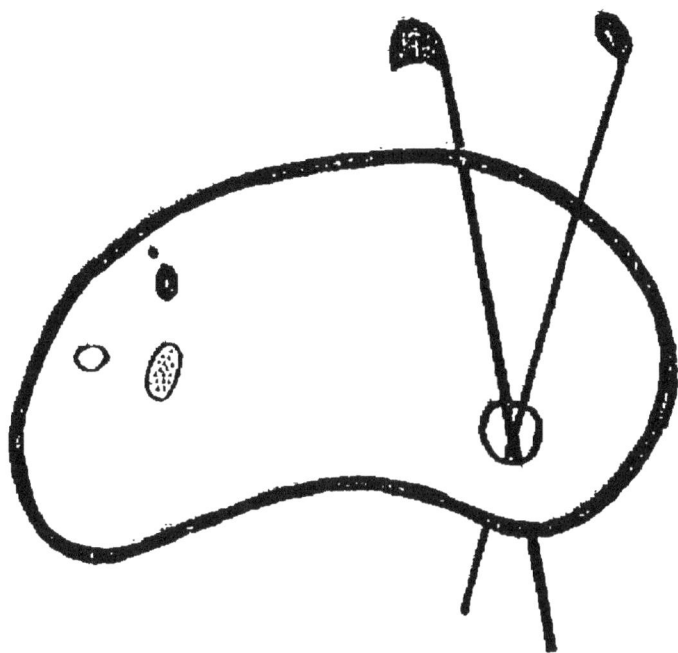

FIN D'UNE SERIE DE DOCUMENTS
EN COULEUR

RAPPORT

A

MONSIEUR LE PRÉFET DE POLICE

SUR LA

Revision de l'Ordonnance de 1875

CONCERNANT LES INCENDIES

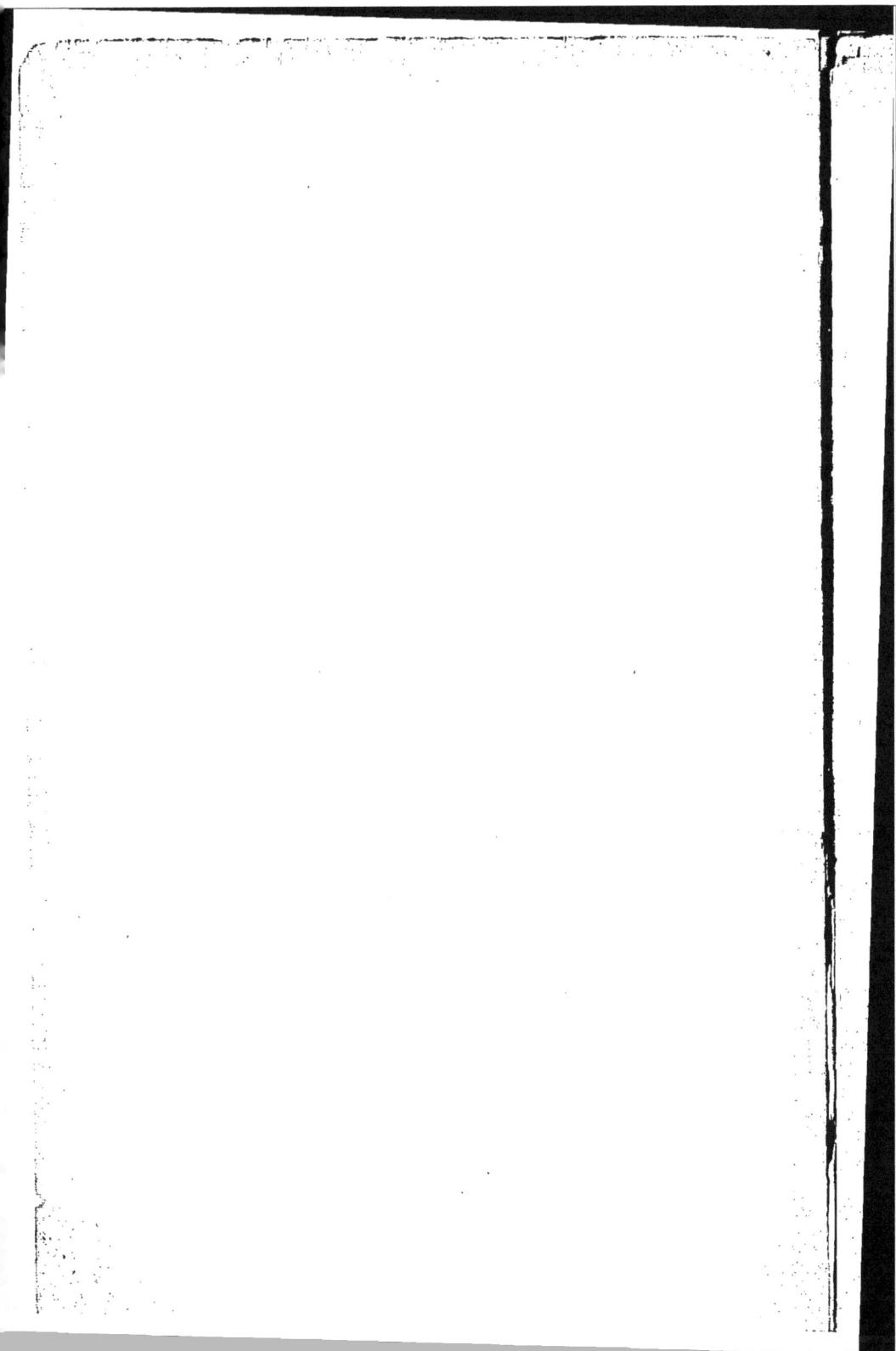

RAPPORT

A

MONSIEUR LE PRÉFET DE POLICE

SUR LA

Revision de l'Ordonnance de 1875

CONCERNANT LES INCENDIES

Par HENRI BUNEL

ARCHITECTE EN CHEF

Articles 189 et 190 de la Coutume de Paris.

Article 674 du Code civil.

Ordonnance de Police concernant les Incendies
du 15 septembre 1875.

Arrêté du Préfet de la Seine concernant l'établissement
des tuyaux de fumée du 15 janvier 1881.

PARIS

IMPRIMERIE ET LIBRAIRIE CENTRALES DES CHEMINS DE FER

IMPRIMERIE CHAIX

SOCIÉTÉ ANONYME

(Succursale B), rue de la Sainte-Chapelle, 5.

1895

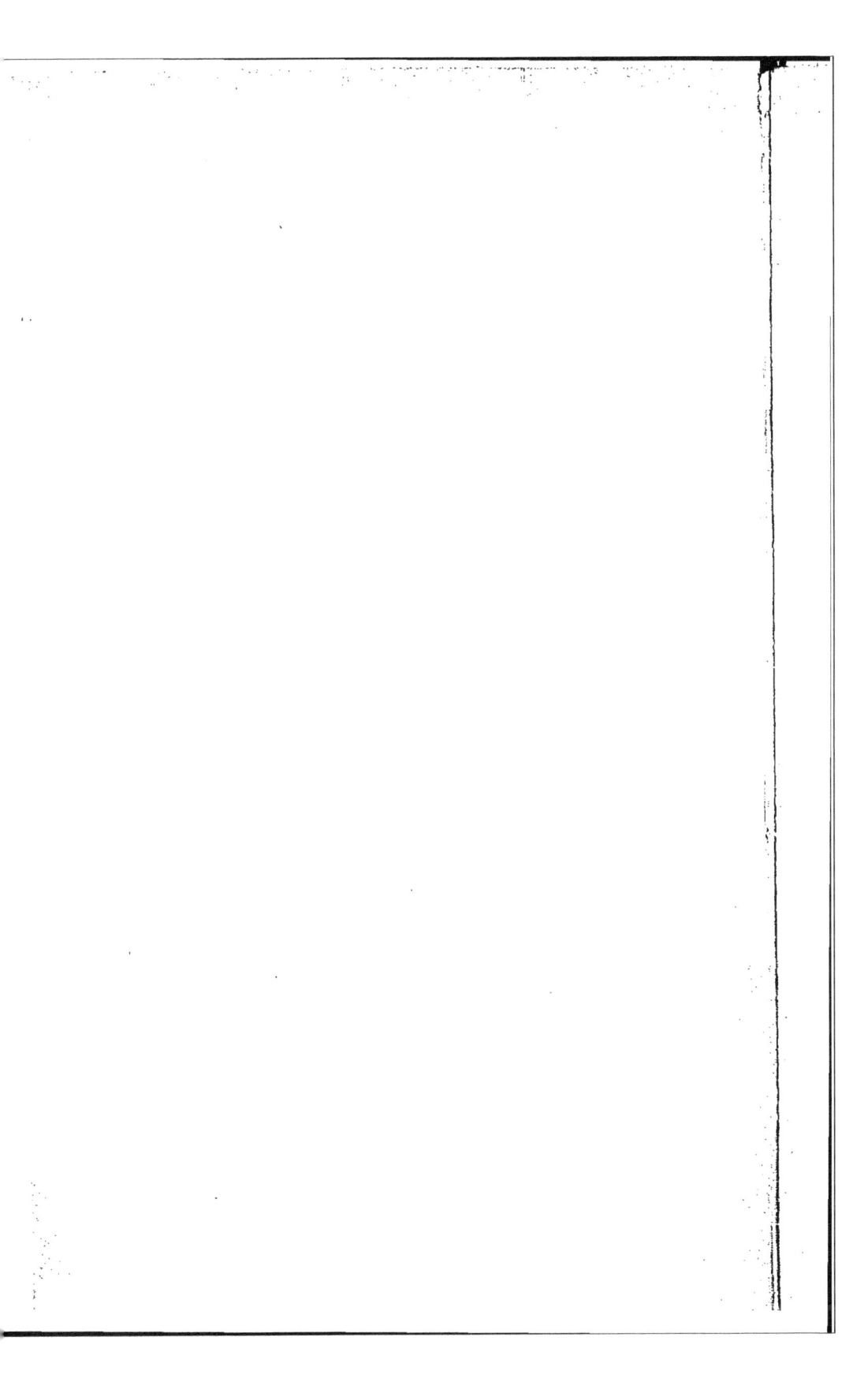

A Monsieur le Préfet de Police.

Monsieur le Préfet,

L'article 674 du Code civil est ainsi conçu : *Celui qui veut construire, près d'un mur mitoyen, cheminée ou âtre, forge ou fourneau, est obligé à laisser la distance prescrite par les règlements et usages particuliers sur ces objets ou à faire les ouvrages prescrits par les mêmes règlements et usages, pour éviter de nuire au voisin.*

A vous seul, Monsieur le Préfet, en vertu des pouvoirs qui vous sont délégués par les lois des 16-24 août 1790, 19-22 juillet 1791 et par l'arrêté du Gouvernement du 12 messidor an VIII (1er juillet 1800), il appartient de faire les règlements que, pour différents motifs, le législateur ne pouvait formuler ni comprendre dans l'article 674. En effet, cet article prescrit non seulement de prendre certaines précautions et d'observer certaines distances dans la con-

struction des cheminées, âtres, forges ou fourneaux près d'un mur mitoyen conformément
aux usages particuliers, c'est-à-dire aux coutumes locales (art. 189 et 190 de la Coutume de
Paris), mais il oblige aussi de suivre les règlements, c'est-à-dire les ordonnances et les arrêtés
de l'autorité chargée de prendre les mesures
propres à prévenir les incendies.

L'ordonnance royale de 1453 (Charles VII),
en prescrivant la rédaction des anciennes coutumes provinciales non écrites, avait certainement pour objet véritable la fusion des coutumes
diverses en une grande et seule loi (1). Ce des-
sein ne fut qu'en partie exécuté par la réfor-
mation successive des coutumes primitives
opérée, pendant le cours du seizième siècle,
sous l'influence du Parlement de Paris. Les
auteurs du Code civil se trouvèrent donc en
présence de coutumes si différentes que, pour
l'article 674, ils durent les respecter, en insérant
l'obligation de laisser les distances prescrites
par les usages particuliers, c'est-à-dire par les
coutumes écrites et par les règlements ou de

(1) GIRAUD. Précis de l'ancien droit coutumier.

faire les ouvrages prescrits par ces mêmes coutumes et ces mêmes règlements, qui devaient
forcément varier selon les pratiques suivies et
les progrès réalisés dans l'art de bâtir et selon
la nature et le mode d'emploi des matériaux
mis en œuvre pour la construction non seulement des âtres, cheminées, forges ou fourneaux,
mais aussi des murs mitoyens. Ils prévoyaient
d'ailleurs que des règlements interviendraient
pour modifier, sinon pour unifier, ces coutumes
si variables d'une province à une autre province.
Enfin ils avaient bien compris que les distances
et les ouvrages prescrits par les articles 189 et
190 de la Coutume ne visaient pas seulement
la protection du mur mitoyen mais aussi le
danger d'incendie et l'incommodité de la chaleur
et ils n'ignoraient pas que les lois en vigueur :
la loi des 16-24 août 1790 laissait le soin aux
corps municipaux de prévenir, par les précautions convenables, les fléaux calamiteux et qu'en
ce qui concerne la Ville de Paris, l'arrêté du
Gouvernement du 12 messidor an VIII vous
chargeait de prendre les mesures propres à prévenir les incendies, mesures qui, sous l'ancien
régime, étaient libellées dans les ordonnances

royales, les arrêts du Prévôt de Paris siégeant au parloir aux bourgeois, les sentences du Châtelet et les ordonnances du Lieutenant de Police.

Dans l'état actuel de la législation, les règlements en vigueur, pour Paris, sont l'ordonnance de police concernant les incendies du 15 septembre 1875 et l'arrêté du Préfet de la Seine concernant la construction des tuyaux de fumée du 15 janvier 1881. Les usages particuliers sont les articles 189 et 190 de la Coutume de Paris, visés par les articles 14 et 16 de l'ordonnance de 1875.

La contravention aux articles de votre ordonnance peut se poursuivre en vertu des articles 471 et 475 du Code pénal et l'infraction à certains articles peut rendre le constructeur passible des articles 1792 et 2270 du Code civil, elle peut aussi quelquefois constituer une faute grave dont il est responsable par application des articles 1382 et 1383 du même Code. C'est vous dire, Monsieur le Préfet, l'importance de cette ordonnance qui a vraiment force de loi et dont l'inexécution des articles spéciaux à la construction, a motivé de nombreux jugements du Tribunal civil.

Vingt années se sont écoulées depuis la promulgation de la dernière ordonnance de police concernant les incendies et dans ce laps de temps des modifications importantes ont été apportées dans l'art de bâtir, dans la nature des matériaux employés dans la construction des tuyaux de fumée et des appareils de chauffage. La revision des articles 18 et 19 de cette ordonnance a déjà fait l'objet d'un rapport au Conseil d'Hygiène publique et de Salubrité dans sa séance du 14 mai 1886; et ce Conseil a aussi adopté, depuis 1875, deux nouvelles instructions concernant les tuyaux de fumée et le mode de chauffage des habitations, qui doivent remplacer l'instruction annexée à l'ordonnance en vigueur. L'établissement, dans l'intérieur de Paris, de grandes usines pour la production de l'air comprimé, de la force motrice et de la lumière électrique ont aussi augmenté considérablement les dangers d'incendie et les inconvénients de la fumée produite par les millions de kilogrammes de houille brûlés journellement dans les foyers de ces usines dont l'existence était inconnue lors de la publication de l'ordonnance. D'un autre côté, l'emploi exclusif des pompes à vapeur qui ont détrôné les anciennes pompes à bras, l'installation des avertisseurs téléphoniques et des bouches d'eau pour pompes à vapeur dans presque tous les quartiers de Paris, ainsi que la création des grands postes périphériques reliés électriquement, étaient aussi inconnus en 1875 ; et le titre VII de l'ordonnance qui traite spécialement de l'extinction des incendies devra être complètement remanié, en tenant compte des perfectionnements apportés, depuis vingt ans, dans les moyens de les combattre.

Il convient enfin de vous signaler les diverses interprétations données par les tribunaux, les experts et les compagnies d'assurances à quelques articles de l'ordonnance de police et de l'arrêté préfectoral qui, sur certains points, comme nous le démontrerons plus loin, ne concordent pas complètement et qui par suite ont donné lieu à de nombreux litiges.

Pour tous ces motifs, une revision complète des règlements en vigueur s'impose, et la promulgation d'une nouvelle ordonnance concernant les incendies, nous semble amplement justifiée, nécessaire et urgente.

Mais la rédaction de cette nouvelle ordonnance

ne peut être l'œuvre d'un seul; tous les articles doivent en être sagement pesés et sagement mûris et il conviendra de faire appel aux lumières d'une Commission composée de fonctionnaires, d'hygiénistes, d'architectes et de constructeurs experts, qui vous proposera le nouveau texte de l'ordonnance à promulguer. Il conviendra aussi d'examiner si, d'un commun accord avec votre collègue Monsieur le Préfet de la Seine, il n'y a pas lieu de fusionner, dans la même ordonnance, les articles de son arrêté de 1881 qui, pour tous les constructeurs, constituent de véritables mesures préventives contre les incendies, mesures qu'il vous appartient seul de prescrire.

Le but que nous nous sommes proposé, en vous adressant ce Rapport, est donc de préparer le travail de cette Commission, en indiquant les modifications à apporter à l'arrêté préfectoral et à l'ordonnance, en donnant l'avis et la jurisprudence de votre service d'architecture et en commentant non seulement les anciens règlements en vigueur, mais aussi les anciennes ordonnances et les anciennes coutumes.

Pour bien légiférer, il faut en effet remonter

aux origines, et de même que les commentateurs du Code civil ont soin de renvoyer au
droit romain ou au droit coutumier, nous avons
cru nécessaire de faire l'historique de la législation, c'est-à-dire des coutumes ou usages particuliers et des ordonnances de police ; c'est ce
qui fera l'objet des premiers chapitres de ce
Rapport. Dans la dernière partie nous exami-
nerons et nous vous signalerons tous les articles
des règlements en vigueur qui nous paraissent
devoir être modifiés et sur lesquels il y a lieu
d'appeler tout spécialement l'attention de la
Commission à laquelle vous confierez le soin de
cette revision.

HISTORIQUE

L'historique de l'article 674 du Code civil, des articles
189 et 190 de la coutume de Paris et de l'Ordonnance de
police de 1875, sur les incendies, doit comprendre non
seulement l'interprétation et le commentaire sur les articles
du droit romain qui traitent des incendies, des vices de
construction et des dommages résultant de l'usage du feu,
des lois, des arrêts, des sentences et des ordonnances sur
les incendies, antérieurs aux règlements en vigueur, mais
aussi une description sommaire des fours, des fourneaux,
des forges et des appareils de chauffage, ainsi qu'un aperçu
sur le mode de construction et l'usage de ces appareils à
l'époque de leur réglementation. Une connaissance appro-
fondie des mœurs, des usages, des coutumes, de la tech-
nologie des appareils et de l'art de construire est nécessaire
pour bien interpréter et saisir les motifs des premiers législateurs sur un pareil sujet. Il n'est pas permis, aujourd'hui,
de confondre comme Hulot, le traducteur des Pandectes,
tubulus avec *fistula* et, parce que le mot *balnearia* se trouve
dans le paragraphe 13, titre II, livre VIII du Digeste,
d'ignorer ce que pouvait être, au temps de Proculus, sous
Néron, une étuve à air chaud, *caldarium :* d'en conclure
que les Romains ne prenaient que des bains d'eau chaude
ou d'eau froide et enfin de traduire : *De tubulis eo amplius
hoc juris est, quod per eos flamma torretur,* par : « Il y

a ceci de plus à observer, par rapport aux tuyaux de bains, que les murs sont minés par l'eau chaude qui y passe continuellement ». Il nous a donc paru intéressant et indispensable de faire précéder le résumé de la législation, de la jurisprudence et des différentes mesures prescrites par les magistrats de police, pour prévenir et combattre les incendies, d'un exposé sommaire des différents modes de chauffage et d'établissement des fours, forges, fourneaux et cheminées aux différentes époques de leur réglementation.

I

A Rome, dans les premiers temps, le foyer, cheminée ou âtre, *focus* « tout ce qui garde et entretient le feu » a dit Varron [1], se composait d'une plate-forme en pierre ou en briques, élevée de quelques centimètres au-dessus du sol avec une cavité renfermant le feu, sans manteau et sans conduit pour évacuer la fumée au dehors.

La pierre du foyer était placée au centre des huttes primitives, rondes ou carrées, recouvertes d'un toit conique ou à quatre pans, formé d'un clayonnage et de chaume pétri avec de la terre, comme Vitruve nous décrit, encore de son temps, la demeure des premiers habitants de Marseille [2]. La fumée s'échappait par les interstices du clayonnage et surtout par la porte, et plus tard par une

---

(1) *Quidquid autem ignem foret, focus vocatur, seu ara sit, seu quid aliud in quo ignis foretur*, et OVIDE, Fastes. Liv. VI, 301.

At focus a flammis, et, quod foret omnia, dictus.

(2) *Non minus etiam Massiliæ animadvertere possumus sine tegulis subacta cum paleis terra tecta.* Liv. II, chap. 1.

ouverture pratiquée au sommet du toit(1), qui, dans les pays méridionaux, servait aussi à éclairer la salle commune. Les urnes cinéraires, en forme de maisons, trouvées dans les fouilles du Latium et de Cornéto, nous donnent une idée de la construction intérieure et extérieure de ces habitations primitives. La famille, groupée autour du foyer qui était aussi l'autel domestique, se réunissait, préparait et prenait ses repas et sacrifiait aux dieux et aux mânes des ancêtres, *fumosæ imagines*, de là la juxtaposition si fréquente dans les circonstances solennelles des mots *pro aris et focis*. Les ruines de Pompéi nous offrent de nombreux exemples de ces foyers primitifs, sur lesquels on allumait le feu avec des bûches de bois reposant sur des chenêts, *varæ* (2) ou *craticuli* (3), dont on peut voir quelques spécimens au musée de Naples.

Sous les premiers rois et dans les premiers temps de la République, un intervalle de deux pieds et demi séparait les maisons les unes des autres. La servitude de passage, de voie, *via*, remonte jusqu'à la loi des douze tables. La table VII dit : « Entre les édifices voisins on doit laisser pour la circulation un espace vide, *ambitus*, de deux pieds et demi(4) et la même loi table x, comme nous le verrons plus loin, prévoit la peine à appliquer en cas d'incendie et la réparation du dommage.

Cet espace, consacré au Dieu de l'enceinte, que l'on ne peut franchir sans impiété (5) et qui sépare le domaine

---

(1) *Et jam summa procul villarum culmina fumant*. VIRG., Eglog. I, 82.

(2) *Vara*, fourche ou tréteau.

(3) Dans SAGLIO.

(4) *Lex etiam* XII *tabularum argumento est, in qua pedes et semi sestertius pes vocatur.* — FESTUS au mot *Ambitus*.

(5) FUSTEL DE COULANGES. La Cité antique.

d'un foyer du domaine d'un autre foyer, subsista jusqu'aux premières guerres puniques. Avant cette époque, la ville n'avait même pas de rues, si l'on appelle de ce nom la continuation des chemins qui y aboutissaient.

Les maisons étaient placées sans ordre ou très petites (1) et jusqu'à la guerre de Pyrrhus elles ne furent couvertes qu'en planches (2). Les Gaulois n'avaient d'ailleurs brûlé qu'un amas de cabanes, de maisons sordides et quelques pauvres temples; ce qui donnerait créance à la tradition qu'une année suffit pour reconstruire la ville (3).

Rome devenue riche et puissante, voulut se faire belle et les édiles élargirent les rues de l'ancienne ville, si étroites, que les vestales seules et les matrones avaient le droit d'y passer en char pour les solennités publiques (4).

L'accroissement de la population força bientôt les habitants à resserrer leurs demeures, à avoir des clôtures mitoyennes, *Parietes communes*, et à abandonner l'enceinte sacrée qui délimitait le foyer domestique, le Dieu intérieur, les *Pénates*.

La pente du toit qui rejetait l'eau à l'extérieur fut alors dirigée vers l'intérieur, l'ouverture centrale s'élargit et forme une cour, *cavædium* (5), avec un *impluvium* au centre pour recevoir l'eau pluviale, autour de laquelle viennent se grouper les chambres des Romains plus civilisés.

A l'imitation des Étrusques, sur la fin de la République,

---

(1) MONTESQUIEU. Chap. I.

(2) PLINE. Hist. nat., XVI.

(3) PLUT. Cam. 32.

(4) DURUY. Hist. des Rom.

(5) *Cavum ædium* littéralement le creux de la maison. — VARRON, ling. lat. V, 161. — VITRUVE.

le cavœdium devient l'*Atrium* avec ses portiques couverts, desservant toutes les pièces qui composent la maison romaine, telle que nous la retrouvons à Pompéi; le foyer destiné à la cuisson du pain et des aliments est alors relégué à la cuisine, *culina*, avec les dieux lares (1) et il ne reste dans l'atrium que l'*Ara*, l'autel où l'on offre des sacrifices au dieu domestique.

La cuisine, *culina* (2), au deuxième siècle avant J.-C., était déjà placée, par crainte d'incendie, dans la partie postérieure de la maison (3), et plus tard Columelle explique que, pour la même raison, elle doit être rejetée loin de l'habitation et, en tout cas, construite de telle façon qu'on puisse y entretenir un grand feu sans péril pour la toiture (4).

A Pompéi on a trouvé de nombreuses cuisines, toujours situées dans les dépendances qui entourent le péristyle. Dans quelques habitations elle est contiguë à la salle de bain et le fourneau, adossé au mur de cette salle, servait en même temps à cuire les aliments et à chauffer l'eau du bain. Elle est rarement près de la salle à manger et, dans ce dernier cas avec ouverture (5) dans le mur, pour le passage des plats.

---

(1) Les peintures à fresques des cuisines de Pompéi représentent toujours les dieux lares, protecteurs de la maison, avec les deux serpents de chaque côté d'un autel, pour rappeler probablement à l'esclave chargé de la cuisine que le maître exige de lui la plus grande propreté. Les deux serpents avec l'autel ont été relevés par Rich, aux thermes de Titus à Rome, avec l'inscription suivante : *Jorem et Junonem et duodecim deos iratos habeat quisquis hic minxerit aut cacarit.*

(2) *Murena probente domum, capitone culinam.* HORACE, Sat. I, 5.

(3) VARRON, dans Non., p. 55. (SAGLIO.)

(4) *In rustica parte magna et alta culina ponetur, ut et contignatio careat incendio periculo.* COLUM. De re rusti, I, 6.

(5) *Fenestra,* ouverture fermée par un volet à coulisse.

Les Romains de la décadence se faisaient apporter les plats à table sur des réchauds en bronze, dont on voit de nombreux spécimens au musée de Naples; ce qui a fait dire à Sénèque que *la cuisine accompagnait le repos* (1). La salle à manger était souvent au premier étage (2), on l'appelait *cœnaculum*, et plus tard le mot *cœnacula* a voulu dire toutes les chambres des étages supérieurs, comme nous le verrons plus loin en parlant des incendies.

Dans la maison du questeur à Pompéi on voit encore, dans la cuisine, les restes du briquetage formant trois compartiments pour la cuisson des aliments. Une autre cuisine, assez complète, a été aussi trouvée dans la maison de Pansa. Mais ces fourneaux potagers, comme nous les appellerions aujourd'hui, n'avaient ni manteau, ni tuyaux de cheminée. La cuisine, ouverte sur une petite cour, était presque toujours installée sous un appentis recouvert par un toit en charpente et la fumée, peu abondante, puisque l'on faisait usage de charbon de bois ou de bois desséché par des procédés particuliers dont nous allons parler, était évacuée par les interstices des tuiles, ou par une ouverture pratiquée dans la couverture, non sans mettre quelquefois le feu à la toiture, comme nous l'apprend Horace dans son voyage à Brindes (3).

Le tuyau de fumée n'était pas ignoré des Romains mais il était surtout réservé pour les bains, les fourneaux à fondre les métaux, les fours de boulangers ou certains appareils de chauffage analogues à nos calorifères. Dans

---

(1) *Culina cœnam prosequitur.* SENEC. Ép. 78.

(2) VARRON, de ling. lat. V, 162.

(3) *Tendimus hinc recta Beneventum, ubi sedulus hospes*
Pæne, macros, arsit, dum turdos versat in igne;
Nam vaga per veterem dilapso flamma culinam
Vulcano summum properabat lambere tectum.
                              HORACE, Sat. I, 5.

les ruines de Pompéi on n'a trouvé que quelques débris
de tuyaux de fumée en terre cuite (1) mais aucune trace
de ce que nous appelons un âtre de cheminée avec manteau et tuyau de fumée.

Le combustible, dont on faisait usage, s'appelait : *acapna
ligna,* bois sans fumée. Plusieurs procédés étaient employés par les anciens pour obtenir ce produit. Le plus
simple consistait à exposer le bois à un feu ardent sans le
réduire en charbon, on l'appelait alors *ligna cocta* ou
coctilia (2). La seconde méthode consistait à l'écorcer, à
le faire tremper dans l'eau, puis à le sécher (3). Le troisième procédé était une immersion dans l'*Amurca,* le suc
aqueux de l'olive qui sort sous la pression avant l'huile (4).
On l'enduisait quelquefois aussi de cette substance avant
de le faire sécher au soleil ou dans le *Fumarium.*

Les appareils de chauffage des habitations se composaient généralement de foyers mobiles, le *foccone* des Ita-
liens, dont on peut voir de nombreux spécimens au musée
de Naples. On les appelait *caldarium,* comme l'étuve des
thermes, quand ils contenaient des réservoirs ou de petites
bouilloires pour chauffer l'eau et réchauffer les mets;
mais le vrai nom de ces braseros était *foculi,* petits foyers.
Ils étaient en terre cuite ou en bronze, ronds ou rectangulaires et montés sur des pieds très richement ornés. On
les transportait d'une pièce dans une autre et quelques-uns
de ces *foculi* sont montés sur des pieds à roulettes (5)
comme nos poêles mobiles.

(1) AVELLINO, Desc. di una casa, la secunda.
(2) MARTIAL, Épig., Livre XIII, 15.
(3) THÉOPH, Hist. plant., XV, 10.
(4) PLINE, Hist. nat., XV.
(5) CASINA, Etruria maritima, pl. LVIII. — Museo Chiusino, 1, pl.
XXXIX. (SAGLIO.)

Malgré les divers procédés employés pour obtenir un combustible sans fumée, les habitations n'en étaient pas complètement exemptes; Vitruve (1), dans son traité d'architecture, recommande de faire des corniches très simples dans les chambres où l'on fait du feu, pour éviter les amas de suie; et des décisions rapportées dans le Digeste (2) visent le cas où une servitude pourra obliger à supporter la fumée venant d'un autre étage.

Dans toute l'Italie on ne connaît que trois exemples de foyers, munis d'un court tuyau, destinés à faire du feu au milieu d'une chambre. On en a trouvé un à Baïes, un autre près de Pérouse, un troisième à Civita-Vecchia (3).

Les auteurs parlent cependant assez souvent du foyer ou de la cheminée, *caminus*, telle que nous la comprenons : Horace écrit à son ami Thaliarque de faire bon feu pour chasser le froid (4), il se plaint aussi d'avoir les yeux incommodés par la fumée d'un bois trop vert (5) et regarde comme du superflu une cheminée au temps de la canicule (6). Cicéron recommande à Atticus de faire du feu dans sa cheminée (7), Suétone emploie le mot *caminus*

---

(1) Vitruve. Liv. VII, chap. III.

(2) Liv. VIII, 5 et 8.

(3) Manusc. de Francesco di Giorgio. Bibliot. de Sienne.

(4) *Dissolve frigus, ligna super foco*
Larga reponens....
Odes, Liv. I, 9.

(5) .... *Lacrimoso non sine fumo.*
Udos cum foliis ramos urente camino.
Sat., Liv. I, 5.

(6) *Sextili mense caminus.*
Ép., Liv. I, xi.

(7) *Loculato camino utendum censeo.*
Cic. ad Attic.

dans la même acception : « Quand Vitellius fut proclamé
empereur, il se fit acclamer par les soldats et en rentrant
dans son palais, le feu avait pris dans la cheminée » (1).

Le mot *caminus* veut certainement dire cheminée, c'est-
à-dire âtre, avec ou sans conduit de fumée, dans le sens
que nous y attachons ; mais il paraît peu probable, qu'en
dehors des tuyaux de fumée de bains ou des fours de boulangers dont nous allons parler, les Romains aient construit
des conduits, pour l'évacuation de la fumée de leurs foyers
domestiques, dépassant le faîtage du toit. Les nombreuses
vues à fresques, peintes sur les murs de Pompéi, ne nous
présentent aucun exemple de tuyaux ou de souches de
cheminées émergeant au-dessus des toits.

Les maisons de Pompéi avaient cependant un et deux
étages au-dessus du rez-de-chaussée, à Rome elles étaient
très élevées; en l'an 218 du temps d'Annibal, il y avait déjà
un troisième étage (2), Martial habitait au troisième (3).
Ces étages supérieurs s'appelaient *cœnacula* (4), et les logements composés généralement d'une ou deux chambres,
d'une cuisine et d'une *latrina*, étaient desservis par un
escalier spécial (5). Auguste défendit, par une ordonnance,

(1) *Nec ante in pretorium rediit, quam flagrante ex conceptu camino.*
Pretorium, à cette époque, veut dire le palais du général en chef. Il
s'agit ici du camp bâti par Séjan, sous le règne de Tibère, sur un
des points culminants de Rome, entre les portes Colline et Viminiale,
en dehors de l'Agger de Servius; il ne reste aujourd'hui qu'une partie
de l'enceinte. C'était donc une véritable construction très luxueuse,
entourée de murailles et non une tente comme le traduit Laharpe.

(2) TITE-LIVE, XXI, 62, 3.

(3) *Et scalis habito tribus, sed altis.*

(4) VARRON, de ling. lat. V, 162.

(5) TERTULLIEN, 7. *Cœnacula in œdicularum disposita sunt forma,*
aliis atque aliis pergalis superstructis et per totidem scalas distributis, etc.
— CICÉRON, Agr. II, 55.

d'élever les maisons au delà de soixante-dix pieds(1) et
Néron, après l'incendie qui détruisit la plus grande partie
de la ville, limita la hauteur des façades à soixante pieds(2).
Il nous paraît peu probable, qu'avec cette hauteur de maison et cette superposition de logements, ayant chacun leur
cuisine, comme l'affirme Tertullien, des tuyaux pour l'évacuation de la fumée n'aient pas été ménagés contre les
murs ou dans leur épaisseur, comme cela se pratiquait
pour les fours de boulanger, les bains et les étuves.

Si la souche de cheminée, émergeant au-dessus du faîtage, n'existe pas dans les vues à fresques de Pompéi, il ne
faut pas en conclure que les Romains de la décadence se
contentaient d'ouvrir leurs portes ou leurs fenêtres pour
laisser échapper la fumée de leurs cuisines et de leurs
foyers; il y a tout lieu de croire que, par des ouvertures
pratiquées dans les planchers, et prolongées en larges
gaines ou en tuyaux de poterie, à travers les nombreux
étages superposés, cette fumée était conduite jusqu'au-
dessus du faux plancher du dernier étage et qu'elle se répandait librement dans l'espace compris entre le toit proprement dit et ce faux plancher, dans la chambre à fumée,
le *Fumarium*, là où l'on mettait sécher le bois et vieillir le
vin. La fumée s'échappait ensuite soit par des ouvertures
latérales pratiquées dans le prolongement du mur de face,
au-dessus de ce faux plancher, soit par les interstices des
tuiles, et l'on sait que la couverture en tuiles romaines
formée alternativement de larges tuiles plates, *tegulæ*, et
de tuiles faitières, *imbrices*, pouvait très facilement laisser
échapper la fumée, soit enfin par des tuiles ajourées dont
on a trouvé de nombreux débris à Pompéi.

(1) STRABON. V. p. 235.
(2) TACITE. Ann. XV.

Rich dit que l'on appelait *fumarium,* la pièce à fumée, la chambre dans la partie supérieure d'une maison où on laissait la fumée des feux de cuisine ou des fourneaux de bain, se réunir avant de s'échapper et de se diriger dans l'air. On y mettait le bois sécher pour en faire un bon combustible(1), elle servait aussi comme magasin pour faire vieillir le vin et Martial se plaint de l'envoi que lui fait Munna de la piquette en tonneau provenant des magasins enfumés de Marseille, il ajoute qu'avec le transport le tout revient aussi cher qu'une pièce de Falerne (2). Horace ne manque pas de célébrer le vin du consulat de Tullus, vieilli par la fumée (3). Ce qui donne enfin créance à l'existence de cette chambre à fumée, c'est la version de Tite-Live parlant des malheureux qui, au temps des proscriptions, pour échapper aux soldats qui les poursuivaient, s'étaient réfugiés sous les toits et qui périrent tous asphyxiés par la fumée.

Quant aux tuiles ajourées, Chipiez prétend qu'elles recevaient des feuilles de verre, et que leur structure et leur conformation ne laissent aucun doute à ce sujet. Pour Pompéi, nous n'aurions aucune objection à faire à cette hypothèse, puisqu'on a trouvé des vitres dans la villa de Dioméde, dans les anciens bains et dans la maison du Faune. L'usage du verre était d'ailleurs très répandu à Rome au premier siècle de notre ère, et M. de Pastoret dit, qu'au

---

(1) Colum. Liv. 1, 6.

(2) *Improba Massilliæ quidquid fumaria cogunt,*
Accipit ætatem quisquis ab igne cadus,
A te, Munna, renit: etc.

Épig., Liv. X, 36.

(3) *Amphoræ fumum bibere institutæ,*
Consule Tullo.

Odes, Liv. III, 8.

siècle d'Auguste, on pouvait livrer des verres à boire à aussi bas prix que chez nous, à un demi-as la pièce (1). Mais des tuiles semblables, évidées dans le milieu, ont aussi été trouvées sur l'Acropole, à Tégée et à Olympie, et nous ne croyons pas que ces tuiles grecques, beaucoup plus anciennes que les tuiles ajourées de Pompéi, aient jamais reçu des lames de verre. Il y a tout lieu de penser que l'évidement de ces tuiles était recouvert par une chape en métal, ayant la forme de nos tuiles chatières, en dos d'âne, permettant à la fumée de s'échapper, à l'air libre, du *fumarium* ou du faux grenier.

Si les ruines de Pompéi ne nous offrent aucun exemple de cheminée ou d'âtre fixe avec conduit pour évacuer la fumée au dehors, on y trouve en compensation de nombreux fours de boulangers avec leurs tuyaux de fumée.

Ce fut seulement à partir de l'année de Rome 568 (186 avant J.-C.) que le métier de boulanger devint une profession. Jusqu'à cette époque le cuisinier, *coquus*, moulait la farine, faisait et cuisait le pain à la maison (2). « Le foyer même préparait le pain sous la cendre; des morceaux de tuiles en composaient l'âtre brûlant. » (3) Le boulanger s'appelait primitivement *coquus* et la boulangerie *coquina*, plus tard, *pistor*, littéralement meunier, celui qui broie et écrase le grain, et la boulangerie, *pistrina* (4), mot que nous retrouvons dans la basse latinité.

A Pompéi, on a découvert plusieurs boulangeries dans la rue des Augustals; dans la maison de Pansa, rue des

---

(1) T. V., 2ᵉ partie, p. 85.

(2) PLINE, Hist. nat., XVIII, 28.

(3)   *Suppositum cineri panem focus ipse parabat;*
         Strataque erat tepido tegula quassa solo.
                              OVIDE, Fastes, VI, 315.

(4) CICÉRON, In Piso, 27.

Thermes, découverte en 1811, deux boutiques étaient occupées par des boulangers, l'une en façade sur la rue *di Modesto*, l'autre à l'angle de la rue des Thermes et de la rue *della Fullonica* (1). En 1862, on a déblayé en face la maison de Salluste, rue de Mercure, une boulangerie dont le four était fermé par une double porte en fer et contenait encore quatre-vingt-deux pains.

Mais la plus intéressante et la plus complète est certainement la boulangerie découverte en 1810, en présence de Mazois, dans la rue d'Herculanum : le four est adossé ainsi que la cheminée à un mur en maçonnerie et repose sur une arcade vide comme les fours que l'on construit encore de nos jours. Une chambre d'air chaud enveloppe tout le massif et la fumée est évacuée au dehors après avoir traversé une chambre à fumée ou étuve située à l'étage supérieur, qui servait probablement de *fumarium* pour dessécher le bois.

Dans la boulangerie de la maison de Pansa, rue *di Modesto*, la fumée était évacuée vers le toit par trois tuyaux se réunissant en hotte à la base, au-dessus du four. Cette disposition de plusieurs tuyaux desservant un même foyer a d'ailleurs été adoptée par les architectes du Moyen-Age et de la Renaissance, et Viollet-le-Duc en cite de nombreux exemples, notamment les cheminées de la grande salle et de la salle des Preuses du château de Coucy, les cheminées de la cuisine de l'abbaye de Marmoutier, etc. La division du tuyau de fumée en plusieurs sections par des languettes ou des murettes avait pour objet d'empêcher le vent de s'engouffrer dans ces larges trémies et de faire rabattre la fumée.

---

(1) Au-dessus du four, un phallus sculpté avec l'inscription : *Hic habitat felicitas*.

Tous ces fours des boulangeries de Pompéi sont adossés à des murs en maçonnerie et, en outre de l'épaisseur du mur, il y a encore la maçonnerie propre du four qui forme contremur. Cette disposition est très visible sur les plans des maisons de Pompéi que nous avons sous les yeux et nous en avons d'ailleurs fait la remarque, sur les lieux mêmes, en 1879 et en 1886. Nous n'avons pas vu de fours adossés à des murs mitoyens, ils sont généralement placés dans une pièce secondaire ou arrière-boutique de la boulangerie, en façade sur la rue, comme toutes les boutiques de cette ville.

Dans la maison du Foulon, *strada Stabiana* (1), dans les nombreuses boutiques des marchands de victuailles, les fourneaux sont souvent adossés au mur mitoyen, sans isolement, mais ils ont toujours leur épaisseur de maçonnerie propre, et dans aucun cas la flamme ou le feu du foyer ne peuvent détériorer le mur commun.

Quant aux fours à cuire le pain, Vitruve recommande de les construire éloignés de tous les édifices, pour éviter les dangers de feu (2). Même recommandation est faite par Columelle, pour les cuisines, comme nous l'avons vu page 17.

A Rome, les boulangers cuisaient le pain la nuit (3), ils le portaient chez les particuliers ou l'envoyaient vendre au *Forum pistorium* (4). Sous Auguste, ils formaient un collège, *Collegium pistorum* (5), qui fut réorganisé par

(1) OVERBECK.
(2) Les granges et les greniers pour serrer le foin et les pailles, de même que les moulins (le moulin comprenait le four et la boulangerie) doivent être bâtis assez loin de la maison, pour éviter le danger d'incendie. VITRUVE. Liv. VI, ch. 9.
(3) *Nocte pistores.* MART. Liv. XII, 57.
(4) CICÉRON. In Piso. 27.
(5) A. VICT. Cæsar. 13.

Trajan (1). Si l'on en juge par le nombre des boulangeries découvertes dans la petite ville de Pompéi, ils devaient être assez nombreux; sous Valens et Valentinien, il y avait trois cent quatorze boulangeries (2).

Les boulangers avaient leur fête, *Fornacalia*, et leur déesse des fours, *Fornax*, à laquelle, dans toutes les curies, on offrait devant un four des sacrifices appelés *Fornacales* (3).

Les boulangeries de Pompéi nous éclairent suffisamment sur ce que devaient être celles de Rome où, au siècle d'Auguste, il fallait cuire du pain pour 15 à 1.800.000 habitants. Le même mode de construction y était certainement suivi et, comme les maisons étaient très élevées, 60 à 70 pieds, les tuyaux en maçonnerie de briques ou en poteries, adossés au mur ou encastrés, devaient s'élever au moins jusqu'au dernier plancher, en traversant les différents étages. Ces conduits verticaux ont d'ailleurs été retrouvés dans les ruines des anciens bains romains et ils sont assez clairement décrits dans tous les auteurs pour qu'il n'y ait aucun doute sur leur emploi.

Les premiers Romains se contentaient de se laver les bras et les jambes chaque matin et le reste du corps tous les huit jours (4); et l'affectation d'une chambre spéciale à l'usage du bain ne date que de la fin du III° siècle avant J.-C. (5). Les bains publics se multiplièrent très rapidement; Agrippa, pendant son édilité, en ajouta 170 à ceux qui existaient déjà (6) et les thermes qu'il fit construire, der-

(1) Annali di corresp. archeol. Vol. X, p. 235.
(2) P. Vict. Reg. urb. Romæ.
(3) Ovide. Fastes, II, 525, et VI, 311.
(4) Cato. Ap. Non, p. 108.
(5) Senec.
(6) Pline. H. N. XXXV, 15-24.

rière le Panthéon, occupaient environ 36.000 mètres carrés. Au temps de Constantin on n'en comptait pas moins de 856, non compris les thermes avec portiques, gymnases, jeux, etc., qui étaient au nombre de quinze. Les thermes de Caracalla couvraient une surface de 216.000 mètres, plus de vingt hectares.

Au commencement du nᵉ siècle de la République, Sergius Orata fit élever un bain ou mieux une chambre chaude, *hypocaustum*, remplie d'air chauffé par un fourneau, *fornax* (1), invention perfectionnée plus tard par celle des conduits de chaleur, montant verticalement dans les murs creux, qui répandaient également la chaleur dans toutes les parties de la salle (2). Le mot *hypocaustum* s'applique à toute chambre chaude, que l'on appelait aussi *caldarium*, et dont la forme était généralement rectangulaire, se terminant en niche ou en hémicycle. Cette niche s'appelait *laconicum* et c'est dans cette partie du caldarium que l'on atteignait la plus haute température, c'était l'étuve sèche, *assa sudatio* (3). Dans les bains de Pompéi, l'air chaud montait, le long des parois latérales du rectangle, dans des conduits ou canaux, *tubi* (4), *alveoli* (5), *tubuli* (6), ménagés dans l'épaisseur du mur et les deux parois étaient reliées par des briques garnies de tenons,

(1) PLINE. H. N. IX, 78, et VAL. MAX. IX, 1.

(2) SÉNEC. Ep. XC, 25.

(3) *Sudatoriis in qua siccus vapor includitur.* SÉNEC. Ep. LIV. I. *Contentus potes, arido vapore.* MART. XI, 42.

(4) *Impressos parietibus tubos per quos circumfunderetur calor.* PLINE. H. N. IX, 38.

(5) *Testitudines alveolorum ex communi hypocausi calfaciantur.* VITR. V, 10.

(6) *Non licet autem tubulos habere admotos ad parietem communem.* DIG. LIV. VIII, 2-13.

tegulæ mammatæ (1). Mais le plus souvent les canaux verticaux, le mur creux, ne s'élevaient que dans les parois semi-
circulaires du caldarium, dans le laconium ; nous en avons
des exemples dans la rotonde de Pise dont le dessin a été
conservé (2), dans les restes qui subsistaient à Rome, dans
une chapelle de Sainte-Cécile, où l'on voit clairement les
tuyaux verticaux servant à la circulation de l'air chaud
appelé de l'extérieur, sans communication avec le foyer, et
d'autres tuyaux verticaux plongeant dans le foyer pour
l'évacuation de la fumée (3) ; enfin dans le laconicum des
bains découverts à Trignères, dans l'Orléanais, dont les
murs creux contenaient douze tuyaux verticaux en communication avec douze conduits souterrains de l'hypocausis (4).

Le sol du caldarium était formé d'un dallage en mosaïque
appliqué sur de larges briques reposant sur des tuyaux en
terre cuite, percés de trous, conformément aux instructions
de Vitruve, qui appelle ces planchers *suspensuræ*. Sur ce
dallage brûlant on répandait de l'eau, amenée de l'extérieur,
par un tuyau de plomb, qui, en se vaporisant, transformait
l'étuve sèche en bain de vapeur.

A l'extrémité opposée à l'hémicycle, sur le petit côté du
rectangle, était une baignoire, *alveolus*, alimentée d'eau
chaude ou tiède par des tuyaux de plomb traversant le mur
et branchés sur des vases, *vasaria* (5). Ces vases ou chaudières étaient doubles et superposés l'un à l'autre ; celui qui
reposait directement sur le feu contenait l'eau bouillante,
le vase supérieur renfermait l'eau tiède et alimentait le vase

(1) PLINE, Hist. N. XXXV.
(2) ROBERTELLI, édition de RHODIUS, Patavii, 1655.
(3) SAGLIO d'après RHODIUS.
(4) DE CAUMONT, Bull. mon. XXIX, p. 404.
(5) VITR. Vol. X, 1 et 2.

inférieur au fur et à mesure qu'il se vidait d'eau bouillante.

Le foyer proprement dit s'appelait *fornax* ou *forna-
cula balnearum*, l'avant-foyer *præfurnium* ou *propni-
geum* (1), et l'esclave chargé d'entretenir le feu, *fornacarius,
fornacator, furnacator* (2). Quant au *tepidarium*, chambre
tiède, elle était chauffée au moyen des foyers mobiles dont
nous avons parlé plus haut.

Telle était la disposition des appareils de chauffage des
bains publics de Pompéi, découverts en 1824, rue de la
Fortune, et des nouveaux thermes découverts en 1858 et
1861, à l'angle de la rue de l'Abondance et de celle de
Stabies.

Ce mode de chauffage au moyen de parois creuses dans
lesquelles circulaient la fumée ou l'air chaud pris à l'extérieur, comme dans nos calorifères modernes, était aussi
employé pour le chauffage des appartements.

Pline, dans la lettre à son ami Gallus, où il décrit si
élégamment et si savamment sa maison de campagne du
Laurentin, s'exprime ainsi : « De là vous passez dans la
chambre à coucher, par un passage dont le plancher est
suspendu et garni de tuyaux qui conservent, répandent et
distribuent avec une sage mesure la chaleur qu'ils ont
reçue (3) », et plus loin décrivant la chambre où il n'entend
ni le bruit des orages ni les cris des esclaves, parce qu'un
espace vide entre le mur de cette chambre et celui du jardin rompt le bruit du dehors, il ajoute : « Contre cette

---

(1). PLINE, Lettre à GALLUS, 30.

(2) DIO. IX, 2-27. Id. XXXIII, 7-14.

(3) *Adhæret domitorium membrum, transitu interjacente, qui sus-
pensus et tubulatus conceptum vaporem salubri temperamento huc illud
digerit et ministrat.* Page 30, restitution du Laurentin, par d'HAUDE-
BOURT.

chambre est adossé un petit hypocauste, dont une ouverture très étroite retient ou répand la chaleur à ma volonté (1) ». Dans une lettre à Appolinaire, il lui donne une
description de sa villa de Toscane, et parlant de la chambre
qui fait face à la salle à manger il dit : « Cette chambre est
fort chaude en hiver, parce que le soleil l'enveloppe de toutes
parts. On y trouve un hypocauste qui, lorsque le temps
est couvert, supplée par sa chaleur aux rayons du soleil (2) ».

Sidoine Appolinaire nous décrit de la façon la plus poé-
tique tout le système de chauffage à la vapeur qui, à l'aide
de tuyaux habilement disposés, distribuait une même chaleur à tous les appartements du magnifique castellum de
Paulinus Léontius, à Lyon (3).

Sénèque nous donne aussi une description assez complète
de ce que nous appelons aujourd'hui un calorifère à air
chaud (4).

Les étuves des bains de Pompéï étaient très petites et
l'élévation de la température pouvait y être obtenue au
moyen d'une quantité relativement faible de combustible.
A Rome, où les bains publics étaient si nombreux et où
l'immensité des salles des anciens thermes fait encore
l'étonnement du voyageur, l'entretien pour le chauffage
des piscines, des hypocaustes et des chambres à transpirer,

---

(1) *Applicitum est cubiculo hypocaustum perexiguum, quod angusta
fenestra suppositum calorem, ut ratio exegit, aut effundit aut retinet*
Id., p. 39.
Fenestra comprend probablement une ouverture fermée par un
volet à coulisse, dont on a trouvé de nombreux exemples à Pompéï
et semblable d'ailleurs à nos bouches de chaleur.

(2) Lettres. Liv. V, 6.

(3)   *Sinuata camino,*
          Ardentis perit unda globi fractoque flagello
          Spargit lentatum per culmina tota vaporem.
Cité par AMPÈRE, Hist. littér. avant le XII° siècle. Tit. II, p. 261.

(4) SÉNEC. Épit. 90.

devait exiger une armée d'esclaves et une consommation considérable de bois, *acapna ligna*, que l'on n'employait qu'après dessication complète par les procédés décrits plus haut.

A ces bains publics, à ces thermes, à ces boulangeries, à ces calorifères, il faut encore ajouter les foyers des nombreux établissements industriels qui existaient dans l'intérieur de la ville au siècle d'Auguste. Comme à Paris et pour les mêmes causes, l'industrie était surtout une industrie de luxe; on y trouvait un grand nombre de bijoutiers orfèvres, *argentarii, aurifices, lapidarii* (1), de ciseleurs d'or et d'argent, *cœlatores* (2), de fondeurs de bronze, *ærarii* (3), de fondeurs de statuettes en métal, *flatuarii sigillariarii*, de plombiers, *plumbarii* (4), de chaudronniers, *vasalarii*, de forgerons, *ferrarii* (5), parmi lesquels les fabricants d'outils, *ferramentarii*, de faulx, *falcarii*, une rue de Rome s'appelait *inter falcarios* (6), de couteaux, *cultarii*, de clefs et de serrures, *claustrarii, clavicarii* (7), de clous, *clavarii*, d'aiguilles, *acuarii* (8), de limes, *limarii* (9), et les fabricants d'armes de toute nature (20). Nous avons vu que l'industrie du verre y était très florissante, on y fabriquait aussi beaucoup de papier (11) et par cette nomen-

---

(1) Dig. Liv. VI.

(2) Tert. De idol. 3.

(3) Pline H.-N. XXXIV, 1.

(4) Dig. Liv. VI, 6.

(5) *Fortunati sunt fabri ferrarii*. Plaut. Rud. II, 6.

(6) Cicéron. In cat. I, 4-8.

(7) Corp. Insc. lat.

(8) Insc. Reg. Neap.

(9) Narbonne. Corp. insc. lat. XII.

(10) Nombreuses inscriptions dans le Corpus.

(11) de Pastoret. T. V, 2e part.

clature très abrégée des ouvriers se livrant au travail des métaux, on peut juger du nombre de fourneaux allumés jour et nuit dans la ville de Rome.

Les peintures de Pompéi, conservées au Musée de Naples, nous représentent l'intérieur d'une boutique de chaudronnier avec l'enclume, la bigorne et le marteau; sur une autre, des forgerons martelant le fer sur l'enclume; sur une troisième, un ciseleur exerçant son art sur le casque d'Achille. Ce dernier sujet est reproduit sur un bas-relief du Musée du Louvre : le ciseleur est assis près du fourneau auquel le vent est donné par un soufflet, *follis*, formé par une peau de bête. Sur des vases grecs, sur des bas-reliefs et sur des peintures à fresques, on voit de nombreux exemples d'orfèvres, de forgerons, de fondeurs avec les outils de leur profession, l'enclume et la forge que l'on appelait aussi *caminus* (1), quelquefois surmontée d'un tuyau rudimentaire. Dans toutes ces reproductions de l'art antique de travailler les métaux, la forge est toujours représentée, isolée au milieu de l'atelier, ou installée dans l'excavation d'un rocher.

Quant aux fours à poteries, *fornaces*, aux fours à chaux, *fornax calcaria* dont Caton nous a laissé une description complète et dont il appelle la cheminée *orbis summus*, aux hauts fourneaux métallurgiques, *fornax æraria*, dont on a retrouvé de nombreuses substructions près de Strasbourg, dans le Northamptonshire en Angleterre, au milieu des scories des mines d'argent du Laurium (2), et quant aux fours surmontés de cheminées pour éloigner les fumées malsaines, employées en Espagne, dont parle Strabon, ils étaient établis en dehors des villes et nous renverrons à

(1) Virg. Æné. VI, 630. — Juv. Sat. XIV, 118.

(2) A. Cardella. Marseille.

3

Brongniart, traité des arts céramiques, et aux dictionnaires des antiquités grecques et romaines de Rich et de Saglio, qui résument tout ce qui a été écrit sur cette matière.

Il résulte de l'étude bien incomplète que nous venons de faire sur les foyers, les fours de boulangers, les bains et les forges, que les causes d'incendie étaient nombreuses à Rome. Aussi, dans cette ville aux rues si étroites (1) que la plupart des maisons construites en bois ou en briques surplombant sur la voie publique, auraient embrassé leurs voisines d'en face, sans les étrésillons en charpente qui les maintenaient debout (2), des magistrats de police ont, de tout temps, été chargés du soin de veiller aux incendies et de les éteindre.

Les Romains redoutaient beaucoup les incendies et parmi les superstitions signalées par Pline, il y en a deux qui les concernent. « On va jusqu'à écrire sur les murailles certaines paroles contre les incendies (3) », et « si dans un repas on vient à parler d'incendie, nous répandons, pour écarter le présage, de l'eau sous les tables (4) ».

Si Auguste, comme il s'en vantait, au lieu d'une ville de briques, avait laissé une ville de marbre, l'incendie, qui éclata sous Néron, dans la nuit du 18 au 19 juillet de l'année 64, anniversaire de la prise de Rome par les Gaulois, qui dura six jours et six nuits et qui reprit pendant trois journées, n'aurait certainement pas dévoré dix des quatorze quartiers de la ville. Le récit de Tacite donne à

---

(1) Où du moins on cheminait à l'ombre.
TAC. Ann. XV, 43 et AUR. VICT. Ep. 13.

(2) VIOLLET-LE-DUC.

(3) *Etiam varietes incendiorum deprecationibus conscribentur.* PLINE. Hist. Nat. Liv. XXVII, 4ᵉ part.

(4) *Incendia inter epulas nominata, aquis sub mensas profusis abominamur.* Id.

croire que le feu qui, durant une nuit brûlante de juillet et par un vent violent, avait pris dans des magasins d'huiles, au milieu d'un quartier marchand, résultait d'un de ces accidents si ordinaires à Rome, où les incendies étaient le fléau habituel (1).

Néron traça un nouveau plan régulier pour la structure des maisons, devant les hôtels particuliers et les maisons à loyer, il fit bâtir à ses frais des portiques, afin que du haut de leurs plateformes on pût combattre les incendies. On élargit les rues, on réserva des cours intérieures à la mode hellénique. La pierre seule dut être employée et on refit les murs avec de la pierre de Gabies ou d'Albe, parce qu'elle est à l'épreuve du feu. Enfin l'empereur interdit les murs mitoyens; chaque hôtel ou chaque *insula* dut occuper tout l'espace compris entre quatre rues (2).

II

Les premiers magistrats, auxquels fut confié le soin de veiller aux incendies, furent les triumvirs dont l'institution remonte au premier siècle de la fondation de Rome. « Chez les anciens, les triumvirs étaient chargés de combattre les incendies et, comme ils faisaient la ronde pendant la nuit, on les appelait nocturni. Les édiles et les tribuns du peuple s'y trouvaient aussi quelquefois. Il y avait certaines familles gagées par le public, disposées auprès des portes et des

---

(1) Tac. Ann. XV, 38.

(2) Suétone. Néron. — Tacit. Ann. XV — Aur. Vict. Ep 13.

murs de la ville, qui servaient au besoin. Il y avait aussi des familles particulières dont le ministère était d'éteindre les incendies à prix d'argent ou gratuitement (1) ».

Dans la suite les *triumviri nocturni* partagèrent ce soin avec les *quinqueviri*, créés pour remplacer, par leur surveillance pendant la nuit, les magistrats qui, après le coucher du soleil, ne paraissaient plus en public revêtus du caractère de leur dignité (2).

La création des édiles est contemporaine de celle du tribunat (494 av. J.-C.) et nous savons que ces fonctionnaires avaient les attributions les plus élevées de la Police. *Nunc sum ædilis*, a dit Cicéron *mihi totam urbem tuendam esse commissam* (3).

Ils avaient le soin de la ville, *cura urbis*, c'est-à-dire la police municipale, la police du culte et des mœurs, la salubrité, la voirie et les bâtiments. Ils devaient prévenir les incendies et pourvoir à leur extinction avec l'aide des *quinqueviri*, des *triumviri nocturni* et des *stationes vigilum*.

Quand les consuls, en l'an 388 de Rome, créèrent la charge de préteur de la ville, *prætor urbis*, le soin de veiller à la sûreté et à la tranquillité publiques fut conservé aux édiles. Primitivement il n'y eut que deux édiles plébéiens, on leur ajouta, cinquante et un ans après, deux édiles curules, tirés de l'ordre des patriciens. Ils entraient en fonction pour un an, aux calendes de janvier et dans les cinq jours de leur désignation, la loi *Julia municipalis* leur prescrit de s'entendre entre eux sur la répartition des quar-

---

(1) Dig. Liv. 1, t. XV, *de officio Præfecti Vigilum. Apud vetustiores, incendiis arcendis triumviri*, etc.

(2) Dig. Liv. 1, t. II, 31.

(3) Cic. *in Verrem.*

tiers de la ville, qui formait originairement quatre circons-
criptions, ou d'y procéder par un tirage au sort (1).

Dans la suite on leur donna dix aides ou adjoints *decem-*
viri, cinq dans chacune des deux portions de la ville et ils
n'eurent d'abord d'autre titre que celui de leur nombre,
decemviri, quinque cis Tiberim et quinque ultra. Ils furent
peu de temps après créés édiles par un décret exprès du
Sénat. Delamare, dans son traité de police dit, sans nous
donner de sources certaines, que l'on nomma ces seize
édiles, *ædiles incendiorum extinguendorum*.

Les édiles conservèrent le *cura urbis* jusqu'à Alexandre
Sévère, en partage avec les consuls et les tribuns (2), mais
comme nous le verrons plus loin, ils perdirent, dès le
temps d'Auguste, la surveillance des incendies qui fut
confiée à un magistrat nouveau, le *Præfectus vigilum*. Il
convient d'ajouter qu'ils ne réglaient pas seulement les
matières de police et de droit municipal; ils pouvaient agir
sous l'autorité du préteur et comme ses subdélégués, *ex*
delegatione et vice prætoris. Sur la fin de la République,
ils créèrent un tribunal particulier pour connaître de certaines affaires qui leur étaient confiées par le préteur et
comme lui, firent publier tous les ans un édit en leur nom
collectif, *edictum ædilitium* (3), *jus edicendi propter utili-*
tatem publicam dit Papinien (4), mais ces ordonnances
n'avaient force de loi que sous l'autorité du préteur. *Edicta*
curulium sunt pars juris prætoris; edicta prætorum habent
vim Legis. Il est cependant resté, dans le *jus civile*, plus

(1) *Tab. Heracleensis*, 24-26.

(2) Dio. Cass. LV, 8.

(3) Tite-Live. Liv. III et IV, et Tac. Liv. II.

(4) Ortolan.

d'une trace de leurs prescriptions; l'action *redhibitoria* et l'action *quanti minoris* que le Digeste leur emprunta, ont passé jusque dans notre Code civil (1).

Le paragraphe 1er du Livre 1, titre XV du Digeste se termine ainsi : *Auguste a mieux aimé prendre ce soin par lui-même.* En l'an 747, il avait donné six cents esclaves aux édiles curules pour le service des incendies (2) sous les ordres des curateurs des régions et *parce que plusieurs incendies étaient arrivés dans un même jour* (3). Le paragraphe 3 du même livre continue comme suit : *En effet Auguste a cru que le salut de la République devait faire l'objet des soins de l'Empereur et que nul autre n'était suffisant pour une fonction aussi importante: c'est pour cela qu'il a établi sept cohortes dans des postes convenables, de manière que chaque pût défendre deux quartiers. Il mit à leur tête des tribuns et donna à tous pour chef un homme distingué qu'on peut appeler le Préfet des gardes de nuit.*

§ 1er. — *Le Préfet des gardes de nuit juge les incendiaires... Comme le plus souvent les incendies arrivent par la faute de ceux qui habitent les maisons, il peut faire punir avec le bâton ceux qui ont eu la négligence de laisser du feu, ou leur remettre la punition en leur faisant une sévère réprimande.*

§ 3. — *Le Préfet des gardes de nuit doit veiller toute la nuit et faire faire des rondes avec des crocs et des pioches.*

§ 4. — *Il doit avertir les locataires des maisons d'avoir soin qu'aucun incendie n'arrive par leur négligence et*

---

(1) Duruy. Hist. des Rom.

(2) Dio. Cass. Liv. IV, 2.

(3) Dig. Liv. 1, t. XV, 2.

leur ordonner de tenir toujours de l'eau dans l'étage
supérieur.

Ces vigiles sous les ordres d'un Préfet, sorti de l'ordre
équestre, étaient tous affranchis et pouvaient après trois
années de service, obtenir la tessére frumentaire et, avec
elle, le plein droit de cité (1). Plus tard on les prit partout (2), ces gardes de nuit portaient chacun une sonnette
pour s'appeler mutuellement (3). Les vigiles des incendies
étaient des affranchis, tandis que les vigiles chargés de la
répression des voleurs étaient militaires et sous Néron il y
avait encore deux corps de vigiles (4).

Quant au Préfet des gardes de nuit, il n'était pas magistrat car *le Préfet des vivres et le Préfet des gardes de*
nuit ne sont pas des magistrats (5) et il était sous les
ordres du Préfet de la ville, premier magistrat de police (6).
Delamare ajoute que le Préfet des gardes de nuit avait sous
ses ordres le *curator fornarum,* chargé du soin d'entretenir et de faire réparer les aqueducs, les canaux, les réservoirs et tous les autres ouvrages qui étaient nécessaires
pour la conduite, la conservation et la distribution de l'eau
à Rome.

Ces vigiles des incendies étaient d'ailleurs puissamment
secondés par les corporations d'ouvriers du bâtiment :
charpentiers, maçons et ouvriers en fer qui existaient à
Rome depuis les premiers temps de la royauté, et formaient

(1) Duruy. Hist. des Rom.
(2) Dio. Cass. Liv. V, 26.
(3) Dio. Cass. Liv. IV, 4.
(4) Tacite. Ann. XIII.
(5) Dio. Liv. II, 33.
(6) *Praefectus urbis duobus praefectis, videlicet annonae et vigilum, qui*
erant sub dispositione ejus, imperabat. Delamare. Tr. de la Pol., t. 1.

des collèges. Le *collegium* était une réunion de personnes associées par la communauté des fonctions ou de la profession. Le mot, comme l'a fort bien dit F. Baudry, s'applique, dans sa signification propre, aux associations qui ont une individualité distincte et peuvent acquérir des droits ou être soumises à des obligations.

Plutarque attribue à Numa l'institution des corporations industrielles; elles étaient primitivement au nombre de huit, et l'une des plus importantes était celle des charpentiers, *fabri tignarii*. « Le plus admiré des établissements de Numa, c'est la division qu'il fit de la plèbe suivant les métiers (1) ».

Originairement, le but de ces collèges était l'accomplissement de cérémonies religieuses et sans doute aussi le maintien des traditions de leur art. En les créant, la seule préoccupation de Numa avait été d'en faire des corps publics pouvant rendre service à l'État et non des corps industriels. Nous laisserons de côté tout ce qui regarde la nature religieuse et même politique de ces corporations pour nous occuper seulement des services qu'elles devaient rendre dans les incendies.

A la fin de la royauté, quand l'usage de la pierre et du fer se répandit à Rome, quand on abandonna les constructions en bois des premiers âges (le temple de Vesta était en bois), les maçons et les ouvriers en fer furent réunis aux charpentiers et aux bronziers *ærarii* et le collège des *fabri tignarii* comprit non seulement les ouvriers en charpente de bois, mais tous les ouvriers du bâtiment (2).

Le sénatus-consulte, de l'an 64, qui supprima presque tous les collèges, épargna celui des *tignarii* parce qu'il

(1) Plut. Numa, 17.
(2) *Fabros tignarios dicimus non eos dumtaxat, qui ligna dolarent sed omnes qui ædificarent.* Dig. Liv. XVI.

était d'utilité publique (1) et il fut même réorganisé par Auguste, à cause de son antiquité et surtout des services qu'il pouvait rendre à la chose publique (2). Les fabri devaient prêter main-forte aux magistrats en cas d'incendie (3). Si les auteurs et les inscriptions du corpus ne nous parlent de cette mission d'éteindre les incendies que sous les empereurs, il n'est pas douteux pour nous qu'ils en étaient déjà chargés sous la République, et c'est pour ce seul motif qu'Auguste, bien que supprimant presque tous les collèges, respecta celui des *fabri tignarii* : « C'était dans la nature de leurs métiers et de leurs habitudes d'être les hommes les plus aptes à escalader les maisons incendiées, à abattre ou à démolir les pans de mur pour faire la part du feu. Ce furent désormais là les services publics qu'on leur demanda (4) ». En échange ils reçurent d'importantes immunités notamment l'exemption de l'impôt du *chrysargyrum* (5) et c'est ce que nous voyons encore aujourd'hui dans nos villes de province où les ouvriers du bâtiment, enrôlés comme pompiers civils, jouissent de certains privilèges et notamment sont exemptés de la charge de loger des troupes de passage. L'organisation de ce collège des *tignarii* dans les villes municipales était très complète et les nombreuses inscriptions du Corpus permettent de reconstituer les règlements de cette corporation dont on retrouverait les traces chez nos compagnons charpentiers.

---

(1) ASCONIUS, p. 67. SAGLIO.

(2) SUET. Ces. 42, et Aug., 32.

(3) SYMMAQUE. Relat. 14-3 : « *qui fabricas manus augustis operibus ad commodent, per alios fortuita arcentur incendia* ».

(4) Officia. I, Cod. Théo. XII, 1-62. — C. JULLIAN dans SAGLIO.

(5) Cod. Théo. XIII, 1-10. Loi de 374.

Au collège des *fabri tignarii* étaient associés les collèges des *centonarii* et des *dendrophori*. Ces derniers étaient les débardeurs qui déchargeaient et portaient les bois de charpente, à proprement parler, des coltineurs. Quant aux *centonarii*, fabricants de couvertures de laine ou de manteaux, on comprendra cette adjonction à la corporation des *tignarii* quand nous aurons dit que les Romains, sachant que la laine brûle difficilement, revêtaient d'étoffes de laine, de *centones*, les galeries d'approche en bois qu'ils employaient dans les sièges (1); ils les faisaient même, pour augmenter leur incombustibilité, macérer dans du vinaigre, persuadés que tout ce qui est imprégné de ce liquide résiste longtemps à l'action du feu (2).

Le Digeste nous donne d'ailleurs une nomenclature du matériel employé pour combattre les incendies : *On garde aussi dans les maisons du vinaigre pour éteindre les incendies ainsi que les morceaux de laine, les pompes ou tuyaux, les perches, les échelles, les nattes, les éponges, les crocs, les balais* (3).

A la constitution civile de ce collège des *fabri tignarii* qui comprenait des décuries composées du commun, *plebs*, des membres honoraires *honorati* et des chefs élus *magistri* nommés pour cinq ans, *quinquennalis*, ou pour toute leur vie, *perpetui*, il convient d'ajouter une organisation toute militaire comprenant des centurions, avec un aspirant, *optio*, des sous-officiers, *principales*, des exempts, *immunes*, des porteurs de mots d'ordre, *tesserarii*, des porte-drapeaux, *vesillarii*, un garde d'arsenal, *curator instrumenti*, et enfin à leur tête un Préfet.

---

(1) Cäs. de bell. civ. II, 10.
(2) Pline. VIII, 73, et Vitr. X, 14.
(3) Dig. Liv. XXXIII, tit. VII, 18.

Réquisitionnés en temps de paix pour la construction des temples et des édifices municipaux qu'ils devaient même construire gratis (1), ils l'étaient aussi en temps de guerre pour construire et réparer les armes et les machines, toujours dans l'intérêt suprême de la ville, *ad summum urbis usum* (2). Enfin chargés d'éteindre les incendies, il était bon qu'ils fussent enrégimentés et disciplinés.

Les services de toute nature qu'ils étaient appelés à rendre à l'État, justifient pleinement les immunités qui leur étaient accordées et la faveur dont ils ont joui auprès des empereurs du bas empire. Une loi de Constantin adressée au Préfet du prétoire est ainsi conçue : « Il convient que dans toutes les villes où l'on trouve des *dendrophores*, ils soient réunis aux *centonarii* et aux *fabri*, il est utile que les corporations de ce genre soient fortifiées par l'abondance des membres (3) ». Symmaque écrit à Valentinien Ier : « ... sur ces corps pèse tout entier l'entretien de cette immense ville;..... d'autres s'occupent d'arrêter les incendies (4) ».

Il n'en était pas de même sous les premiers empereurs qui redoutaient ces collèges de *fabri*, associations religieuses et politiques et souvent sociétés secrètes d'où pouvait aisément sortir l'émeute.

Pour terminer cette étude bien incomplète sur les *fabri*, sur laquelle d'ailleurs on trouvera d'amples documents au mot Faber de M. C. Jullian (Saglio), il nous reste à

---

(1) *Capitolium sicut apud majores nostros factum est, publice, gratis, coactis fabris, operisque imperatis, exaedificari.* Cicéron. *in Verrem.* V, 19-48.

(2) Cic. *de Repub.* II, 22-39.

(3) Cod. Théod. XIV, 8-1.

(4) Symmach. Epist. Liv. X, 27-53, 58.

citer à l'appui de cette crainte qu'ils inspiraient et du
caractère de leurs collèges, la lettre de Pline à Trajan et la
réponse de l'Empereur. Pline voulait créer un collège de
fabri à Nicomédie, il en référa à Trajan : « Pendant que je
visitais une autre partie de ma province, un incendie
affreux a consumé, à Nicomédie, non seulement plusieurs
maisons particulières, mais même deux édifices publics, la
maison de ville et le temple d'Isis, quoique la rue les sépa-
rât. Ce qui a contribué à en étendre les ravages, c'est
d'abord la violence du vent, ensuite l'insouciance du
peuple car il paraît certain que dans un si grand désastre,
il est demeuré spectateur oisif et immobile. D'ailleurs il
n'y a dans la ville pour le service public, ni pompes, ni
crocs, enfin aucun des instruments nécessaires pour
éteindre le feu. J'ai donné des ordres pour qu'il y en ait à
l'avenir. C'est à vous, Seigneur, d'examiner s'il serait bon
d'établir une communauté de cent cinquante artisans.
J'aurai soin, en effet, que l'on n'y reçoive que des artisans
et qu'on ne fasse point servir à autre chose le privilège
accordé. Il ne serait pas difficile de surveiller une associa-
tion aussi peu nombreuse (1) ».

Trajan lui refusa l'autorisation et lui répondit : « Vous
avez pensé qu'on pouvait établir une communauté à Nicomédie, à l'exemple de plusieurs autres villes. Mais n'ou-
blions pas combien cette province et ces villes surtout ont
été troublées par des sociétés de ce genre. Quelque nom
que nous leur donnions, quelque raison que nous ayons
de former une corporation de plusieurs personnes, il s'y
établira, au moins passagèrement, des intelligences de
confréries. Il sera donc plus prudent de se procurer tout ce
qui peut servir à éteindre le feu, d'engager les possesseurs

(1) PLINE. Liv. X, 42.

des biens de ville à en arrêter eux-mêmes les ravages, et,
si les circonstances l'exigent, d'y employer le concours de
la multitude (1) ».

On pourrait comparer la réponse de Trajan à Pline, sur
les dangers des confréries, à l'article de M. Hanotaux,
Paris en 1614(2), dans lequel il montre la puissance des
corporations ouvrières au commencement du xviie siècle :
« Tous organisés en corporation, avec leurs mœurs
propres, leurs coutumes, leurs saints, leurs insignes et leurs
bannières, laborieux et paisibles en temps ordinaire, mais,
dans les époques de trouble et de disette, force redoutable,
capable de faire trembler les rois. »

III

Dans la première partie nous avons traité de la construction des foyers, des forges, des fours et des fourneaux, dans
la deuxième partie des magistrats auxquels incombait le
soin de prévenir et de combattre les incendies, il nous reste
à dire quelle était la Loi, *Lex*, quel était le droit, *Jus*, quels
étaient les règlements ou les obligations entre propriétaires
voisins, entre propriétaires et locataires dans la construction
des foyers, des cheminées, des forges ou des fourneaux et
d'une manière générale, dans l'usage du feu.

En dehors du précepte du droit, *alterum non lædere*, ne
léser personne soit dans sa personne, soit dans ses biens, la

___

(1) Pline, *Ep. ad Traj.* Liv. X, 43.
(2) Revue des Deux-Mondes, 1er août 1890

règle généralement prescrite, c'est-à-dire la loi formulée par le pouvoir et, dès les premiers temps, la loi des XII Tables, avait ordonné ce qui suit : *Pour le dommage causé injustement...., mais si c'est par accident, qu'il soit réparé* (1); et en ce qui concerne spécialement l'incendie : *Celui qui aura incendié un édifice, ou une meule de froment amassée près de la maison, s'il l'a fait sciemment et en état de raison, sera lié, flagellé et mis à mort par le feu; si c'est par négligence, il sera condamné à réparer le dommage; ou s'il était trop pauvre pour cette réparation, il sera châtié modérément* (2). Cette loi n'est que la coutume écrite et, bien que descendant jusqu'à des prévisions minutieuses dans les droits et les obligations entre voisins, elle laisse le soin au magistrat d'appliquer le droit et d'exiger la réparation du dommage. Elle n'avait pas d'ailleurs, dans l'espèce, à prévoir le dommage résultant de l'adossement d'un foyer quelconque contre le mur mitoyen ou le dommage appréhendé par cet adossement puisqu'elle imposait : *Entre les édifices voisins pour la circulation, un espace vide, ambitus, de deux pieds et demi* (3).

Mais plus tard, quand Rome devenue riche et puissante abrite dans ses murs une population de plus d'un million d'hommes, les maisons se rapprochent et le mur mitoyen, *paries communis*, est la règle, par l'abandon, du consentement des deux propriétaires voisins, de l'espace vide, *ambitus*, prescrit par la loi des XII Tables. C'est alors seulement qu'a pu naître l'obligation d'observer certaines distances, de prendre certaines précautions dans la construction des forges, fours et cheminées et que le magistrat a pu

---

(1) ORTOLAN. Hist. de la lég. rom. Table VIII. V.

(2) Id. X.

(3) ORTOLAN. Hist. de la lég. rom.

édicter des mesures préventives contre l'usage du feu et le danger d'incendie. Ces règlements et ces édits des magistrats de police, chargés de prévenir et de combattre les incendies, ne nous sont qu'imparfaitement connus et c'est dans le droit, affranchi de la coutume, dans le recueil complet que Justinien fit faire de tout ce que la législation romaine avait d'applicable à son temps, dans l'œuvre qui nous a conservé le droit romain dans sa dernière forme, que nous pourrons trouver trace, non de règlements comparables à nos ordonnances, mais seulement de quelques mesures préventives et surtout d'obligations résultant du droit de propriété.

Les sentences du Digeste, les règles du droit privé concernant les incendies sont d'ailleurs peu nombreuses et nous croyons nécessaire de les citer presque intégralement, en suivant l'ordre des Livres et en rectifiant quelques erreurs de la traduction de Hulot, qui n'ont pas été relevées par les commentateurs, faute de connaissances techniques sur les mœurs, les usages et le mode de construire.

Dans le chapitre II nous avons vu qu'Auguste, devenu empereur, confia à un Préfet des gardes de nuit le soin de combattre et de prévenir les incendies. Le paragraphe 4 du titre XV du livre I contient aussi l'Édit suivant : *Le Préfet des gardes de nuit doit avertir tous les locataires d'avoir soin qu'aucun incendie n'éclate par leur négligence : en outre il lui est ordonné de prévenir chaque locataire d'avoir de l'eau dans l'étage supérieur.* Le texte dit *in cœnaculo :* Hulot le traduit simplement par : « dans leurs maisons », nous avons dit et expliqué dans le chapitre premier que *cœnaculum* qui primitivement voulait dire salle à manger, a signifié dans la suite tous les étages au-dessus du rez-de-chaussée. La même injonction, d'avoir une provision d'eau dans les étages supérieurs, fut faite par Néron après l'incendie qui détruisit les deux tiers de la ville.

Le même livre de Digeste chapitre IV, dit aussi : *Les empereurs Sévère et Antonin ont adressé à Junius Rufus, Préfet des gardes de nuit, un rescrit conçu en ces termes : « Les propriétaires et les locataires qui auront gardé chez eux du feu avec négligence, pourront être condamnés par vous au fouet ou au bâton; ceux qui auront frauduleusement causé un incendie, vous les renverrez devant Fabius Cilo, Préfet de la ville, notre ami..... »*

La réponse 13 du livre VIII titre II est certainement pour nous la plus intéressante parce qu'elle consacre le droit d'empêcher le voisin de détériorer le mur mitoyen en en y adossant des tuyaux de fumée. Elle est ainsi conçue : *Un particulier nommé Hiberus, qui occupe une maison contre mes magasins, a construit des bains le long du mur mitoyen. Il n'est point permis d'avoir des tuyaux de fumée le long d'un mur mitoyen ni même d'y adosser son mur : et par rapport aux tuyaux de fumée, il y a ceci de plus à observer que les murs sont brûlés et dégradés par la flamme. Faites-moi le plaisir d'en parler à Hiberus pour l'engager, par la confiance qu'il aura en votre décision, à ne point faire une chose injuste. Proculus répond : « Je pense qu'Hiberus n'ignore pas qu'il ne lui est pas permis de construire des tuyaux de fumée le long d'un mur ».* Telle doit être à notre avis la traduction exacte de cette sentence. Le texte des deux premières phrases est en effet : *Quidam Hiberus nomine, qui habet post horrea mea insulam, balnearia fecit secundum parietem communem; non licet autem tubulos habere admottos ad parietem communem, sicuti ne parietem quidem suum per parietem communem. De tubulis eo amplius hoc juris est, quod per eos flamma torretur paries.* Hulot les traduit ainsi : *Un particulier nommé Hiberus, qui occupe une maison auprès de mes magasins, a construit un bain le long du mur commun. Il n'est point permis d'avoir des tuyaux de bains* le long d'un mur commun, ni même d'y adosser son mur; et par rapport aux tuyaux de bains, il y a ceci de plus à observer, que les murs sont minés par l'eau chaude qui y passe continuellement.

La première erreur de Hulot est d'avoir traduit *balnearia* par bain au singulier, comme s'il s'agissait d'un bain chez un particulier, dans ce cas le texte eût été *balneum*. Le mot *balnearia* au pluriel a toujours voulu dire : bains publics, parce qu'il y avait deux parties distinctes, pour les deux sexes. Il s'agissait donc d'un établissement de bains publics, comprenant des piscines mais aussi un *frigidarium*, un *tepidarium* et un *caldarium*. Le mot *tubulos* s'applique aux tuyaux de fumée, décrits au chapitre premier, qui chauffaient les parois verticales du *caldarium*. Ce *caldarium* était adossé au mur mitoyen et la flamme passant par les tuyaux de fumée, détériorait et brûlait le mur mitoyen; ce n'était donc pas l'eau chaude qui minait le mur comme le croyait Hulot. Dans le cas de conduite d'eau, Proculus eût employé le mot *fistula*.

Une autre réponse du même livre, titre V, chapitre VIII, ne s'applique pas au danger d'incendie mais elle est cependant connexe; elle peut se résumer comme suit : « Des habitants de Minturne ayant loué une boutique à un particulier qui y enfume des fromages, la fumée se répand dans les étages supérieurs des maisons voisines; Ariston répond qu'on peut actionner celui qui cause cette fumée, en prétendant qu'il n'a pas le droit de l'envoyer sur le fonds d'autrui; mais le locataire (gêné dans l'exercice de son industrie), aurait recours, par l'action de la location, contre ceux qui lui avaient loué cet endroit ».

Le paragraphe 6 concerne aussi l'incommodité résultant d'une fumée légère, par exemple celle d'un foyer ordinaire. Dans ce cas, Pomponius ne pense pas qu'on puisse intenter une action; chacun ayant le droit de faire chez soi du feu, de s'y asseoir et de s'y laver.

L'article 7 suivant ne s'applique évidemment qu'à une servitude d'échappement de vapeur sur la propriété voisine et non à une émission de fumée. *Cuniculum* veut dire conduit souterrain et *vaporibus* vapeurs et nous ne croyons pas qu'il s'agisse d'un tuyau de fumée comme le traduit Hulot.

De la réponse 13 du livre VIII titre II, il ressort clairement qu'il n'était pas permis d'adosser contre le mur mitoyen des tuyaux de fumée, et *a fortiori* toute cheminée, tout four ou fourneau pouvant le détériorer par la flamme, *quod per eos flamma torretur paries.*

La réparation du dommage causé se poursuivait en vertu de la loi Aquilia, an 468 de Rome, qui dérogea à toutes les lois ayant statué antérieurement sur le dommage causé sans droit, *de damno injuria*, même à celle des XII Tables (1). Pour qu'il y ait lieu à l'action directe de la loi Aquilia, il fallait que le dommage ait été causé contrairement au droit par un acte matériel et direct et que la chose soit corrompue, brisée ou brûlée ; et le troisième chef de cette loi porte : *Celui qui aura causé quelque dommage en brûlant... sera condamné à donner au maître de la chose le prix le plus haut que la chose aura valu dans les trente jours qui auront précédé le délit* (2).

Les articles 8 et 9 du même titre prévoient bien le cas d'incendie volontaire ou non et causé par la négligence. En voici la traduction : *Si quelqu'un a voulu mettre le feu à ma maison et que le feu ait gagné celle du voisin, il sera aussi obligé envers le voisin ; il n'en sera pas moins encore obligé envers les locataires dont les effets auront été brûlés.*

---

(1) Dig. Liv. IX, Tit. II, 1.

(2) Dig. Liv. IX, Tit. II, 27, 5.

9. *Si l'esclave de mon fermier est forgeron, et que s'étant endormi auprès de sa forge la ferme ait été brûlée. Nératius écrit que le fermier sera condamné par l'action du loyer qu'on a d'ailleurs contre lui, à indemniser le propriétaire, s'il y a eu de la négligence de sa part dans le choix qu'il a fait de ses ouvriers. Si cependant l'un avait mis le feu dans la forge, et que l'autre l'eût gardé négligemment, celui qui aurait allumé le feu serait-il soumis à la peine de la loi Aquilia? Car celui qui garde le feu ne commet aucun délit : celui qui a mis le feu dans la forge n'en commet pas non plus. Que doit-on décider? Je pense qu'il y a une action utile tant contre celui qui s'est endormi auprès de la forge, que contre celui qui a gardé le feu avec négligence; et qu'on ne dise pas, à l'égard de celui qui s'est endormi, que son action est naturelle et sans reproche; parce qu'il a dû avant, ou éteindre le feu, ou le couvrir de manière qu'il ne pût pas causer d'incendie.*

L'article 10 suivant concerne le four construit contre le mur mitoyen.

10. *Si vous avez un four contre un mur mitoyen, serez-vous soumis à la peine de la loi damni injuria? Proculus ne le pense pas; par la raison qu'en pareil cas il n'y aurait pas d'action contre celui qui aurait une cheminée au même endroit. Je pense qu'il est plus juste, dans le cas où le mur mitoyen aurait été brûlé, de donner une action expositive du fait, in factum actionem. Si le dommage n'est point encore arrivé, mais s'il y a tel feu qu'on craigne un dommage, je pense qu'il suffit de faire donner caution pour le dommage appréhendé, damni infecti.*

Il résulte de cet article que le dommage causé au mur mitoyen par un four construit contre ce mur, donnait lieu à une action en vertu de la loi Aquilia et de l'article 5 que l'auteur du dommage était condamné à la valeur que la chose avait eue dans les trente derniers jours. Les actions de la loi Aquilia avaient cela de particulier que le défendeur qui avait nié le délit y encourait la condamnation au double (1).

Il résulte aussi, que dans le cas de dommage appréhendé, *Damnum infectum*, le voisin pouvait exiger caution du dommage imminent ou probable, par le fait, par exemple, de la construction d'un four contre le mur mitoyen. Le plaignant citait son adversaire devant le préteur qui lui faisait d'abord prêter serment que la plainte était sérieuse et enjoignait à l'adversaire, au moyen d'un décret, de s'engager par stipulation à réparer le dommage, s'il avait lieu, et de fournir en outre caution pour cela. L'adversaire s'y refusant, d'autres décrets du préteur envoyaient le plaignant en possession de la propriété; si l'adversaire s'opposait encore à la prise de possession, le préteur donnait alors au plaignant l'action *damni infecti*, qui obligeait l'adversaire récalcitrant à fournir tout de suite les dommages-intérêts, comme si le mal *qu'on craignait fût déjà arrivé*.

L'obligation de donner caution pour la construction d'un four contre un mur mitoyen ne fait d'ailleurs aucun doute; nous la trouvons dans un autre article du Digeste: *Si la caution avait été donnée à l'occasion d'un four...* (2).

De cette obligation, inscrite dans le droit romain, de donner caution pour la construction d'un four contre le mur mitoyen et par extension d'un fourneau ou de tout autre foyer pouvant faire appréhender un dommage, a dû naître la coutume d'éloigner le four ou le fourneau à une

---

(1) *Inficiando lis crescit in duplum.*

(2) F. BAUDRY, dans SAGLIO et DIGESTE. Liv. XXXIX, tit. II. *De damno infecto.*

(3) Id. § 4, 7.

distance telle qu'il n'en puisse résulter, dans l'avenir, aucun dommage pour le mur mitoyen. En isolant le four, on évitait l'obligation de donner caution *damni infecti* et on satisfaisait à ces règles du droit romain qui exigeaient l'indépendance complète de tous ouvrages importants construits contre le mur mitoyen et pouvant aussi le détériorer et l'endommager, tels que conduites d'eau, tuyaux de fumée, retombée de voûte, dépôt de fumier, etc.

C'est bien ainsi, d'ailleurs, que l'interprétaient les glossateurs du xv⁰ siècle et parmi eux Cœpola, qui a consacré plusieurs chapitres à commenter les sentences du Digeste que nous venons de citer.

Cœpola (Barthélemy), l'un des plus célèbres jurisconsultes de cette époque, par le talent qu'il avait d'éclaircir les lois obscures et les matières du droit jusqu'alors inconnues, était de Vérone et après avoir étudié à Bologne, sous les plus habiles professeurs, il commença lui-même à donner des leçons de droit à Padoue, en 1446, en présence d'un grand nombre d'auditeurs. Sa réputation n'ayant fait que s'accroître avec le temps, il fut fait chevalier et honoré de la dignité de comte palatin. Ce qu'il a écrit sur les servitudes et les fictions des contrats a été souvent réimprimé et a joui d'une grande autorité au Palais.

Michaud, dans sa biographie universelle, dit que son traité *de Servitutibus* a été imprimé pour la première fois à Lyon, en 1660-1666. Le tome VI du *Tractatus illustrium jurisconsultorum*, imprimé à Venise en 1584, 18 volumes in-folio, par suite antérieur à l'édition de Lyon de 1660, seule citée par Michaud et les autres biographes, contient intégralement le traité *de Servitutibus* de Cœpola et c'est d'après l'exemplaire de la bibliothèque de l'École de Droit que nous traduisons les commentaires de ce célèbre jurisconsulte. Il a consacré quatre chapitres au sujet que nous traitons; ils ont pour titre : *de Fumo, de Camino, de For-nace et de Balneo et de Igne.* Nous ne donnerons que les articles les plus intéressants, en supprimant tous les moyens captieux, les fausses subtilités de ce glossateur et les renvois nombreux aux sentences du Digeste sur lesquelles il appuie ses argumentations et que, pour la plupart d'ailleurs, nous avons citées plus haut.

DE LA FUMÉE.

Est-il permis à celui qui fait du feu chez lui de laisser échapper la fumée par la porte et les fenêtres du côté de la maison qui le domine? Il faut distinguer pour conclure brièvement.

Ou bien il y a servitude et ce point n'est pas contesté, ou bien la servitude n'existe pas et l'on veut faire du feu sans en avoir le droit; c'est le cas cité par Ariston. Ou l'on veut user de son droit, et s'il y a l'intention de nuire, on ne le peut, sans avoir à répondre du dommage causé.

Ou bien on agit sans vouloir nuire parce que c'est son droit; et alors c'est un feu ordinaire pour son usage et celui de sa famille et la chose est permise : c'est le cas ordinaire qui se présente; ou bien c'est un feu exagéré et alors on n'en a pas le droit.

De même que ceux qui se servent de fours et de fourneaux enfument les maisons voisines parce qu'on ne peut rien contre eux; ni les empêcher d'avoir un feu ordinaire; mais on pourrait leur interdire d'avoir un trop grand feu en brûlant par exemple de la paille ou des herbes; comme cela arrive quelquefois.

DE LA CHEMINÉE.

Dans une cheminée, il y a cinq parties principales à considérer; d'abord le foyer, ensuite le feu, en troisième lieu le manteau de la cheminée, le tuyau et enfin la fumée qui s'en échappe.

Nous allons examiner chaque point particulier. Examinons d'abord l'endroit sur lequel on fait le feu. On peut faire le feu sur son plancher quand on le veut; car il est de droit de jouir de sa propriété pourvu qu'on ne mette pas le voisin en danger d'incendie.

Quand le plancher est mitoyen et que celui qui occupe l'étage inférieur craint d'être incendié parce qu'il n'existe pas de mur sur le plancher (sous la cheminée), il peut exiger caution du dommage qui pourrait lui être causé, *damni infecti.*

Pour les raisons que j'exposerai en parlant du four, l'habitant de l'étage inférieur pourrait même faire un mur protecteur.

Mais qui en supportera la dépense?

Il semble que ce soit celui qui construit, à moins qu'une servitude n'impose cette obligation; dans ce cas les travaux se feraient à frais communs.

Remarquons toutefois : que cette servitude peut être établie sur une propriété commune par indivision; aussi ne peut-on pas dire que le mur doit être établi à frais communs; le mur construit sur le plancher sera fait aux frais de celui qui établit la cheminée et non à ceux du voisin d'en bas qui est seulement tenu de ne pas s'y opposer.

Mais celui qui installe une cheminée peut-il, malgré le voisin, élever un mur sur le plancher mitoyen?

Je penche pour l'affirmative car ce mur n'est pas seulement utile, il est même rendu nécessaire par le danger d'incendie.

En second lieu parlons du feu de la cheminée.

Si le mur mitoyen est d'une épaisseur suffisante pour être préservé du feu, l'un des co-propriétaires du mur peut faire même un grand feu près de ce mur, comme ceux que l'on fait au moment des noces.

Mais si le mur est d'une épaisseur moindre, on peut toujours y faire un feu modéré pour l'usage courant, quand bien même il en résulterait quelque inconvénient.

DU MANTEAU DE CHEMINÉE.

Trois cas se présentent : ou la construction a lieu sur le mur de celui qui fait construire; ou sur le mur d'autrui; ou sur le mur mitoyen.

Le premier cas n'est pas douteux; celui qui construit sur son mur le fait à bon droit, à moins de servitude contraire.

Deuxième cas : Il n'est pas permis de construire contre le mur d'autrui à moins de servitude qui le permette.

Le troisième cas concerne la construction contre le mur mitoyen. Il faut distinguer si le mur est mitoyen pour un seul usage, par exemple, pour séparer un jardin, et là on ne saurait construire de cheminée, pour les raisons que j'ai données des clôtures sans mur (clôtures en clayonnage, par suite combustibles); ou s'il est mitoyen pour tous usages et on se demande si on peut le creuser.

S'il est mitoyen on peut le creuser jusqu'au milieu dans la partie appartenant à celui qui fait les travaux, parce qu'on est censé travailler chez soi, ou bien le mur est commun par indivision et alors on le peut, parce que dans toute partie du mur on est censé travailler dans la chose commune.

Le premier venu possède sa part quand la chose est indivise. Cela doit cependant être évité dans trois cas.

1° D'abord quand le mur ne peut être creusé.

2° Quand le propriétaire mitoyen veut construire une cheminée de son côté; car le droit n'est pas plus pour l'un que pour l'autre. C'est ainsi que le veut la coutume. Nous voyons les co-propriétaires d'un mur avoir chacun sa cheminée dans le mur mitoyen.

3° Enfin quand le peu d'épaisseur du mur empêcherait de faire un feu modéré et l'exposerait à être endommagé par l'usage.

Ou il s'agit du manteau de cheminée et alors on veut introduire dans le mur des poutres ou des pierres pour supporter ledit manteau, plus loin que le milieu du mur; si ce mur est commun par division on ne saurait en avoir le droit.

S'il était commun par indivision, voir les raisons données à propos du creusement.

Ou bien l'on veut introduire les poutres jusqu'au milieu du mur mitoyen; en deçà ou au delà, quand il est commun par division. Si ce travail ne l'endommage pas et ne modifie pas son aspect, on en a le droit.

Mais si ce travail endommage le mur mitoyen, ce n'est pas permis.

Et de même, si l'on voulait introduire dans le mur mitoyen, pour soutenir le manteau de la cheminée, d'énormes pierres dont le poids en compromettrait la solidité, cela non plus ne saurait être autorisé.

Mais on pourrait hésiter sur le point de savoir si quelqu'un peut construire une cheminée contre un mur mitoyen, si ce mur est si peu épais que le moindre feu le consumerait. On demande, si dans ce cas, on peut construire de son côté un petit mur, par exemple d'un pied de haut, à la hauteur de la flamme comme je l'ai observé souvent. Il semble que non, car il n'est pas permis de construire près du mur commun un autre mur qui devrait en être éloigné de deux ou tout au moins d'un pied.

Je dis deux pieds quand il s'agit d'un mur de maison; mais s'il s'agit d'un simple mur, la distance d'un pied est suffisante et c'est notre cas. Ce mur doit donc être éloigné d'un pied du mur mitoyen.

A mon avis, il faut cependant distinguer. Ou bien l'on veut construire un mur près d'un mur mitoyen sur lequel il s'appuie et on ne le peut. Ou bien on veut le construire près d'un mur mitoyen, sans que celui-ci lui serve de soutien, de telle sorte qu'il soit indépendant et qu'il puisse rester après la disparition de l'autre; cette construction est autorisée à la condition de ne point empêcher la réparation du premier mur.

L'on comprend en effet que lorsqu'on veut élever un mur après avoir fouillé le sol, ce qui peut compromettre la solidité du mur mitoyen, l'on doive observer la distance d'un pied qui a été fixée.

Mais si le mur est élevé sur le plancher ou même à terre, au fond de ladite cheminée, pour protéger le mur mitoyen et pour son utilité, la chose est permise parce que le co-mitoyen ne peut souffrir nul dommage de cette légère excavation qui, au contraire, lui est utile. Et son action ne serait pas recevable.

Voyez d'ailleurs ce que j'ai dit plus haut de la muraille ou du mur, pour le cas où le mur serait de bois.

Passons au quatrième objet principal, au tuyau de cheminée.

Ou bien ce tuyau est établi tout entier hors du mur mitoyen, du côté de celui qui construit la cheminée et c'est par là seulement que sort la fumée; si le feu se trouve éloigné, la chose est alors permise. Ou bien ce tuyau est creusé dans le mur mitoyen : et alors passant par cette ouverture, les flammes brûleraient ou tout au moins endommageraient ledit mur et cela ne saurait être permis. Ou le mur mitoyen sera brûlé par la flamme ou il sera indemne. Il faut faire une distinction : ou la cavité dépasse la moitié du mur ou elle est en deçà et dans ce cas il en sera de même que pour les manteaux de cheminées.

DU FOUR.

L'on demande : 1° Si l'on peut construire un four contre le mur ou sur le fonds commun. Vous répondez avec justesse, non : car en matière de chose commune le titre d'opposant est préférable. A moins que cette propriété n'ait été destinée à recevoir un four;

2° Vous désirez savoir, en second lieu, si vous pouvez construire contre un mur vous appartenant, un four adossé au mur du voisin : c'est un point douteux.

Celui qui bâtit une maison doit laisser deux pieds au delà du mur ou même un seul pied. Quant à moi, je soutiens que cela s'applique plutôt au mur qu'à la maison et qu'il suffit de réserver la distance d'un pied.

Et la raison est que le four (le fournil) n'est pas un endroit où l'on demeure constamment, à moins qu'il soit attenant à la maison d'habitation, ce qui se voit fréquemment.

Mais si le four est un danger d'incendie et que la flamme puisse endommager le mur du voisin, mon opinion est qu'on n'a pas le droit de l'établir à une distance si rapprochée que la flamme ou le feu puissent l'endommager. Et ce qui est dit de la propriété du voisin peut s'appliquer également au mur mitoyen. De même que l'on ne peut faire un four contre soi-même, on ne peut aussi en adosser à la propriété voisine.

Et ce qui a été dit des fours et des fourneaux ordinaires s'applique également aux petits fourneaux de cuisine (fourneaux potagers, *in fornello qui fit causa cineris coquendi*).

DES BAINS OU ÉTUVES.

Il est permis de construire des bains ou des étuves contre le mur mitoyen, même malgré le co-propriétaire, à condition que le mur mitoyen ne souffrira pas de cette construction.

Mais on n'aurait pas ce droit si la flamme provenant des bains pouvait endommager le mur mitoyen.

Dans ce mur on ne peut encastrer des tuyaux.

Mais je me demande si contre le mur qui vous appartient en communauté et contre le mur du voisin, vous pourrez élever un établissement de bains?

L'on répond qu'il faut observer une distance de deux pieds pour éviter l'incendie du mur voisin.

Pour moi, je ne crois pas que la distance de deux pieds soit une juste limite, mon avis est que ces établissements doivent être éloignés à une distance seulement suffisante pour ne pas nuire à la propriété voisine.

DU FEU.

Est-il permis de faire du feu près du mur mitoyen? Ou le mur est brûlé et endommagé et la chose n'est pas permise. Ou bien le mur n'est ni brûlé ni endommagé et on en a le droit. Par application de la loi Aquilia, il y a quelques conclusions à tirer :

La première, c'est qu'il n'est pas permis de faire du feu près d'un mur mitoyen qui ne comporte pas de cheminée, si le feu peut endommager le mur; soit que ce mur soit de faible épaisseur, soit que le feu soit excessif et cela ne s'applique pas aux pauvres gens qui, n'ayant pas de cheminée, font souvent du feu près du mur.

La deuxième conclusion : il n'est pas permis d'avoir une cheminée contre un mur peu épais, si la flamme peut le détériorer.

Troisième conclusion : Si la cheminée est établie dans le mur mitoyen, du consentement commun, on n'y peut faire un feu capable de nuire à son voisin.

Quatrième conclusion : Supposons le mur très épais, il n'en est pas moins défendu de faire un feu assez grand pour faire redouter l'élévation des flammes dans la cheminée et mettre les voisins en péril.

Cinquième conclusion : Celui qui occupe l'étage supérieur d'une maison n'a pas le droit de faire un feu dont l'importance fasse craindre la combustion ou la détérioration du plancher sur lequel on fait le feu. C'est ce qui arrive quand on fait la cuisine sur le plancher.

Sixième et dernière conclusion : Si dans les cas précités le dommage est à craindre, on peut exiger la caution du *damni infecti*. S'il y a dommage causé on peut réclamer une indemnité en intentant une action en vertu de la loi Aquilia.

Cette traduction du traité de Cœpola nous montre ce qu'était, au XVe siècle, dans les pays de *loi romaine*, la jurisprudence appliquée par les jurisconsultes dans les obligations résultant du voisinage d'une cheminée, d'un four, d'une forge ou d'un fourneau.

Dans les chapitres suivants, nous allons rechercher l'origine des articles 189 et 190 de la Coutume de Paris; de l'article 674 du Code civil et des règlements concernant les incendies, depuis la conquête des Gaules par les Romains, jusqu'à l'ordonnance de police de 1875 et l'arrêté du Préfet de la Seine, de 1881, en bornant notre étude à la ville de Paris, qui était pays de *droit coutumier*.

IV

Après que la Gaule celtique eut été soumise aux Romains, Paris n'eut d'autres magistrats que les défenseurs de la cité, *defensores civitatis*. Représentant dans leur ville le Préfet de la province, ils étaient chargés comme lui de la police, de l'observation des lois et des principales fonctions de l'édilité avec une justice proprement dite. Ils n'avaient aucun droit de condamner à l'amende : mais en matière civile, ils connaissaient de toutes les causes personnelles jusqu'à trois cents sous d'or, *usque ad aureos trecentos* (1).

Les Francs conquérants des Gaules adoptèrent les lois et les coutumes qu'ils y trouvèrent établies; les lois et les coutumes des Romains furent leurs lois et leurs coutumes. Dans les ordonnances royales, les sentences du Prévôt de

---

(1) Code Théod.

Paris siégeant au Châtelet ou au Parloir aux Bourgeois, dans les lettres patentes, les arrêts du Parlement et les ordonnances de police que nous allons citer, nous retrouverons le système du droit administratif et du droit civil des Romains, les mêmes obligations, les mêmes mesures préventives contre les incendies et les mêmes moyens de les combattre : Le Guet et le Chevalier du Guet font l'office des *triumviri nocturni* et des cohortes sous les ordres du Préfet des vigiles, qui de la chute du jour jusqu'au matin, doivent parcourir les divers quartiers de la ville et veiller aux incendies ; le Chevalier du Guet est aux ordres du Prévôt de Paris comme le Préfet des vigiles à Rome était aux ordres du Préfet de la ville; au premier cri d'alarme, au son du tocsin de Notre-Dame, les corporations de charpentiers, de maçons et de couvreurs doivent, sous peine d'amende et de la perte de la maîtrise, accourir avec leurs outils pour combattre le fléau et comme les collèges des *fabri*, l'arrêter, en démolissant les maisons non atteintes et en faisant la part du feu; et comme ceux-ci ils jouissent de certains priviléges et de certaines immunités. Les dépôts de crocs, de haches, d'échelles et de seaux imposés aux quartiniers de la cité, étaient réclamés par Pline à Trajan, pour la ville de Nicomédie; le seau plein d'eau que, dès le xv⁰ siècle, chaque habitant devait tenir la nuit à la porte de sa maison et l'entretien des puits avec vingt-deux pouces d'eau, munis de leurs agrès en bon état, remplacent la provision d'eau exigée des locataires par deux textes du Digeste et par Néron après l'incendie de Rome; le couvre-feu ou l'obligation de couvrir le feu de cendres et d'éteindre les lumières, Sévère et Antonin l'exigeaient dans leur rescrit à Rufus; l'interdiction de ne plus bâtir en bois sur la rue ou tout au moins de latter ou de recouvrir de plâtre ou de mortier les bois apparents, Néron l'avait ordonnée

en imposant pour les façades la pierre d'Albe ou de Gabies
ainsi que l'élargissement des rues; l'éloignement du four et
de la forge de la propriété voisine et la protection du mur
mitoyen contre la flamme du foyer prescrits par la coutume de Paris étaient implicitement compris dans les sentences du Digeste; les couvertures de laine et les éponges
que le pompier de garde, derrière le mur de scène de nos
théâtres, doit avoir sous la main, les Pandectes nous
apprennent que les Romains avaient soin d'en avoir dans
leurs maisons pour combattre les incendies; l'ininflamma-
bilité que nous prescrivons dans nos salles de spectacle
était déjà recommandée par Aulu-Gelle, par Ammien
Marcellin et par Vitruve, enfin le Lieutenant Général de
Police, créé par Louis XIV en 1667, a, comme l'édile
romain, le soin de la ville, *cura urbis,* et il peut dire comme
Cicéron : *Nunc sum ædilis et mihi totam Urbem tuendam
esse commissam!*

Dans les premiers temps de la monarchie, les seules
mesures préventives contre les incendies étaient le Guet
et le couvre-feu. Delamare, commissaire conseiller du
roi au Châtelet, dans son traité de la Police, cite deux
ordonnances royales concernant le Guet, l'une de Clo-
taire II qui, le premier, en l'an 595, réglementa le Guet de
nuit (1), l'autre de Charlemagne de l'an 813 portant :
*que si quelqu'un de ceux qui sont chargés de faire le guet,
manque à son devoir, il sera condamné par le comte en
quatre sols d'amende* (2). Les Olim du Parlement font
aussi mention du Guet de Paris (3); le service était partagé
entre les bourgeois et une compagnie du Guet entretenue

(1) Capit. Reg. Franc. T. I, p. 10.
(2) Id., p. 514.
(3) OLIM. 4. f. 118.

par le roi, composée de vingt sergents à cheval et vingt-six
sergents à pied. Les communautés de marchands et d'artisans étaient obligées de fournir tous les jours un certain
nombre d'hommes, réglé par le Prévôt de Paris, dont on
formait plusieurs corps de garde fixes, pour y avoir recours
en cas de besoin; ce qui fit nommer ce service le Guet assis
ou dormant. L'Ordonnance de saint Louis du mois de
décembre 1254 pour la sûreté de Paris pendant la nuit
porte : *que les habitants, pour la sûreté de leur corps, de
leurs biens et de leurs marchandises et pour remédier aux
périls, maux et accidents qui survenaient toutes les nuits
dans la ville, tant par le feu..., ils avaient supplié le roi de
leur permettre de faire le guet pendant la nuit.* Ces mêmes
lettres portent aussi qu'il y avait depuis très longtemps un
autre guet entretenu et payé par le roi (1). Un arrêt du
Parlement, de la Toussaint de 1265, ordonne : *que les
drapiers feront le guet comme les autres, soit que le Prévôt
de Paris le commande en personne, soit qu'il soit absent.*
Un autre arrêt de la même année oblige les habitants de la
seigneurie de l'évêque de Paris à faire le guet. Deux arrêts
du Parlement de 1270 et 1271 confirment la même obligation pour tous les gens de métier, de faire le guet (2).

L'institution du guet fut surtout fixée par l'Ordonnance
du roi Jean sur le guet de nuit fait par les gens de métier,
du 6 mars 1364, qui donne sur le service du guet royal et
des métiers les renseignements les plus précis; on en trouvera le texte complet dans la collection Lamoignon (3).
Elle porte notamment que : *ja pieça par nos prédé-
cesseurs Roys de France, et de si long temps qu'il n'est*

(1) DELAMARE, d'après un manuscrit de la ⸱ bliothèque de Navarre.
(2) OLIM. Tom. I, fol. 139, 144, 183, 186.
(3) Coll. LAMOIGNON, T. II, fol. 265. Arch. de la Préfect. de Police.

mémoire du contraire, pour la garde et seureté, tant de notre bonne ville de Paris... affin de pourveoir et remédier aux perilz, inconvéniens et maulz qui toutes les nuiz pourroient seurvenir en ladite ville, tant par fortune de feu... etc. Des lettres patentes de Charles V de février 1368 réglementent le Guet royal (1). Un arrêt du Parlement du 7 février 1485 (2) et un Édit de François Ier de janvier 1540 (3) contiennent certaines prescriptions spéciales pour assurer une meilleure exécution du service du guet des gens de métier. L'édit de Henri II de mai 1559 (4) supprime le Guet des gens de métier, moyennant une redevance et la suppression des priviléges, et des arrêts du Parlement du 16 mai et du 6 juin 1561 fixent la perception de la contribution du guet (5).

Le Guet des métiers fut rétabli par lettres patentes de Charles IX du 20 novembre 1563 (6). Les autres édits et arrêts rapportés par Delamare (7) ne s'appliquent plus qu'au Guet royal dont le dernier règlement cité par lui est celui du 19 février 1691. L'office de Chevalier et de Capitaine du Guet avait été supprimé par édit du mois d'août 1669.

La loi du couvre-feu (8) établie en Angleterre fut introduite en France au xie siècle, elle obligeait chaque habitant, après huit heures du soir, d'éteindre au son de la cloche, son feu et sa lumière.

---

(1) Coll. Lamoignon, T. II, fol. 353. Arch. de la Préfect. de Police.
(2) Id. Tome V, fol. 86.
(3) Id. Tome VI, fol. 576.
(4) Id. Tome VII, fol. 778.
(5) Id. Tome VII, fol. 941.
(6) Id. Tome VIII, fol. 72.
(7) Traité de la Police. Tome I, p. 229.
(8) *Après cuerre-feu.* Reg. criminel de Saint-Martin-des-Champs, 23 avril 1337.

En 1308, Philippe-le-Bel, frappé des désastres causés par le feu dans sa bonne ville de Paris, prescrivait, dans l'intérêt de la sécurité publique, à tous marchands groupés dans les rues tortueuses de la cité et dans celles qui descendent de la montagne Sainte-Geneviève, où étaient entassées de vieilles et étroites masures, de fermer leurs boutiques le soir et d'y éteindre toute lumière, quand les cloches de Notre-Dame ou de Saint-Merry (1) avaient sonné l'*Angelus* (2). L'Ordonnance du roi Jean du 6 mars 1363, que nous avons citée plus haut, dit que le Guet était tenu de partir du Châtelet aussitôt la cloche du couvre-feu sonnée. On l'entendait alors de tout Paris et les statuts du Collège de Justice, dressés en 1358, ordonnent qu'on ferme à clef la porte du Collège dès qu'il ne sonnera plus. D'après les registres de Saint-Séverin, on sonnait aussi un couvre-feu à cette église en 1425.

On en fonda un à Saint-Germain-le-Vieux en 1557 à la charge qu'il serait sonné à huit heures du soir. La cloche de la Sorbonne, que l'on sonnait de neuf heures à neuf heures et demie, n'était pas un couvre-feu (3).

Le mot l'emporte en latin comme en français, dit Sauval, car *ignitegium* et couvre-feu parlent d'eux-mêmes. L'ordre et la coutume de couvrir le feu au bruit d'une cloche marquent qu'il fallait que tout le monde se couchât, mais qu'auparavant, de crainte d'accident, chacun couvrait son feu; d'où est venu le proverbe : *Bonsoir mon père et ma mère, les derniers couvrent le feu* (4).

---

(1) *Puis l'eure que querre feu est sonez à Saint-Merry.* — Livre des métiers, 86.

(2) G. Clerise. La lutte contre l'incendie, p. 11.

(3) Sauval. Hist. et Ant. Liv. XI.

(4) Id.

Dans le Ménagier de Paris, par un bourgeois parisien (1) on lit : *Lorsque le feu des cheminées sera couvert partout, vos gens se retireront ; et ayez fait adviser par avant qu'ils aient le chandelier à platine pour mettre sa chandelle et les ayez fait instruire sagement de l'estaindre à la bouche ou à la main, avant qu'ils entrent en leur lit et non mie à la chemise* (2).

Les bourgeois de Paris, obligés de couvrir leur feu et d'éteindre leurs lumières quand le couvre-feu avait sonné, devaient cependant pourvoir à l'éclairage des rues pour guider le Guet, les crieurs de nuit et les clocheteurs des trépassés qui avaient aussi mission de veiller aux incendies. D'après A. Franklin (3), c'est à Philippe-le-Long que nous devons la première ordonnance relative à l'éclairage de Paris pendant la nuit et l'on va voir ce que fut à son début un service qui a pris de nos jours de si grands développements. Il paraît que les malfaiteurs, auxquels les rues plongées dans l'obscurité, appartenaient jusqu'au matin, choisissaient surtout alors pour théâtre de leurs exploits, les environs du Grand-Châtelet : le notaire Louis Carré en avertit le roi, qui, au mois de janvier 1318, ordonna que, *pour cause de clarté*, une lanterne munie d'une chandelle allumée serait placée chaque soir *devant l'image de benoiste Vierge Marie, lequel image est ains de côté la porte de l'entrée du dit Chastelet* (4).

(1) Manuscrit de 1393 publié par M. le baron Pichon pour la Société des Bibliophiles.

(2) On couchait alors sans chemise, mais on ne l'ôtait qu'une fois entré dans le lit et on la plaçait, avec les braies, sous le traversin. Il paraît que les domestiques avaient l'habitude d'éteindre leur chandelle en jetant leur chemise dessus. A. Franklin et Viollet-le-Duc.

(3) La voirie et l'hygiène publique à Paris depuis le xiiᵉ siècle, p. 8.

(4) Félibien, Hist. de l'adm. de la Police de Paris. T. I, p. 547.

5

En juillet 1465, à l'approche de l'armée des Bourgui-
gnons, il fut publié à son de trompe, par tous les carrefours, que chacun, sous peine d'être pendu, eût à mettre
devant sa maison, une lanterne et une chandelle allumée
et, par crainte des incendies, au seuil de sa porte, un seau
d'eau (1). L'ordonnance du vendredi 16 novembre 1516,
pour le Guet bourgeois et les lanternes dit : *et aussi que en
chascune maison de cette ville, par les rues y eust des
lanternes et chandelles ardentes* (2).

En 1524, arrêt du Parlement ordonnant que les personnes exemptes d'aller ou d'envoyer au Guet et autres
gens privilégiés, mettraient la nuit des chandelles à leurs
fenêtres, à peine de soixante et dix sols d'amende (3). En
novembre 1526, sur la sollicitation du Prévôt des Marchands et des Échevins, nouvel arrêt du Parlement qui
ordonne de renouveler le guet, d'allumer des lanternes à
toutes les fenêtres, d'avoir dans toutes les maisons une
grande provision d'eau et de boucher les soupiraux de
caves dans la crainte des incendiaires (4).

Le 29 octobre 1558, arrêt du Parlement qui prescrit :
*qu'au lieu des lanternes qu'on a ordonnées aux dist habi-
tants de mettre aux fenestres, il y aura au coin de chacune
rue un fallot ardent depuis dix heures du soir jusqu'à quatre
heures du matin et où les dites rues seront, si longues que
le dit falot ne puisse éclairer d'un bout à l'autre, en sera
mis un au milieu des dites rues ou plus, selon la grandeur
d'icelles* (5). Deux mois après, 14 décembre 1558, les

---

(1) SAUVAL. Hist. et Ant. Liv. XI.

(2) FELIBIEN. Hist. de Paris, preuves. T. IV, p. 676.

(3) SAUVAL. Id.

(4) SAUVAL. Id.

(5) FELIBIEN. Preuves. T. IV, p. 785.

falots sont remplacés par des *lanternes ardentes et allu-mantes* (1).

Le 29 février 1559, le Parlement ordonnait de vendre aux enchères les lanternes qui avaient été établies *pour la tuition et conservation du bien et tranquillité de Paris* (2).

En 1655, Boileau écrivait, satire VI :

> Sitôt que du soir les ombres pacifiques,
> D'un double cadenas font fermer les boutiques,
> Que retiré chez lui, le paisible marchand
> Va revoir ses billets et compter son argent,
> Que dans le Marché-Neuf tout est calme et tranquille,
> Les voleurs à l'instant s'emparent de la ville,
> Le bois le plus funeste et le moins fréquenté
> Est, au prix de Paris, un lieu de sûreté.

En 1662, un certain abbé Laudati Caraffa avait obtenu, par lettres patentes, enregistrées le 19 août, le privilège d'entretenir à Paris des porte-lanternes et des porte-flambeaux dont les chandelles *achetez chez les espiciers de la ville et marquez des armes de la ville*, étaient d'une livre et demie et divisées en dix portions; on payait cinq sols pour chaque portion brûlée. Quant aux lanternes, elles étaient garnies d'huile et le tarif était fixé à trois sols par quart d'heure. Comme l'usage des montres n'était pas encore très général, les porte-lanternes avaient à leur ceinture *un sable d'un quart d'heure marqué aux armes de la ville* (3).

La charge de Lieutenant général de Police fut créée par Louis XIV en 1667 et M. de la Reynie en fut le premier titulaire; il s'occupa du soin de nettoyer les rues et de les

---

(1) FÉLIBIEN, Preuves, T. IV, p. 786.

(2) Id., p. 786.

(3) FÉLIBIEN, Hist. de Paris, T. V, p. 191.

éclairer. Il fit établir 6.500 lanternes distribuées dans tous les quartiers de la ville et jusque dans les faubourgs. Louis XIV, pour en conserver le souvenir, fit frapper en 1668 une médaille avec la légende : *Securitas et Nitor* (1).

En 1698, Martin Lister écrivait : *Les rues sont éclairées tout l'hiver, aussi bien quand il fait clair de lune que pendant le reste du mois... Les lanternes sont suspendues ici au beau milieu des rues, à vingt pieds en l'air et à une vingtaine de pas de distance. Elles sont garnies de verres d'environ vingt pouces en carré, recouvertes d'une large plaque de tôle; et la corde qui les soutient passe par un tube de fer fermant à clef et noyé dans le mur de la maison la plus voisine. Dans ces lanternes sont des chandelles de quatre à la livre, qui durent jusqu'après minuit* (2).

Pour ne pas sortir de notre sujet, nous arrêterons à la fin du XVIIe siècle cette question de l'éclairage des rues de Paris. Dans tous les mémoires du XVIIIe siècle, dans l'essai historique et critique sur les lanternes d'Ed. Fournier, on trouvera des documents intéressants sur l'éclairage de la capitale jusqu'à l'apparition du gaz en janvier 1829 dans la rue de la Paix.

En outre du guet, des lanternes, des seaux d'eau, il y avait encore au Moyen-Age des veilleurs, des crieurs de nuit et des clocheteurs des trépassés qui, la nuit, parcouraient toutes les rues de la ville et avaient pour mission non seulement de crier l'heure aux habitants, mais aussi de veiller aux incendies et à l'extinction des feux. Ces crieurs devaient tenir en éveil les bourgeois de la ville, réveiller ceux chez lesquels ils apercevaient quelque lueur

---

(1) Ed. Fournier, Les lanternes de Paris, p. 25.

(2) Voyage de Lister à Paris en 1698, traduit pour la première fois et publié par la Société des Bibliophiles, 1873.

qui puisse faire craindre un commencement d'incendie et
dans chaque rue, après avoir donné l'heure, ils criaient (1) :

> Réveillez-vous, gens qui dormez,
> Priez Dieu pour les trépassés.
> Pensez à la mort! Pensez à la mort! (2)

Ces crieurs et veilleurs de nuit et ces clocheteurs des
trépassés ne doivent pas être confondus avec les crieurs
chargés d'annoncer le prix des denrées et les ordonnances
royales. De temps immémorial, le droit de faire crier et
afficher n'appartenait qu'au Prévôt de Paris. Le juré-
crieur et les deux trompettes qui l'accompagnaient étaient
sous sa juridiction et sous sa discipline.

---

(1) Sauval., Hist. et Ant.

(2) Dans les Crieries de Paris, de Guillaume de Villeneuve au
xiiie siècle, publiées par A. Franklin, d'après le manuscrit de la Bibl.
Nat. fonds français n° 837 folio 246, on lit :

> Quant mort i a home ne fame,
> Criez orrez : proiez por s'ame,
> A la sonete par ces rues.

Cette coutume existait encore à la fin du xviie siècle et Saint-
Amand, ce poète si critiqué par Boileau, en parle ainsi dans son poème
de la Nuit, publié vers 1640 :

> Le clocheteur des trépassés,
> Sonnant de rue en rue,
> De frayeur rend les cœurs glacés,
> Bien que le cœur en sue.
> Et mille chiens oyant sa triste voix
> Lui répond à longs abois.
> Lugubre courrier du destin,
> Effroi des âmes lâches,
> Qui, si souvent, soir et matin,
> Et m'éveille et me fâches.
> Va faire ailleurs, engeance de démon
> Ton vain et tragique sermon.

Sauval observe que de son temps (1733), cette coutume n'existait
plus, mais, dans le département de la Somme, elle subsistait encore
en 1842.

Le cri de Paris fut établi par Philippe-Auguste qui, moyennant une rente annuelle de 320 livres, en 1220, vendit à la hanse des marchands les criages de Paris et par la même transaction leur céda la petite justice, les lods et ventes. Sous saint Louis, Étienne Boileau réglementa ce qu'on appelait alors les criages de Paris, en instituant la corporation des crieurs. En 1297, sous Philippe-le-Bel, nouvelle sentence du Prévôt relative à l'organisation des crieurs jurés (1).

Avant l'invention de l'imprimerie, des annonces, des affiches, des journaux, le crieur public était le seul organe de publicité. Il n'annonçait pas seulement le prix des denrées et des marchandises à vendre; aucun acte de la vie civile ne se passait de son ministère. Il criait les hypothèques, le renouvellement des fermes, des offices, les sentences du Prévôt de Paris, les lettres patentes et les ordonnances royales, enfin le ban du roi pour la levée des hommes et des deniers. Tous les règlements que nous citons étaient criés, à son de trompe, dans tous les carrefours; et les crieurs étaient devenus si nécessaires aux Parisiens que même lorsqu'on eut trouvé d'autres moyens de publicité, on continua à se servir de leur ministère.

Avant de passer à l'étude des origines de la Coutume de Paris, et spécialement des deux articles 189 et 190 de cette Coutume, qui comprennent les obligations entre voisins pour la protection du mur mitoyen, contre l'action du feu et le danger d'incendie, nous croyons devoir rapporter d'après Delamare (2), une ordonnance de Dagobert II, qui frappe d'une amende de trois sous d'or, en outre de la réparation du dommage, celui dont les bains, la boulan-

---

(1) Livre des Sentences. Fol. L.
(2) Traité de la Police. Tit. II, p. 703.

gerie où la cuisine auront occasionné un incendie : *Si quis desertaverit, aut culmen ejecerit quod sœpe contingit, aut incendio tradiderit unius cujusque quod first falli* (1) *dicunt, quœ per se constructa sunt, id est balnearium, pistoriam, coquinam vel cœtera hujus modi, cum tribus solidis componat et restituat dissipata vel incensa* (2). Un autre capitulaire de Charlemagne, de l'an 800, concerne le bon entretien des boulangeries et des cuisines : *Ut œdificia intra curtes nostras vel sepes in circuitu bene sint custodita et stabula, atque coquinœ et pistrina, seu torcularia, studiose prœparata fiant* (3).

Delamare (4) cite encore une loi du XIIe siècle, inscrite dans le droit oriental, concernant les fours; nous croyons intéressant de la donner, parce qu'elle vise l'inconvénient de la fumée résultant du voisinage d'un four, incommodité qui, à l'époque actuelle, donne lieu à de nombreuses affaires civiles et qu'aucune ordonnance ne réglemente. « Le droit oriental apportait bien plus de précautions contre les accidents du feu qui pouvaient être causés par le voisinage des fours. » Harmenopule, l'un des juges de Thessalonique, qui écrivait vers le milieu du XIVe siècle nous en fournit la preuve dans le recueil sommaire qu'il nous a donné des lois qui s'observaient de son temps. L'une de ces lois porte : que quiconque ferait bâtir un four dans une ville, serait tenu de laisser un vide de six coudées, c'est-à-dire de neuf pieds, en plein jour, entre son four et les maisons voisines. Elle ajoute que pour empêcher que les voisins ne soient incommodés de la chaleur du feu ou de la fumée

---

(1) Mot saxon qui signifie *ruina*.
(2) Cap. Reg. Franc. Tit. I. Col. 120.
(3) Id. Col. 337.
(4) Traité de la Police. Tit. II, p. 703.

qui sort du four; la cheminée que l'on y construira sera élevée d'une hauteur suffisante, fixée par cette loi; savoir : de vingt coudées au-dessus des fenêtres du dernier étage, si le four est bâti au midi ou à l'occident, ou de trente coudées si elles sont à l'orient ou au nord du four. La raison qu'elle rend de cette diversité de hauteur, se tire de la nature des vents selon les différentes saisons. Les vents du midi et de l'occident, dit cette loi, soufflent ordinairement en hiver, et en ce temps les fenêtres des maisons ne se trouvent ouvertes que très rarement; joint, ajoute-t-elle, que les vents de l'une et de l'autre de ces régions, tempèrent et dissipent par leur humidité la chaleur du feu, au lieu que les vents de l'ouest et du nord soufflent dans la belle saison, que les fenêtres des maisons sont presque toujours ouvertes et recevaient conséquemment bien plus d'incommodité du voisinage d'un four (1) ».

Les documents historiques, dit M. Leroux de Lincy, ne peuvent laisser aucun doute sur la persistance à Paris, pendant les deux premières races, du régime municipal établi par les Romains. L'année 803, le comte Étienne fait lire des capitulaires de Charlemagne, dans une assemblée publique tenue à Paris, en présence de tous les échevins qui s'engagent à les observer et y mettent leurs signatures : *et illa legere faceret coram Scabineis... Etiam omnes Scabineï... manu propria subtersignaverunt* (2).

Quand Hugues Capet, comte de Paris, réunit le comté de Paris à la couronne, il y établit un Prévôt de la ville préposé par le roi pour administrer la justice en son nom. Cela était certainement fait en 1060, dit Felibien, et Étienne, Prévôt de Paris, sous Henri Ier, avait l'adminis-

---

(1) Handelsofel, *promptuarium juris orientalis*. Lib. II, tit. IV.

(2) Baluze. Capit. Reg. Franc. Tit. I, Col. 391.

tration de la justice tant civile que criminelle. Il paraît d'ailleurs établi que la Coutume de Paris a dû prendre naissance dans le siège municipal. Tous les pouvoirs de police jusqu'à saint Louis étaient concentrés entre les mains du Prévôt de Paris, qui n'avait au-dessus de lui que le roi, et qui, sur son siège du Grand Châtelet, rendait la justice en matière civile, comme en matière criminelle et de police.

Saint Louis confia ces fonctions à un homme remarquable par son savoir, son énergie et son intégrité et une partie des attributions exercées jusqu'alors par le Prévôt de Paris, fut accordée au chef des Marchands de l'eau ; vers 1228 nous le voyons prendre le titre de Prévôt des Marchands. Quelques années plus tard on lui adjoignit quatre échevins, puis vingt-quatre conseillers choisis par les bourgeois les plus sages et les plus au fait des coutumes de la ville.

Les réunions de la hanse parisienne se tinrent d'abord dans une maison qui touchait le mur d'enceinte, dans le quartier Saint-Jacques, derrière l'ancien couvent des Jacobins, à l'extrémité de la rue de la Harpe (alors rue Saint-Cosme)(1) ; on la nommait la Maison de la Marchandise ou *Parlouer aux Bourgeois*. Des registres de la Chambre des Comptes de 1266 et 1386 l'appellent le Parloir aux Bourgeois ou confrérie des bourgeois. Plus tard ces réunions eurent lieu dans une maison tenant à l'église Saint-Leufroy et aux murs du Grand Châtelet, et enfin, en 1357, dans la Maison aux Piliers, *Domus ad Piloria*, place de Grève. Cette propriété s'était appelée successivement la

---

(1) D'après la taille de 1292, la rue Saint-Cosme était sur la paroisse Saint-Benoict, le Restourné ou le mal tourné, mal orienté, contre l'usage universellement suivi, le chevet regardant l'occident. Cette église fut démolie en 1855.

Maison de grève, la maison *aux Dauphins* et la maison *aux Piliers* (1).

Félibien, dans son histoire de la ville de Paris, dit que : « La juridiction du corps des marchands de l'eau connaissait aussi de tout ce qui regardait la Coutume de Paris très souvent en qualité *d'arbitrateurs et d'amiables compositeurs*. D'autrefois chargés par le Prévôt de Paris de dire leur avis, sous forme de rapport, dans des affaires importantes et embarrassées, ils formaient leur rapport à peu près en ces termes : *Fut lue au parlouer, à la requête du Prévost de Paris une cédule... et fut regardée et témoignée par eux, que ladite coutume est toute notoire à Paris, gardée approuvée de si longtemps, comme il est souvenir à mémoire d'homme et l'ont vue user et adjugier entre aucunes personnes, comme il est en la cédule ci-dessus.* Souvent aussi ils prononçaient définitivement et comme vrais juges et dans ce cas le dispositif de leur sentence était ainsi conçu : *Dismes et prononçeames et disons et prononceons par notre sentence deffinitive.* Lorsqu'ils avaient à prononcer sur des affaires importantes, ils appelaient au parloir, *molt grant planté de borjois de Paris, des plus sages et des plus anciens qui scavoient les coutumes de Paris.* Ces coutumes et ces privilèges ne datent pas seulement de Louis-le-Gros, la charte de son fils Louis-le-Jeune dit en effet : *tempore patris nostri Ludovici regis habuerant et consuetudines autem eorum tales sunt ab antiquo* (2).

En étudiant plusieurs passages du Livre des Sentences, on s'aperçoit que les membres du Parloir aux Bourgeois

---

(1) Vente en 1357, par Jean d'Aucerre et Marie sa femme au Prévost des Marchands et aux échevins de l'Hostel aux Dauphins. — FÉLIBIEN. Preuves. Tit. III, p. 275.

(2) FÉLIBIEN. Hist. de Paris. T. I, et René CHOPIN, de moribus Parisiorum.

étaient chargés aussi de régler les discussions de mitoyen-
neté, et celles qui s'élevaient entre les propriétaires et leurs
locataires (1), en même temps qu'ils veillaient à la sûreté
des habitants, en faisant visiter par des experts les constructions nouvelles et anciennes. A la fin du xiii° siècle, l'un
des échevins exerçait les fonctions de voyer de la Capitale (2).
Au mois de mai 1293, le Prévôt des Marchands, Jehan
Popin, de concert avec le Prévôt de Paris, Guillaume de
Hangest, réglait le droit que les experts, maçons et charpentiers devaient exiger des propriétaires qui les appelaient pour
juger des contestations élevées entre eux (3). Du xiv° au
xv° siècle, tous les efforts tentés pour établir dans les rues
de Paris une loi d'alignement partirent de l'autorité royale,
et nous voyons François Ier jaloux d'embellir sa ville capitale,
s'adresser au Prévôt des Marchands et à ses échevins pour
qu'ils aient à faire démolir les anciennes portes de l'enceinte
de Philippe-Auguste, devenues inutiles et tombant en ruines

(1) Livre des Sentences, année 1304.

(2) Le registre de Jehan Sauvazis, voyer de Paris, de 1270, le titre
extrait des registres du trésor de 1467 et les lettres patentes de
Henri IV de 1595 disent formellement *que le voyer de Paris doit
être appelé en tous grands conseils et en tous jugements que l'on fait au
Chastellet de Paris.* — Félibien, Preuves, T. IV, p. 308.

(3) *L'an de grâce mil deux cent quatre vinz et treze, le dimanche
après la feste Saint-Nicolas d'esté (9 mai) de par Guillaume de Hangest
prévost de Paris, et Jehan Popin prévost de la Merchaandise de l'iaue
de Paris, fu regardé et tassé que les jurez maçons et charpentiers de
Paris, auront tous ensemble tant seulement por chacune reue, esgart
et dist que il feront et diront en la ville de Paris, de chacune partie
II sols, se il ne demeure pas les dites parties que le dist des diz jurez ne
fust dist, et se il demouroit par les parties à dire, les diz jurez auront
tous ensemble por chacune journée deux sols; et plus non pourront avoir
les jurez por les dites reue, esgart et leur dist dire. Et se i demouroit
par les jurez que il ne deïssent leur dist, se ce que il auroient reu, il
n'auroient que les deux sols dessus diz, combien que ils targassent à dire
leur dist.*
Livre des Sentences. Fol XLIII.

au milieu des rues fréquentées (1). La jurisprudence, encore
observée de nos jours au sujet des locations, fut réglé par
les membres du Parloir aux Bourgeois, dans une séance de
l'année 1304. Il est dit que celui qui veut donner congé,
soit d'une maison, soit d'un moulin, est tenu d'en prévenir
un terme auparavant, en ayant soin de payer tout ce qu'il
doit d'arrérage. A la fin de cette déclaration, à laquelle
furent présents les membres les plus influents du Parloir,
il est dit que cette coutume est connue depuis si longtemps
que mémoire d'homme n'a pas souvenir du contraire (2).
Une sentence de l'année 1299 est relative à des réparations
qu'un propriétaire n'a pas exécutées ainsi qu'il s'y était
engagé; il promet de les faire dans un bref délai et autorise
son locataire à retenir en attendant une partie du loyer (3).
Il est question plusieurs fois aussi de meubles comme
garantissant le paiement du loyer, et de saisie exercée, soit
par le propriétaire de la maison, soit par le seigneur suzerain
du lieu où cette maison est bâtie (4).

Enfin nous rappellerons le rapport au Prévôt de Paris,
des maçons jurés du roi concernant l'épaisseur des murs
mitoyens de l'ancienne et de la nouvelle construction sise
rue de Montmorency, paroisse Saint-Jacques-la-Boucherie,
appartenant à Nicolas Flamel (5).

Une charte de Charles VI, de 1382, supprima le Prévost
des Marchands et les échevins de Paris. Après 1415, quand
ce roi eut promulgué la grande ordonnance qui rétablissait
la marchandise de l'eau, il fut bien entendu par les Officiers

(1) Arch. du Roy. K. 984.
(2) Livre des Sentences, 17 janvier 1304.
(3) Livre des Sentences, 18 novembre 1299.
(4) Id. Années 1295, 1297, 1298, 1291, 1302.
(5) Manuel de la Société Cent. des Architectes. T. I.

de l'Hôtel de Ville qu'ils jouiraient de toutes les prérogatives attachées à l'ancien Parloir aux Bourgeois; l'ordonnance
le disait expressément. Mais dans la pensée du pouvoir
royal, ces prérogatives ne devaient s'entendre que de la
partie administrative. Quant à la police et à tout ce qui
était regardé comme inhérent à la magistrature suprême,
c'est-à-dire à la royauté, le Châtelet (1) seul devait en
connaître. Louis XII par son ordonnance de 1498, ayant
ordonné que les prévôts, baillis et sénéchaux fussent
docteurs ou licenciés en droit, les prévôts, gens d'épée
et sans aucun degré d'étude, n'exercèrent plus la justice
que par le Lieutenant civil qui devint comme le principal
magistrat du Châtelet. Il jugeait en dernier ressort avant
que le Parlement fût rendu sédentaire (2). L'édit de janvier
1551 de Henri II, créa des présidiaux jugeant en dernier
ressort et par provision, nonobstant appel, les causes jusqu'à
250 livres et au-dessous. La juridiction du Châtelet ne
subit aucun changement jusqu'à Louis XIV, qui, par son
édit de mars 1667, donné à Saint-Germain-en-Laye, divisa
en deux juridictions l'office de Lieutenant civil, l'une pour
la juridiction civile, l'autre pour la police.

Aucun manuscrit concernant la Coutume de Paris, ce
que l'on appelait le droit non écrit, *jus non scriptum*, n'est
parvenu jusqu'à nous. L'ordonnance de Charles VII, de
1453, obligea chaque fraction du territoire obéissant à une
coutume et non soumise à loi romaine (3), de la rédiger

(1) *Le Grand Chastelet où est exercée la justice de la Preuosté et
Vicomté de Paris.* — La Fleur des Antiquitez de Paris, par Gilles
Corrozet. 1532.

(2) *Qui auparavant estait vagant par le royaume.* — La Fleur des
Antiquitez de Paris, par Gilles Corrozet. 1532.

(3) Sous saint Louis la dénomination changea; l'expression de
pays de *loi romaine* fut remplacée par celle de pays de *droit écrit*,
qui se lit deux fois dans une ordonnance de ce roi, du mois d'avril
1250.

par écrit et d'envoyer au roi une rédaction qui devait rester le droit positif de chaque fraction du pays coutumier.

Le premier texte officiel que nous connaissions est l'édition de 1510 (1); elle ne comprend que treize articles relatifs au bâtiment et ce n'est que dans l'édition de 1580 (2) que nous trouvons les deux articles 189 et 190 qui, pour la ville de Paris, ont encore force obligatoire, sanctionnée expressément par le législateur (article 674 du Code civil).

Ces deux articles sont ainsi conçus :

CLXXXIX

Qui veut faire cheminées et attres contre le mur mitoyen, doit faire contre-mur de thuilots ou autre chose suffisante de demy pied d'espoisseur.

CXC

Qui veut faire forge, four et fourneau contre le mur mitoyen, doit laisser demy pied de vuyde et intervalle

---

(1) LES COUSTUMES GÉNÉRALLES DE LA PRÉUOSTÉ ET VICOMTÉ DE PARIS. Et sont lesdites coustumes à vendre, à Paris, rue Saint-Jacques, à l'enseigne de la fleur de liz d'or : en l'hostel de Jehan Petit. Et au palais, par Guillaume Eustache, au tiers pillier : commis des greffiers du Chastellet de Paris.
Avec privilège de Messieurs de Parlement.
Bibl. Nat. Rés. F. sur vélin, en caractères gothiques.
Voir Manuel de la Société Cent. des Arch. Tome I.

(2) COUSTUMES DE LA PRÉUOSTÉ ET VICOMTÉ DE PARIS, mises et rédigées escrit, en présence des gens des trois Estats, de ladite préuosté et vicomté. Par nous Chrestofle de Thor, premier Président, Claude Aujourant, Mathieu Chartier, Iaques Viole et Pierre de Longueil, Conseillers du Roy en sa cour de Parlement et Commissaires par lui ordonnez

A PARIS

Chez Iaques du Puis, *libraire, iuré à la Samaritaine*, 1580.
Bibl. Nat. F. 2890.
Voir Manuel de la Société Cent. des Arch. Tome I.

*entre deux du mur du four ou forge : et doit estre ledit
mur d'un pied d'épaisseur.*

Bien que l'ordonnance de Charles VII, obligeant de
rédiger par écrit les coutumes, date de 1453, l'article 189
ne fut probablement pas écrit avant 1485. Nous le trouvons en effet compris dans l'article 6 de l'ordonnance de
ce roi sur la police de Paris, qui dit :

*Si aucun veut faire cheminée, astre, chauffe-dos ou
chauffe-con, contre un mur mitoyant, il y doit faire contre-
mur de tuilleaux ou de plastre de demi-pied d'épaisseur, et
en certaine quantité de haut, et selon la mesure en tels cas
accoustumée entre les maçons, afin que par le haste et la
grande chaleur du feu le mur n'en puisse nullement em-
pirer* (1).

La rédaction de cet article 189, dans le Grand Coustumier
de France, diffère un peu des précédentes, elle est ainsi
libellée :

*Si aucun peut faire cheminées, astres ou chauffrettes à
l'encontre du mur mitoyen, il doit faire contremur de
thuileaux ou de plastre de demi-pied d'espesseur* (2).

Quant à l'article 190, bien que les auteurs soient d'accord pour écrire que la Coutume de Paris fut rédigée
sous saint Louis, nous avons vu qu'il n'en est pas encore
question dans l'édition de 1510 et nous ne le connaissons
que par l'édition de 1580.

Avant de poursuivre notre historique des règlements
sur les dangers d'incendie, nous croyons devoir dire, aussi
brièvement que possible, comme nous l'avons fait, d'ailleurs, pour la période romaine, quel était, avant et après

(1) FONTANON. T. I, p. 873.

(2) SAINTE-PALAYE. Liv II, chap. XXXVIII. p. 156.

la Coutume, le mode de construction des cheminées, des âtres, chauffe-dos ou chauffe-doux, des fours, forges et fourneaux et ce que l'on entendait par ces mots.

V

Pendant les premiers siècles du Moyen-Age, on chauffait les appartements soit au moyen de réchauds remplis de braise que l'on roulait d'une pièce dans une autre, soit par des hypocaustes, au moyen de foyers inférieurs qui répandaient la chaleur par des conduits sous le pavage des appartements et dans l'épaisseur des murs, ainsi que le font nos calorifères modernes. Dans les abbayes primitives ce dernier mode de chauffage était usité, ainsi que le démontre le plan de l'abbaye de Saint-Gall, qui date de l'année 820 environ.

Si l'on en croit Sauval (1), l'empereur Julien se servait de braseros pour chauffer les chambres de son palais des Thermes et, d'après les écrits de cet Empereur et d'Ammien Marcellin, il ajoute que Julien faillit être une des premières victimes, à Paris, de l'intoxication par l'oxyde de carbone. « L'hiver, cette année-là, fut plus rude qu'à l'ordinaire, la rivière charriait de si gros glaçons qu'on les eût pris pour des tables de marbre phrygien, et peu s'en fallut qu'elle ne prît tout-à-fait et qu'on ne la passât à pied. Or comme le froid augmentait de jour en jour et que Julien ne voulait point qu'on fît du feu dans sa chambre, afin de de s'accoutumer à la froideur de l'air ; néanmoins la

(1) SAUVAL, Hist. et Ant. Liv. XII.

rigueur de la saison étant devenue si grande, qu'il n'y avait pas moyen de durer, il se contenta de faire apporter dans un réchaud un peu de charbon allumé, qui fut mis au milieu, de crainte que s'il faisait du feu, une si grande chaleur ne vint à émouvoir l'humidité qui était attachée aux murailles. Cette précaution, néanmoins, n'empêcha pas que son réchaud ne fit le même effet, de sorte que sa chambre bientôt après fut si pleine de vapeurs grossières, qu'il eût été étouffé si au plus vite on ne l'eût emporté hors de là ».

Ces braseros, *foculi* des Romains, s'appelaient chauffe-dos, chauffe-doux, chauffe-con ou chaufferette; on s'en servait pour le chauffage des chambres et surtout des églises et on les promenait, à cet effet, dans les rangs des fidèles. Comme primitivement les planchers des maisons étaient tous en bois, sans hourdis entre les solives, avec une simple planche clouée sur ces solives, pour former le parquet, on ménageait une partie carrelée en carreaux de terre cuite, sur aire hourdée en plâtre ou en mortier et que l'on appelait âtre (1), et sur laquelle reposaient ces caisses en métal ou ces réchauds en terre cuite pleins de braise, de charbon et de cendre chaude. Il n'y avait aucun tuyau pour l'évacuation de la fumée, qui s'en allait par les portes et les fenêtres mal jointes. L'âtre est le foyer primitif sur lequel on préparait la nourriture de la famille; et de chaque côté de l'aire carrelée on élevait deux petits murs, entre lesquels on allumait le feu, qui retenaient le combustible et l'empêchaient de se répandre sur le parquet en bois. Dans les châteaux et les monas-

---

(1) *Si com le chat qui croit en l'aistre.* Fab. mss. SAINTE-PALAYE, XIII° siècle.

On disait encore *aistre* au XIV° siècle.

tères du Moyen-Age, la cuisine n'était elle-même qu'une vaste cheminée, construite sur un plan circulaire ou polygonal et surmontée d'un toit pyramidal, muni d'un ou plusieurs tuyaux pour la sortie de la fumée (1).

On ne voit apparaître la cheminée avec son conduit de fumée qu'à la fin du xie siècle. Les premières cheminées se composaient d'une niche prise au dépens de l'épaisseur du mur, arrêtée de chaque côté par deux pieds droits et surmontée d'un manteau et d'une hotte sous laquelle s'engouffre la fumée. Un des plus anciens spécimens que l'on puisse citer, est la cheminée d'un palais dit de la reine Mathilde, dont un dessin a été publié par Ducarel, dans ses antiquités anglo-normandes. A partir du xiie siècle les exemples abondent : telle est la cheminée de la cathédrale du Puy-en-Velay, qui date du xiie siècle, mais sur plan barlong; de la même époque la belle cheminée sculptée de l'ancien collège de Velay; à la fin du xiie siècle la cheminée du château de Vauce (Allier) : le contre-cœur est maçonné en tuileaux afin de mieux résister à l'action du feu. Souvent on adossait les cheminées au mur de face entre deux croisées; le contre-cœur formait encorbellement en dehors, si le mur n'était pas assez épais et le tuyau de fumée montait extérieurement.

A dater du xiiie siècle, les cheminées prennent un développement considérable. L'âtre s'élargit à ce point qu'on y dispose parfois des bancs de pierre des deux côtés des pieds droits, afin qu'on puisse se chauffer en se tenant sous le manteau. Un homme pouvait y entrer debout, et dix ou douze personnes se plaçaient facilement autour de l'âtre. Du commencement du xiiie siècle on peut citer la cheminée de la grande salle du château de Montargis. Dans la grande

(1) Viollet-le-Duc. Dict.

salle du château de Coucy, construit de 1220 à 1230, les deux cheminées offrent cette particularité que les tuyaux sont divisés par une languette de pierre de manière à fournir deux tirages. Dans le même château, la grande cheminée de la salle des Preuses, dont le dessin nous a été conservé par Ducerceau, on voit la même disposition. Tout porte à supposer que l'on avait reconnu, en construisant des cheminées d'une grande largeur, la nécessité de diviser le tuyau de tirage en plusieurs sections, afin d'empêcher le vent de s'engouffrer dans ses larges trémies et de faire ainsi rabattre la fumée. En pratiquant plusieurs tuyaux, on donnait plus d'activité au tirage et la fumée pouvait aussi s'échapper avec plus de facilité. Ces divisions avaient encore l'avantage de donner de la solidité aux murs dédoublés par les tuyaux, en reliant leurs deux parements extérieur et intérieur. On retrouve cette même disposition dans la belle cheminée des comtes de Poitiers, du xvᵉ siècle, et dans d'autres des siècles suivants.

Les cheminées des cuisines avaient particulièrement des dimensions énormes, on y jetait des troncs d'arbre de deux ou trois mètres de long, et on obtenait ainsi des foyers de chaleur assez intenses pour y faire cuire des bœufs et des moutons entiers. Pour protéger la maçonnerie contre l'ardeur du feu de pareils foyers, on commença à revêtir le contre-cœur d'une grande plaque de fonte. Viollet-le-Duc cite comme exemple de ces grandes cheminées de cuisine du xiiiᵉ siècle, celle du château de Clisson, près Nantes et de l'abbaye de Blanche-de-Mortain.

Dans les habitations bourgeoises beaucoup de cheminées étaient de bois apparent ou recouvert de plâtre sculpté et mouluré. A Toulouse, on en voyait une se composant de deux pieds droits en pierre et d'un manteau formé d'un châssis de bois recouvert de plâtre mouluré; la hotte est hourdée en plâtre sur planches de chêne. Les manteaux seuls sont presque toujours en bois, parce qu'il était très difficile de se procurer des plate-bandes assez longues et assez résistantes pour former ces manteaux d'un seul morceau, et leur appareil en pierre présentait des difficultés. Viollet-le-Duc cite notamment une grande cheminée logée sur le mur de face, avec contre-cœur en encorbellement, dont le manteau est composé d'une pièce courbe de charpente; dans la ville de Cluny, rue d'Avril, n° 13, le contre-cœur est en briques à l'intérieur, le manteau de bois est porté sur deux fortes consoles de pierre sans pieds droits.

Sous les règnes de Charles V et de Charles VI, le luxe et le bien-être s'étaient répandus partout; les bourgeois tenaient à avoir, en rentrant au logis, bon gite et bon feu. Dans le Ménagier de Paris, composé vers 1393, par un Parisien, pour l'éducation de sa femme(1), on peut prendre une idée complète des habitudes de la riche bourgeoisie en France, au xive siècle. Le mari ne craindra ni le froid, ni la pluie, ni la grêle, ni les mauvais gites, s'il sait au retour trouver ses aises; *estre deschaux à bon feu*... Trois choses, dit-il, chassent le preudhomme de son logis : *C'est assavoir maison découverte, cheminée fumeuse et femme rioteuse... Gardez en hiver qu'il ait bon feu sans fumée et entre vos mamelles bien couchié, bien couvert et illec l'ensorcellez. Et en esté gardé que votre lit n'ait nulles puces...*

Dès le xiiie siècle, Eustache Deschamps(2) nous montre que l'on comprenait déjà parfaitement l'installation d'une cuisine et pour les cuisines :

---

(1) Publié par le baron J. Pichon, pour la Société des Bibliophiles. Paris, 1847, 2 vol. in-8°.

(2) Miroer du mariage.

Fault poz, paelles, chauderons,
Cramaux, rostiers, sausserons,
Broches de fer, hostes de fust,
Croches hancs, car ce ne fust
L'en s'ardist la main à saichier
La char du pot sanz l'acrochier.
Aler souvent querir au four
Longue pelle faut à retour.

Au commencement du xv⁰ siècle, Christine de Pisan blâme aussi les habitudes de luxe et d'indolence de son temps :

ne se leveroient
Devers le matin, s'ils n'avoient
En yver le feu bien à point
Et que on chauffast leur pourpoint.

Au xvıᵉ siècle, Gilles Corrozet, dans les blasons domestiques (1), nous décrit l'agencement complet d'une cuisine avec sa grande cheminée, au manteau très élevé, représentée sur une des gravures sur bois qui ornent cet ouvrage rarissime :

En la cuysine à point bien ordonnée,
Est de besoing avoir la cheminée
Plene de feu, garnie de chenetz
D'acastepotz et de grils assez netz,
D'une grande pelle, et tenailles ferrantes
Pour atiser les busches tresardentes.
Droict au milieu se tient la cremilière
Où pend souvent chaulderon et chauldière.
Etc...

Au xıvᵉ siècle, les cheminées se multiplient et leurs manteaux se couvrent de riches sculptures. On voyait

---

(1) Les blasons domestiques contenantz la décoration d'une maison honneste et du mesnage estant en icelle, 1539.
On les vend en la grande salle du Palais, près la chapelle de messieurs, en la boutique de Gilles Corrozet, libraire.

encore, en 1358, la grande cheminée du premier Parloir
aux Bourgeois de la rue Saint-Cosme, épargné lorsqu'on
creusa un fossé autour de l'enceinte méridionale, men-
tionné d'ailleurs dans les lettres du roi Jean, de 1350, et
donné en 1504 par Louis XII aux Jacobins (1). Sous
Charles V : « Dans l'hôtel de Saint-Maur, nommé aussi
hôtel de la Conciergerie, où logeaient le dauphin Charles
et Louis duc d'Orléans, les cheminées étaient d'une grandeur qui nous paraîtrait aujourd'hui fort extraordinaire.
On en plaçait partout, jusque dans les chapelles; il s'y
trouvait aussi des poêles, alors nommés *chauffe-doux* (2) ».

Dans la description que Sauval (3) nous donne *des
dedans* des maisons royales, on lit : « En 1365 la cheminée
de la chambre du roi Charles V, à l'hôtel Saint-Pol, avait
pour ornements de grands chevaux de pierre; celle de sa
chambre au Louvre était chargée de douze grosses bêtes
et des treize grands prophètes. Quant aux cheminées que
les rois faisaient pour leurs courtisans, leur grandeur aussi
bien que leur magnificence n'étaient pas croyables. Il en
reste une quasi entière au bout de la grande salle du
palais », et plus loin décrivant la grande cuisine il ajoute :
« Les quatre coins sont occupés par quatre grandes cheminées dont les manteaux, partie de pierre et de briques
faites en lozange, remontent jusqu'à la voûte insensi-
blement et avec beaucoup d'artifice. Les joints des pierres
qui composent ces manteaux et ces piliers sont coulés
avec de l'étain fin et du plomb fondu, et la plupart des
joints des autres pierres », et plus loin : « Pour revenir
aux cheminées des chambres royales, les chenêts étaient de

---

(1) Mém. de l'Acad. des Insc. XXI, p. 178.

(2) FÉLIBIEN. Hist. de Paris.

(3) SAUVAL. Hist. et Ant. Liv. VII, p. 280.

fer ouvré; en 1367, on en fit quatre paires pour les chambres du Louvre... et coûtèrent 26 livres 13 sols 4 deniers parisis à raison de 16 deniers la livre de fer ».

Au xve et au xvie siècle, les cheminées des châteaux et des demeures royales étaient décorées de sculpture et de peinture d'une richesse inouïe. Mais ces grandes cheminées, quelles que soient les dispositions prises par les architectes pour les empêcher de fumer, tuyau unitaire ou multiple, laissaient rabattre la fumée dans les intérieurs des habitations. On peut voir en effet dans l'architecture de Philibert Delorme (1), comment un éolipyle placé dans une cheminée « par l'évaporation causera un tel vent qu'il n'y a si grande fumée qui n'en soit chassée ». En 1749, Gauger, dans son livre de la Mécanique du feu, en décrivit un de son invention, qui jouissait du même avantage.

Ces grandes cheminées chauffaient très peu, car la grande masse d'air que le tuyau renfermait, incessamment renouvelée par l'air froid, n'était guère plus chaude que l'air de la pièce; elle ne s'élevait donc que partiellement; il n'y avait pas de tirage, souvent même au lieu de remonter, elle descendait et la cheminée fumait. Quand la cheminée marchait bien le tirage était devenu si actif qu'il épuisait toute la provision d'air de la chambre, et que cet air n'était remplacé que par un appel énergique et bruyant de l'air extérieur à travers les fentes des portes et des fenêtres.

Montaigne avait lu le passage de Sénèque, que nous avons cité plus haut, quand, dans ses Essais, il diatribe contre les cheminées de son temps et contre les poêles : « à chaleur croupie et à mauvaise senteur » qu'il avait vus en Allemagne. « Que n'imitons-nous, dit-il, l'architecture romaine ? Car on dit qu'anciennement le feu ne se faisait

_____

(1) 1597. Liv. IX, chap. viii.

en leurs maisons que par le dehors et au pied d'icelles; d'où s'inspirait la chaleur à tout le logis par des tuyaux pratiquez dans l'espez du mur, lesquels allaient embrasant les lieux qui debvoient estre échauffez; ce que j'ai vu clairement signifié je ne sçais où en Sénéque (1) ».

A partir du XVIIIᵉ siècle, les cheminées ont des dimensions plus restreintes et plus en rapport avec les proportions des pièces. Le marbre remplace la pierre, le manteau s'abaisse et la tablette sert de support à des bustes, à des vases de prix, à des candélabres et à des pendules. L'âtre s'est de plus en plus rétréci et les cheminées ne chauffent toujours pas. Louis XIV, dans ses immenses salons de Versailles, souffrait du froid et s'enveloppait de paravents au coin d'une vaste cheminée dans laquelle disparaissait le bois d'une forêt. Madame de Maintenon, assise à l'autre coin, devait se couvrir de fourrures et s'abriter dans une petite niche portative qui ressemblait assez au tonneau des revendeuses. Saint-Simon raconte que pour travailler à son aise pendant les grands froids, il faisait monter une boîte de carrosse dans son cabinet et s'enfermait dans cette boîte qui lui servait de cabinet plus intime.

A la fin du XVIIIᵉ siècle, dans les appartements bourgeois, il y avait peu de chambres sans cheminée, et Mercier critiquant le luxe de son temps, dit dans son Tableau de Paris : « Autrefois, ce qui composait le domestique se chauffait à un foyer commun, aujourd'hui la femme de chambre a sa cheminée, le précepteur a sa cheminée, le maître d'hôtel a sa cheminée (2) ». Mais dans le peuple, dans la classe peu aisée, on continuait à faire usage de chauffe-doux, de petits réchauds en métal ou en terre

---

(1) Essais. Liv. III, chap. XIII, tit. II, p. 586.

(2) MERCIER. Tableau de Paris. T. I, p. 68. 1782.

cuite, sur lesquels on préparait la nourriture de toute la
famille et dont on se servait aussi pour échauffer, pendant
les hivers rigoureux, en brûlant quelques brins de charbon de bois ramassés sur les berges de la Seine, les man-
sardes sans cheminée. L'oxyde de carbone, ou ce que l'on
appelait alors la vapeur de charbon, intoxiquait toute la
famille et quelquefois les voisins. Ecoutons encore Mercier
qui nous donne un tableau saisissant des dangers de ce
mode primitif de chauffage à la fin du xviii siècle : « La
vapeur de charbon produit encore, surtout dans les faubourgs, des désastres plus fréquens. Outre les chagrins
amers et renaissans attachés à l'extrême indigence, il est
un accident familier aux malheureux, qui ne sont pas assez
riches pour acheter du bois. Il faut savoir qu'il y a une
nombreuse portion de citoyens qui n'habitent que des
cabinets ou des recoins obscurs où il n'y a point de cheminées. Ces infortunés sont obligés, dans les rigueurs de
l'hiver, de faire du feu au milieu de leurs chambres et le
toit n'est pas percé comme chez les sauvages. Il arrive
souvent qu'ils sont surpris eux et leurs enfants et suffoqués
par la vapeur du charbon. Personne n'est à l'abri de ces
accidents imprévus; car le voisinage d'un pauvre suffit
pour tuer un riche (1) ». Plus loin il indique les premiers
soins à donner, propose d'accorder une médaille à tout
homme qui, dans un danger pressant, aurait sauvé la vie
d'un citoyen et félicite M. Le Noir (2), Lieutenant de Police,
d'avoir fait dresser *un catéchisme instructif, mis à la portée*

(1) Mercier. Tableau de Paris. T. 1, p. 143. 1782.

(2) Lenoir, lieutenant général de police, en 1774. Il contribua à
l'abolition de la torture, à l'assainissement de Paris, à l'amélioration
des hôpitaux et des prisons. On lui doit la suppression du cimetière
des Innocents, la construction de plusieurs halles, l'éclairage per-
pétuel des rues et la création du Mont-de-Piété.

du peuple, des premiers soins à donner aux noyés et aux asphyxiés par le charbon et par le gaz des fosses d'aisances.

Sous Louis XV on commença à connaître les cheminées à la prussienne(1), formées d'une boîte en tôle, chauffant par rayonnement et par contact.

Ce n'est que depuis peu que l'on comprend la science du chauffage; quand on eut démontré par le calcul que le bon tirage d'une cheminée dépend de la hauteur de son tuyau et de sa section et que par l'arrivée de l'air extérieur, au moyen de ventouses on eut formé un rideau d'air en avant du rétrécissement proportionné alors aux divers éléments qui composent une cheminée.

Les ordonnances de police de 1672 et de 1719, qui voulaient qu'on donnât aux cheminées 3 pieds de largeur sur 10 pouces de profondeur, consacrèrent un inconvénient. Les cheminées fumaient infailliblement de *par la Loi*, et Blondel, dans son cours d'architecture, critique cette trop grande section des coffres de cheminées, prescrite par l'ordonnance du Lieutenant de Police : « Le dedans des tuyaux de cheminées, quelle que soit leur construction, était fixé ci-devant à 3 pieds de longueur sur 10 pouces de largeur et l'on ne pouvait leur donner moins; mais sur la représentation qui fut faite à la Chambre royale des bâtiments par la communauté des maîtres maçons, que la longueur des tuyaux prescrite par les ordonnances étant trop forte, les exposoit à fumer, et que le remède le plus ordinaire des fumistes ne consistait qu'à y faire de nouvelles languettes qui en réduisoient la longueur, on fit, il y a quelques années, un nouveau règlement qui permet de ne plus donner que deux pieds et demi de long sur 10 pouces de large aux tuyaux des grandes cheminées et deux pieds

---

(1) Recueil de découvertes et inventions. 1774, in-8°, p. 181.

un quart de long aux tuyaux des petites; lesquelles dimensions sont en effet suffisantes pour pouvoir ramoner les cheminées et en ôter la suie (1) ». Mais malgré cette diminution de la section du tuyau, les cheminées continuaient à fumer. Jusqu'à Rumfort (2), il en fut ainsi; il rétrécit l'orifice de communication avec le tuyau, diminua le foyer en hauteur et en largeur et de plus imagina les parois latérales inclinées. Lhomond inventa le rideau en tôle pour régler l'arrivée de l'air; Bonzac, la cheminée mobile, avançant dans la pièce à chauffer, au moyen d'un chariot roulant, enfin Decroizilles, le chauffage de l'air par une série de tuyaux dans lesquels passe la fumée, et Fondet le contre-cœur en fonte, formé aussi d'une série de tuyaux dans lesquels passe l'air froid extérieur qui est renvoyé chaud dans la pièce à chauffer par des bouches de chaleur pratiquées dans les jambages de la cheminée.

Quant aux tuyaux de cheminées au xiie et au xiiie siècle, ils sont ordinairement cylindriques à l'intérieur et construits en pierre appareillée avec le plus grand soin. Dans la suite on en fit surtout en briques, et à Paris en plâtre pigeonné à la main, jusqu'à l'invention des briques Gourlier et des boisseaux et wagons en terre cuite encore en usage de nos jours.

---

(1) Tome V, p. 402. 1777.

VI

L'ordonnance royale de 1485, qui reproduit l'article 189 de la Coutume de Paris, ne parle pas des fours, des forges et des fourneaux, mais seulement des âtres et des cheminées adossées au mur mitoyen. A la fin du xvᵉ siècle, le droit de banalité du four était complètement aboli dans la capitale et certaines industries, exigeant l'emploi de forges et de fourneaux, y étaient déjà florissantes. L'article 190 de cette Coutume ne se trouve inscrit que dans l'édition de 1580; mais l'éloignement du mur mitoyen, de la forge, du four et du fourneau a dû certainement être prescrit avant cette époque. Il convient donc de rechercher si les fours, les forges et les fourneaux s'étaient assez multipliés pour justifier une semblable obligation.

Il n'existait primitivement pour tous les habitants de la capitale, renfermés dans l'île de la Cité, qu'un seul four commun ou banal où ils portaient cuire leur pain, et, dit Chopin (1) « situé hors la porte de cette ancienne enceinte, conséquemment hors le danger de causer aucun incendie; précaution d'autant plus nécessaire alors, que les maisons de cette petite ville n'étaient couvertes que de bois et de roseaux ». On l'appelait le Four d'Enfer, *Furnus inferni*, et aussi Four du Métier. Felibien (2) dit que le feu conti-

---

(1) *De moribus Parisiorum*. Liv. I, tit. II, et DELAMARE. Traité de la Police, II, p. 703.

(2) Hist. de Paris.

nuel qu'on y faisait, sa grande capacité et sa grande profondeur lui avaient fait donner le surnom d'Enfer (1).

Ce four banal ne fut détruit que sous le règne de Charles V par Hugues Aubriot, Prévôt de Paris. Sa démolition
procura un passage direct du pont au Change à la rue
Saint-Jacques-la-Boucherie, en permettant de prolonger,
derrière l'église Saint-Leufroy, près la Grande-Boucherie,
la rue qui s'appelait, en 1300 et 1313, du Chevet-Saint-
Leufroy (2). Cette rue ne prit le nom de rue de la Joaillerie
qu'après l'incendie du pont au Change, en 1621, quand
les orfèvres et les joailliers, qui avaient sur ce pont leurs
forges et leurs boutiques, vinrent s'y établir. Il était
donc situé à l'emplacement de la place du Châtelet, entre
la fontaine et l'Opéra-Comique actuel.

Jusqu'au règne de Philippe-Auguste, aucun des habitants
de Paris, ni ceux des bourgs, pas même les boulangers
n'avaient le droit de faire cuire leur pain ailleurs qu'à l'un
des fours banaux construits à cet usage par les seigneurs
ou les évêques. Ils payaient pour cette cuisson un droit de
fournage, *furnagium vel furnaticum*, moyennant laquelle
rétribution, les seigneurs étaient obligés d'entretenir les
fours et d'y avoir des gens préposés pour le service qui
étaient nommés *furnarii*, fourniers. C'est ainsi que s'en
explique l'ancien cartulaire de l'abbaye de Saint-Germain :
*Omnes homines de dicto Burgo Sancti Germani Bannarii
ad furnum nostrum, seu furna nostra, dum tamen furnum
et furnarium competentes habeamus, per bannum coquere
et furnagia prout hactenus consueruut, nobis solvere tene-
buntur.* Il en est aussi fait mention dans le registre de Louis

---

(1) Voir dans DELAMARE l'aliénation de ce four par l'évêque de
Paris et le don, en 1207, à l'église de Saint-Symphorien, proche
Saint-Denis de la Chartre.

(2) JAILLOT. Recherches crit. hist. et top. sur la ville de Paris. 1773.

le Hutin en ces termes : *Similiter ultra justum fornaticum scilicet de duobus sextariis tres obolos* (1).

Sous les rois des deux premières races, parmi les droits de justice qui appartenaient aux Comtes, chargés de l'administration des différentes parties de l'empire Gallo-Franc, figurait le droit de ban, *bannum* ou *jus banni*, c'est-à-dire la puissance de publier et de rendre exécutoires, dans le comté, des sortes d'édits portant des dispositions impératives ou prohibitives. Quand, vers le IXᵉ siècle, les charges de comte devinrent héréditaires, les seigneurs, hauts-justiciers de l'époque féodale, retinrent leur droit de ban comme propriété patrimoniale et dans un intérêt purement privé. Le justicier publiait un ban par lequel il interdisait aux habitants de sa justice, la pratique de certaines industries, en vue de s'assurer à lui-même d'importants et lucratifs monopoles. C'est là l'origine des banalités de four, de moulin, de pressoir, de vérat, etc. Pothier a défini le droit de moulin ou de four : *Le droit qu'avait un seigneur de contraindre les gens demeurant sur sa seigneurie à faire moudre leurs grains à son moulin ou à faire cuire leurs pâtes à son four et d'empêcher qu'ils ne les fassent moudre ou cuire ailleurs* (2). Delamare dit que ce droit de banalité des fours peut venir de ce que les seigneurs voulurent se charger des frais de construction et des soins de veiller au danger du feu ; mais il est beaucoup plus vraisemblable que ce droit constituait pour eux un certain revenu et nous verrons plus loin qu'il fallut toute la puissance de l'autorité royale pour abolir ce droit de fournage qui, sous une autre forme, se conserva encore jusqu'en 1675 dans le quartier Saint-Marcel.

(1) Delamare. Traité de la Pol. T. II, p. 704.
(2) Pothier. Sur la Coutume d'Orléans. T. XV, p. 230.

Ce ne fut qu'en 1200, sous le règne de Philippe-Auguste, que les habitants et les boulangers de Paris eurent le droit de cuire le pain chez eux, dans des fours leur appartenant en propre; encore cette réforme n'eut-elle lieu, si nous en croyons une vieille charte, que moyennant une redevance au roi, par four, de neuf sous, trois deniers et une obole. Cette charte n'est pas parvenue jusqu'à nous, mais la pièce ci-dessous, non datée, confirme l'abolition de la banalité du four à la fin du XIIIe siècle (1) :

Cis titres parole des fours de Paris et de leur droiture.

En ceste chose se sont acordé li bourgois de Paris et dient que, ou tans le roy Phelippe, de bone memoire, fu contens entre les prevoz de Paris, de l'une partie, et les boulengiers de Paris, de l'autre partie, seur ce que li prevoz de Paris voloient abatre et destruire les fours des boulengiers, seur laquel chose li boulengier se plaindrent à Monseigneur lou Roy, et adont, de l'asentement et la volenté Monseigneur lou Roy, fu ordené en ceste manière :

C'est a savoir que chascuns boulengiers puceent faire son four en sa meson, en la quele il manoit a cuire tout ce que mauouverroit en sa meson, por ce que chascun boulengier valoit a Monseigneur lou Roy, chascun IX s. III d. et encore vaut. Et ce aucuns clers ou aucuns lays envoiast a aucun bolengier son blé que il en feist pain pour ce clerc ou pour ce lay, li boulengier puceent faire ceste chose sans nule achoison. Li bolengiers qui n'ont fours propres puceent aler as autres fours, la ou il croient qu'il miex facent.

Derechief, li boulengier puceent faire fours propres, sauz nul contredit, et en touz tans cuisent et on cuit ou il leur

(1) Bib. nat. Ms de la Sorbonne, fr. 24169, fol. 14. — M. RENÉ DE LESPINASSE dit, dans l'Hist. génér. de Paris, *Les Métiers et les Corporations*, que cette pièce est du règne de Philippe-le-Bel ou de Philippe-le-Hardy.

plest miex, sans banie. Ceste enqueste fu faite du comman-
dement le roy Phelippe.

L'ordonnance de Philippe-le-Bel, du 28 avril 1305,
maintint le droit, pour chaque habitant de Paris, toujours
moyennant une redevance, d'avoir un four à cuire le pain
en sa maison :

*Phelippe par la grâce de Dieu, Roys de France, au prevost
de Paris* (1) *salut. Nous avons oyes les requestes de la communauté des gens de Paris, sur lesquelles nous avons ordené
et respondu, pour le commun proufit, si comme ci dessouz
est contenu :*

Premierement que comme les tallemeliers (2) *de Paris
maintenissent...*

*2. Item, nous ordenons et voulons que chascun de Paris
ou à Paris demourant puisse pain faire et fourner en sa
maison et vendre à ses voisins, en faisant pain soufsisant
et raisonnable et en paiant les droitures accoutumées* (3).

Nous avons cru intéressant de rechercher l'emplacement
des principaux fours banaux qui pouvaient exister à Paris
avant l'abolition du droit de fournage et de nos recherches il résulte que pour une population d'environ
200,000 âmes (4), à la fin du xiiie siècle, le nombre de ces
fours n'aurait été que de onze.

En outre du four d'Enfer, dont nous avons parlé plus
haut, démoli pour le prolongement de la rue du Chevet-

---

(1) Alors, Pierre Dorcy.

(2) Les boulangers.

(3) Archives de la Préf. de Police. — Coll. LAMOIGNON. Tom. I,
fol. 177.

(4) D'après la taille de 1292 (H. GÉRAUD, Paris sous Philippe-le-
Bel), on comptait, y compris le bourg Saint-Marcel, 61.098 feux;
mais feu veut dire famille, et en ramenant à quatre personnes par
feu, on arrive à 275.000 âmes. D'après M. LEROUX DE LINCY, ce nombre
doit être réduit à 200.000 âmes.

Saint-Leufroy, nous avons trouvé mention : d'un four
banal, appartenant à l'évêque de Paris, situé dans la rue
qui a gardé très longtemps le nom de rue du Four-Saint-
Honoré, puis s'est appelée rue Vauvilliers. D'après un titre
de la temporalité de Notre-Dame de 1255, on l'appelait
le Four de la Couture parce qu'il était situé dans la couture de l'évêque, *vicus Furni in cultura et justitia Episcopi.*
Le poëte Guillot(1) dit : *En pres est la rue du Four*, et Gilles
Corrozet (2) : *La rue du Four, d'un bout à la rue Saint-
Honoré, de l'autre bout à la Croix neuve.* Sur le plan de
la Tapisserie, sous Charles IX, nous la voyons sous le nom
de rue du Four, ainsi que sur le plan de Gomboust et sur
tous les autres plans de Paris jusqu'à nos jours.

Un autre four banal et une grange appartenant à l'évêque
de Paris existaient dans la rue de l'Arbre-Sec (3), entre le
cloître de Saint-Germain-l'Auxerrois et le cul-de-sac de
Cour-Baton (4). On l'appelait le Four l'Évêque ou le Four
Franc et en 1372 le Four Gauquelin (5). L'évêque de
Paris fut maintenu d'avoir ce four banal dans sa justice,
par Sentence des requêtes du Palais de l'année 1402, mais
cette servitude se perdit bientôt (6).

---

(1) Le dit des rues de Paris en 1300. Manuscrit fonds. franc.
N° 24432.

(2) La Fleur des Antiquités de la noble et triomphante ville et cité
de Paris. *On les vend à Paris au premier pillier de la grant salle du
Palais,* par GALIOT DU PRÉ. 1532.

(3) GUILLOT *l'appelle de l'Abresel;* au XIIIᵉ siècle elle s'appelait
vicus Arboris siccæ.

(4) Impasse disparu lors du percement de la rue de Rivoli. — GUIL-
LEBERT DE METZ, Description de la ville de Paris sous Charles VI,
l'appelle : *Cul de Bacon.* Sur le plan de la censive de Saint-Germain-
l'Auxerrois, publié par la Soc. de l'hist. de Paris, on voit : la rue du
Four-Bacon.

(5) JAILLOT.

(6) DELAMARE. Traité de la Police. II, p. 766.

7

En 1137, la reine Alix, veuve de Louis-le-Gros, fit bâtir
un four banal sur la terre de Champeaux (emplacement
des Halles actuelles). En 1223, ce four appartenait à
l'évêque de Thérouenne. Les religieux de Saint-Martin le
lui achetèrent pour servir à leurs habitants du Bourg-
l'Abbé. Ce four était situé au coin de la rue de la Cordon-
nerie, qui allait de la rue de la Tonnellerie à la rue de la
Fromagerie, démolie pour la construction des Halles Centrales et presqu'enface de la rue de la Cossonnerie. Ce four
était donc à l'emplacement du pavillon qui fait l'angle des
rues Berger et Pierre-Lescot.

D'après une transaction du mois de mai 1228, entre les
religieux de Saint-Maur et l'abbaye de Sainte-Geneviève (1),
on voit que les religieux de Saint-Maur-les-Fossés avaient
droit de percevoir deux sols de cens sur le Four de Vieille-
Oreille (2). L'auteur des Tablettes Parisiennes dit qu'on
nommait le carrefour formé par cette rue, la rue Jean-de-
Lépine (3), et la rue Jean-Pain-Molet, carrefour Guigno-
reille (4), parce qu'on y coupait les oreilles au Pilori, qui
y était du temps de Raoul de Presles (5). Le bourgeois de
Paris qui, d'après un titre de 1261, s'appelait Jean Pain-
Molet et qui donna son nom à la rue (6), était probablement le boulanger inventeur du pain Molet, très

(1) Cartulaires de Sainte-Geneviève, f. 215, et de Saint-Maur, f. 237.
— JAILLOT.

(2) La rue de la Coutellerie actuelle était connue au XIII⁽ᵉ⁾ siècle
sous le nom de Vieille-Oreille, *veteris auris*.

(3) Greffier criminel du Parlement en 1416.

(4) Ce nom a été altéré depuis en celui de *Vieille-Oreille* et de
Guillori.

(5) LE ROUX DE LINCY.

(6) Sur le rôle de la taille de 1313, elle s'appelait rue Pain-Moulet
et sur le rôle de la taille de 1292, un Jehan Pain-Molet payait 12 deniers seulement; un autre Jehan Pain-Molet, au même carrefour,
mais du costé devers Saint-Bon, payait 12 sous.

recherché encore au xvii° siècle (1) et qui tenait boutique, comme c'était alors l'usage, à proximité du four banal de Vieille-Oreille. Le carrefour Guillori était à peu près à l'angle de la rue de la Coutellerie et de la rue de Rivoli.

Les religieux de Saint-Maur-les-Fossés avaient encore un four banal dans la rue de l'Aigle, qui fait aujourd'hui partie de la rue Saint-Antoine (2). Ce four devait être à l'angle de la rue de l'Aigle et de la rue de Jouy (3).

M. Le Roux de Lincy (4) et Jaillot citent une rue du Four-du-Temple, qui faisait communiquer la rue Sainte-Croix-de-la-Bretonnerie à la rue Sainte-Avoie, où il existait probablement un four banal, au point où aboutissent les rues Sainte-Croix-de-la-Bretonnerie et la rue Neuve-Saint-Merry.

Jaillot, d'après une charte de Philippe Ier en 1070, parle d'un four dans l'enclos de Saint-Martin-des-Champs. Le roi en avait donné la propriété à frère Jean, reclus à Saint-Martin, qui ne devait s'en servir que pour l'usage des pauvres et des pèlerins.

Les religieux de Saint-Germain-des-Prés avaient aussi

---

(1) Dans le Livre commode des Adresses, pour 1692, par ABRAHAM DU PRADEL (Nicolas DE BLÉGNY). Bib. Elzév. T. I, p. 305), nous voyons que les diverses sortes de pain en usage étaient : le pain de seigle, les pains au lait, à la mode de Ségovie, à la Montauron, le pain à la Reine ou pain Molet, les pains à la Joyeuse, le pain mouton, le pain Paget, le pain de Gonesse, etc. Les sieurs L'Esteuve, près Saint-Médard, et Adam, rue Saint-Denis, au roi François (cour des Miracles), fabriquent des fours pour le public.

(2) Il est fait mention de ce four dans un ancien terrier de 1227, d'après DELAMARE et dans les Cartulaires de Saint-Maur et de Saint-Germain et le censier de Saint-Éloy en 1284, 1289 et 1367, d'après JAILLOT. — Le prieuré de Saint-Éloi appartenait aux religieux de Saint-Maur.

(3) La rue de Joy au xiii° siècle, dans GUILLOT. Elle continuait la grande rue Baudéer et conduisait à la poterne Saint-Pol.

(4) Hist. gén. de Paris. Paris et ses historiens.

pour leurs habitants un four banal à l'emplacement de la rue du Four actuelle; il était situé dans la maison faisant le coin oriental de la rue du Four et de la rue Beurrière (1), depuis rue Neuve-Guillemin. La maison, dans laquelle le four était construit, s'appelait Hostel du Four bannier en 1456, et maison de la Corne de Cerf en 1522 et en 1688 (2).

D'après un cartulaire de Sainte-Geneviève de 1248, il y avait une rue du Four avec un four banal, dont il est fait mention sous le nom de *vicus* et *ruella. Furni;* elle continuait la rue d'Écosse, en retour d'équerre, pour aboutir à la rue des Sept-Voies. On l'appelait la rue du Petit-Four ou du Petit-Four-Saint-Hilaire (3). Ce four appartenait à l'église Saint-Marcel; en 1406 le doyen et les chanoines furent obligés de composer avec les habitants pour le droit de banalité, moyennant une redevance, par année, de soixante-quinze sous payés au chapitre par la communauté des habitants et de deux sous six deniers par chaque propriétaire de four. Cette redevance était appelée droit du petit four, d'après une déclaration au roi de 1580 de la Chambre des Comptes; les habitants en furent déchargés par sentence des requêtes du Palais du 28 mars 1675 (4).

---

(1) Cette rue est appelée : *ruella Furni*, dans une charte de 1266; *ruella quæ dicitur Furno*, dans une autre de 1271, et *ruelle du Four Bannier*, en 1412 et 1510. Le four a été supprimé en 1472. — Hist. gén. de Paris. LE BOURG SAINT-GERMAIN.

(2) Au xviie siècle, cette maison appartenait à maître Guillemin, auditeur de la Chambre des Comptes, d'où est venu le nom de rue Neuve-Guillemin, qui fut percée sur son emplacement en 1631. — Id.

(3) JAILLOT. — Le poète GUILLOT dit :
Puis la rue du *Petit-Four*
Con apele le *Petit-Four*.

(4) DELAMARE. Tome II, p. 704.

Plusieurs auteurs parlent d'un four banal appartenant à l'évêque de Paris entre la rue Saint-Germain-l'Auxerrois et le quai de l'École, au lieu dit le For-l'Évesque. Sur le plan de Bâle sous Henri II et sur le plan de la Tapisserie sous Charles IX, on voit : le Four l'Évesque; sur un titre des archives de l'archevêché, on lit *versus Furnum Episcopi*, et un autre acte du grand et du petit cartulaires parle aussi en cet endroit de *domus Furni Episcopi*. Jaillot, avec raison, ne pense pas qu'il y ait eu un four banal à cet endroit, il n'en donne pas la preuve ; nous l'avons trouvé dans Guillebert de Metz (1) où il est dit : *Lostel appele le Four* (2) *Levesque où l'en plaide les causes au temporel de la juridiction de l'évesque de Paris, c'est en la rue de l'Escole-Saint-Germain.*

Il existait un four banal dans la cité même, rue du Four-Basset ; cette rue donnait passage de la rue de la Juiverie à la rue aux Fèves. En 1300, le poète Guillot l'appelle la *petite Orberie* (3) ; le rôle de la taxe de 1313 énonce la rue du Four-Basset (4) et Sauval (5) dit : « la rue du Four-Basset qui va de la rue aux Febvres à la rue de la Juiverie ».

Cette rue de la Juiverie, supprimée en 1834, lors du percement de la rue de la Cité, a pour nous un grand intérêt. Sous Philippe-Auguste, le plus ancien marché de Paris dans la cité, destiné à la vente du blé, se tenait rue de la

---

(1) Description de la ville de Paris au xvᵉ siècle, publiée par Le Roux de Lincy, p. 65.

(2) *Four* pour *Forum*.

(3)   *Et puis la Petite Orberie*
        Qui en la Juerie fiet.

(4) Jaillot.

(5) Hist. et Ant. Liv. II, p. 137.

Juiverie au marché Palu (1). D'après la taille de 1292 (2),
la rue de la *Juerie*, paroisse Saint-Macias (3), avait 12 talemeliers (boulangers). Ces boulangers, à proximité du marché
au grain et à la farine, le plus important de la cité, et des
moulins établis sur la Seine, portaient cuire leur pain au
four banal voisin, rue du Four-Basset. Quand Philippe-
Auguste et ses successeurs, Philippe-le-Hardy et Philippe-
le-Bel abolirent le droit de banalité des fours, les douze
talemeliers de la rue de la Juiverie s'empressèrent de construire des fours dans leurs maisons pour ne plus avoir à
payer le droit de fournage. Mais sous Charles IX, en 1567,
quand cette rue de la Juiverie fut élargie, les fours qui y
étaient construits, augmentant considérablement le danger
d'incendie, l'élargissement de la rue ne fut autorisé qu'à la
condition expresse *que toutes les maisons dont on reculait*
les façades auraient face de pierre ou moilon (sic) *et non de*
pan de bois (4).

En outre de ces onze fours banaux, il y avait encore des

---

(1) Guillot . *Marcé Palu, la Juerie*. Dans l'ordonnance du roi
Jean II de 1351 sur la police générale et sur les divers métiers de la
ville de Paris, nous voyons, titre IV :

DES XII DE LA PREVOSTÉ

3 Item, en la place et au marché la ou l'on en a acoustumé de vendre
blez, farines et autres pains en la Juisrie, aura xii mesureurs.
Dans la description de Paris, sous Charles V, par Raoul de
Presles (Paris et ses historiens par Le Roux de Lincy) : *et par la*
rivière à la Juyerie droit au petit pont de pierre abattu, et dans la
Fleur des Antiquitez, de Gilles Corrozet (édition de 1555) : *La rue*
de la Juifrie. — D'un bout au marché Palu, de l'autre bout à la rue de
la Lanterne. — Le carrefour du marché Palu devant Nostre-Dame de
Paris.

(2) H. Géraud. Paris sous Philippe-le-Bel.

(3) Saint-Martial. Cette église, dans la rue de ce nom, fut démolie
en 1722. — Jaillot.

(4) Note donnée dans le Bulletin Férussac, sciences géographiques,
t. I, p. 11. (G. Cruise. La lutte contre l'incendie avant 1789.)

fours particuliers dans l'intérieur des collèges, des abbayes
et des communautés. Sauval nous apprend que dans le
château du Louvre, reconstruit par Charles V, il y avait
la maison du four.

D'après le relevé fait sur la taille levée en 1292 (1), on
comptait à Paris 62 boulangers, *talemeliers*, 94 garçons
boulangers, *fourniers* ou aides à four, et 106 pâtissiers,
oubloïers, pastéers, gastellers et eschaudeurs.

Les fours banaux étaient généralement construits sous
des appentis, très souvent au carrefour des chemins et des
rues et dans de grands espaces couverts, isolés des habitations et d'un accès facile pour que tous les habitants,
obligés d'y apporter leur pâte, puissent librement circuler
autour du four. Le danger d'incendie, par suite de cet
isolement, n'était pas très grand. L'abolition du droit de
banalité du four, en permettant à chaque habitant de cuire
son pain chez lui et d'y construire un four dans sa maison,
entraîna forcément l'obligation imposée par l'article 190
de la Coutume de Paris d'éloigner le four du mur mitoyen
d'un demi-pied et de donner l'épaisseur d'un pied au mur
du four. Cette mesure avait pour objet, non seulement de
prévenir le danger d'incendie, mais aussi de parer à l'incommodité, pour le voisinage, de la chaleur du four. Il
faut tenir compte aussi que presque tous les murs mitoyens
étaient encore en pan de bois, comme les façades sur rue,
tout au moins au-dessus du rez-de-chaussée. Cette obligation de l'isolement du four, de la forge et du fourneau
était inscrite dans le droit romain sous forme de caution
damni infecti, et nous l'avons vue aussi dans Cœpola, l'un
des plus célèbres glossateurs du XVe siècle. Enfin il ne faut
pas oublier que, si l'Ile-de-France était pays de droit cou-

(1) H. GÉRAUD. Paris sous Philippe-le-Bel).

tumier, le droit romain cependant y avait laissé de profondes racines depuis l'invasion et que le *Breviarium* et l'*Epitome* de Julien, bien que rédigés dans le midi des Gaules, y avaient étendu, comme expression de la loi romaine, leur influence dans le Nord (1).

Si les documents sur les fours de boulangers sont nombreux, nous devons avouer que, sur les forges et les fourneaux, ils nous font presque entièrement défaut : A la fin du xvᵉ siècle, une sentence du Châtelet, du 4 novembre 1486 obligea les potiers de terre d'éloigner leurs fourneaux du milieu de la ville (2). Cette sentence fut confirmée par un Arrêt du Parlement du 7 septembre 1497 (3) interdisant aux potiers de terre d'allumer leurs fours dans l'intérieur de Paris, à l'occasion d'une plainte contre Guillaume Laurens, maître potier, demeurant près le cimetière Saint-Jean (4). Ils allèrent s'établir sur la montagne Sainte-Geneviève, dans l'endroit qui prit le nom de clos des Poteries. Le sentier qui y donnait accès s'est primitivement appelé rue des Pots et dans la suite rue des Postes. Plus tard, ils transportèrent leur industrie dans la partie des faubourgs que l'on appelait les Glaizes, où est actuellement la rue des Fourneaux.

La taille de 1292 relève dans l'intérieur de la ville 12 fabricants de tuiles, *tuiliers*, et 54 potiers de terre et d'étain, mais elle ne fait pas de distinction entre les deux genres d'industries.

---

(1) Voir sur la prétendue découverte du manuscrit des Institutes en 1137, ORTOLAN, His. de la Légis. rom.

(2) DELAMARE, Traité de la Police, T. II.

(3) Id.

(4) Dans GUILLEBERT, de Metz (publié par Le Roux, de Lincy) on lit page 73 : *Le cimetière Saint Jehan, où demeurent les ouvriers de cofres et de huches.* Entre la rue du Temple et la rue de la Verrerie.

Quant aux forges et fourneaux pour le travail des métaux, nous ne connaissons que l'ordonnance de Philippe-le-Long, de 1320, pour la vente des forges du pont au Change (1) et ce que dit Jean de Garlande des orfèvres qu'il trouva établis sur le Grand-Pont : *Les orfèvres se tiennent assis devant leurs fourneaux et leurs comptoirs sur le Grand-Pont et fabriquent des hanaps (coupes) d'or et d'argent, etc...* (2).

Le livre de la taille publié par H. Geraud nous permet d'évaluer approximativement le nombre de fours, forges et fourneaux qui existaient à Paris au commencement du xve siècle. D'après la nomenclature des industries que nous

---

(1) FÉLIBIEN. Hist. de Paris, Preuves. T. V, p. 246.

(2) *Aurifabri sedent ante fornaces suas et tabellas super magnum Pontum et fabricant pateras de aura et argento.....* Magistri Johannis de GARLANDIA Dictionnarius. — Édition donnée par M. H. GÉRAUD.

Édouard FOURNIER, dans une note des Caquets de l'Accouchée (Édit. Elzév., p. 58), où il est parlé de l'incendie du pont au Change, survenu dans la nuit du 24 octobre 1621, dit : que les orfèvres y avaient leurs forges (boutiques), Jean DE GARLANDE dit : qu'ils y avaient des fourneaux et qu'ils fabriquaient. Il y avait donc des forges et des fourneaux sur le Pont au Change et sur le Grand-Pont. Les anciens plans et les vues de Paris n'indiquent pas seulement des échoppes et des boutiques, mais des maisons à deux étages avec toits et tuyaux de cheminées. Ces maisons, construites sur des ponts en charpente, étaient en pans de bois et l'un des fourneaux a peut-être été la cause de l'incendie de 1621. C'est à cette époque que les orfèvres allèrent s'établir rue du Chevet-Saint-Leufroy qu'on appela alors rue de la Joaillerie, place du Châtelet, emplacement du four d'Enfer.

— Dans le Bulletin de la Soc. de l'Hist. de Paris, 22e année, M. L. DELISLE signale dans les Archives du Calvados, copie des lettres patentes de septembre 1403 par lesquelles Charles VI, pour dédommager les chanoines de la Sainte-Chapelle de la diminution du produit de leurs biens de Normandie, leur assigne des revenus à Paris sur les changes et les forges à orfèvres du Grand-Pont et sur les ouvroirs ou étaux situés sous et contre le Palais. Les orfèvres du Grand-Pont y avaient donc bien des forges où ils travaillaient l'or et l'argent et non seulement des boutiques, comme le prétend M. Ed. FOURNIER.

donnons en note, nous avons relevé 709 fours, forges et fourneaux (1).

Dans la première partie de cet historique, nous avons été amené à parler de la construction des bains de vapeur, chez les Romains, pour expliquer une sentence du Digeste concernant les tuyaux de chaleur adossés au mur mitoyen, et nous pensions trouver quelques règlements sur les étuves qui s'étaient multipliées à Paris, depuis les croisades (2). Tout ce qui concerne les étuves, depuis le Moyen-Age jus-

(1) *4 Afinéeurs d'or et d'argent* (affineurs), *16 Aguilliers* (fabricants d'aiguilles), *8 Archiers* (fabricants d'arcs, de flèches et d'arbalètes), *3 Argentéeurs* (argentiers), *22 Armeuriers* (fabricants d'armures), *4 Auquetonniers* (fabricants de cuirasses), *4 Batéeurs* (batteurs de métaux), *2 Batéeurs d'archal* (fabricants de fil d'Archal), *36 Boucliers* (fabricants de boucles en métal), *16 Boutonniers* (fabricants de boutons en métal, d'après les Statuts des métiers), *18 Charrons, 6 Chauderonniers* (chaudronniers), *7 Cheesniers* (fabricants de chaînes), *19 Clountiers* (fabricants de clous), *2 Couteliers-Fèvres* (fabricants de lames de couteaux), *1 Cuillerier* (fabricant de cuillères), *1 Déelier* (fabricant de dés à coudre), *1 Enclumier* (fabricant d'enclumes), *2 Eschaudéeurs* (fabricants d'échaudés), *2 Escereeiciers* (fabricants de cuirasses en lames de fer), *5 Esmailléeurs* (émailleurs), *3 Eperonniers* (fabricants d'éperons), *5 Fermailleurs* (fabricants de fermoirs et agrafes), *74 Fèvres* (ouvriers travaillant le fer), *1 Qui tret le fil d'argent* (fabricant de fil d'argent), *2 Fileurs d'or* (fabricants de fil d'or), *2 Fondéeurs* (fondeurs de métaux), *11 Forcetiers* (fabricants de forces, ciseaux), *6 Fourreliers* (fabricants de gaînes et de fourreaux), *4 Garnisséeurs* (fabricants de viroles et de gaînes), *7 Gasteliers* (fabricants de gâteaux), *52 Gueiniers* (fabricants de gaînes et de fourreaux), *4 Haubergiers* (fabricants de haubers, cottes de mailles), *2 Joeliers* (joailliers), *5 Lampiers* (fabricants de candélabres et flambeaux en cuivre), *39 Lormiers* (fabricants de Lorains, mors de brides, etc.), *12 Maigneus* (chaudronniers), *34 Mareschaux* (maréchaux-ferrant), *2 Mouléeurs* (fondeurs de métaux, mouleurs), *6 Orbattéeurs* (batteurs d'or), *116 Orfèvres, 1 Paalier* (fabricant de poêles et de poêlons), *68 Paleiers, pastoliers, pastéers* (pâtissiers), *1 Pessier* (fabricant de poids), *3 Pincéeurs* (fabricants de tenailles et pinces), *54 Potiers* (potiers de terre et d'étain), *27 Serruriers, 62 Talemeliers* (boulangers), *8 Treffiliers* (tréfileurs), *12 Tuiliers* (fabricants de tuiles), *1 Tremelier* (fabricant de cuissards), *3 Veilliers* (fabricants de vrilles), *3 Viroliers* (fabricants de viroles).

(2) En 1292, il y avait *26 Estuvéeurs* et *Estuveresses* (propriétaires d'établissements de bains publics.

qu'à la fin du règne de Louis XIV, où l'on cessa d'aller aux bains publics, ne renferme aucune indication sur leur mode de construction et sur le danger d'incendie pouvant résulter du voisinage de ces établissements. Les nombreux documents que nous avons rassemblés sont très intéressants pour l'histoire des mœurs, du xi° siècle à la fin du xvii°, mais ils sortent complétement du sujet que nous traitons.

Pour compléter cet historique, il ne nous reste plus qu'à citer et à analyser tous les règlements, sentences, ordonnances, etc. sur les incendies, depuis la publication de la Coutume de Paris jusqu'aux règlements en vigueur, c'està-dire l'ordonnance de police de 1875, concernant les incendies et l'arrêté du Préfet de la Seine de 1881 sur la construction des tuyaux de fumée.

VII

Le premier règlement, au commencement du xvi° siècle, concernant des mesures préventives contre l'incendie est de 1527. Il concerne les maisons et autres édifices attenant à la Sainte-Chapelle et à la grande salle du Palais. Ce sont les lettres-patentes de François I°r données à Saint-Germainen-Laye le 2 mars 1527 : *Néantmoins soubs couleur d'augmentation de notre domaine, ont naguère esté édifiés plusieurs maisons, loges et édifices, joignans et attenans à la dite Sainte-Chapelle, la grande salle du Palais, chambre du trésor et autres lieux sur les carreaux de la cour du palais, par gens méchaniques et de mestiers, demourans ordinaire-*

ment et tenans leur ménage et feu en icelles, qui rendent le dict lieu moins seur, trop commun et infecté et subject à ordures, pestes et autres maladies contagieuses et autres grands dangers de feu (1).

En janvier 1560, une plainte émanant des États assemblés à Orléans, fit interdire de construire sur la voie publique autrement qu'en pierres de taille, briques ou maçonneries de moëllon et pierre. Le même article ordonnait que tous les propriétaires eussent à *abattre et retrancher les saillies des maisons aboutissant sur rue* (2), mais la quantité de propriétés qu'il eût fallu démolir était telle que l'autorité elle-même recula.

Il faut lire dans Franklin (3) l'état de la capitale à la fin du xv⁰ siècle pour s'expliquer les motifs de cette interdiction : « Quelques beaux monuments, dus en général à la piété des fidèles, plusieurs hôtels vastes et élégants, surmontés de flèches hardies ou de hauts toits pointus, émergent de distance en distance, au milieu des maisons pauvres et délabrées. Dans les habitations privées, le rez-de-chaussée seul était en pierre; les autres étages, soutenus par des poutrelles verticales et horizontales dont les interstices étaient garnis de plâtre, s'élevaient en encorbellement les uns sur les autres et aboutissaient à un pignon anguleux. Encore était-ce là l'exception, car la plupart des rues, larges de six à huit pieds, étaient bordées de véritables chaumières, couvertes de paille et n'ayant pour donner passage à la lumière que d'étroites et basses ouvertures ». Quand le feu éclatait dans une de ces maisons aux pans de bois apparents, couvertes de toits saillants, surmontées de

(1) FELIBIEN, p. 161, t. III, pièces justif.
(2) P. NÉRON, t. I, p. 408. — Recueil d'édits et d'ord.
(3) A. FRANKLIN. — Préf., p. 20. — Estat, noms et nombre des Rues de Paris en 1636.

lucarnes en bois, l'incendie s'étendait avec une rapidité
effrayante et gagnait promptement l'autre côté de la rue.
Le seul moyen de le combattre consistait, comme à Rome,
à faire la part du feu en abattant le plus rapidement possible les maisons non atteintes. Ce premier règlement obligeant de ne plus bâtir qu'en pierre, briques ou moëllons
resta pendant longtemps lettre morte, et il fallut près de
trois siècles aux Pouvoirs publics avant d'obtenir l'entière
exécution de la mesure prescrite par les états d'Orléans,
en 1560.

Henri IV, dans l'Édit de décembre 1607, sur les attributions du grand Voyer, la juridiction en matière de
voirie, la police des rues et chemins, etc., renouvelle cette
interdiction de construire sur rue en pans de bois et de
consolider ceux qui existent :

4. *Deffendons à nostre dict grand voyer ou ses commis
de permettre qu'il soit fait aucunes saillies, avances et pans
de bois aux bâtiments neufs et même à ceux où il y en a à
présent de contraindre les réédifier, ny faire ouvrages qui
les puissent conforter, conserver et soutenir...*

Le 26 octobre 1621, deux jours après le violent incendie
du pont au Change, qui détruisit toutes les maisons des
orfèvres et des changeurs et qui menaça de gagner les
bâtiments du Palais et de la Sainte-Chapelle, un arrêt du
Parlement enjoint au Prévôt des Marchands de veiller avec
le plus grand soin à l'approvisionnement du matériel alors
en usage pour combattre les incendies et de faire démolir
les échoppes qui étaient adossées au Palais sur le quai des
Morfondus : *Semblablement enjoint au dit Prevost des Marchands et Eschevins de continuer à tenir, tant au dict hôtel
de ville qu'es maisons des quaterniers telle quantité de crocqz,
sceaux de cuir et autre que besoin sera, pour pourvoir à
l'advenir aux inconvéniens du feu et en rapporter procez-*

verbaux au greffe de la dite cour ; et au Chevalier du guet aussi de continuer à faire faire exactement les gardes de nuict au pallais et autres lieux accoustumez. Et à ce que à l'advenir le danger de feu ne vienne jusques au pallais à cause des eschoppes endossées contre les murs d'icelluy, a ordonné que les eschoppes nouvellement basties depuis la tour de l'horloge jusques à la porte du bailliage du côté du quai de la rivière seront desmolies et abattues...

En 1667, par lettres datées du mois de mars à Saint-Germain-en-Laye, enregistrées le 15 mars, Louis XIV supprime l'office de Lieutenant civil et crée la charge de Lieutenant de Police à Paris et parmi les nombreuses attributions qui lui sont conférées, il a le soin de veiller aux incendies. *Et quant au Lieutenant de Police, il connaîtra de la sureté de la Ville, prevosté et vicomté de Paris... donnera les ordres nécessaires en cas d'incendie...* A partir de cette époque tous les règlements concernant les incendies seront, sauf de rares exceptions, des ordonnances de Police.

De la Reynie (1) fut le premier Lieutenant de Police et à peine en possession de sa charge il promulgue une ordonnance par laquelle tous les pans de bois apparents sur rues devaient être lattés et recouverts de plâtre : *Faisons défenses aux propriétaires de faire faire aucune pointe de pignon, forme ronde ou carrée. Enjoignons aux propriétaires de faire couvrir à l'avenir les pans de bois de latte, clous et plâtre tant en dedans qu'en dehors, en telle manière qu'ils soient en état de résister au feu, le tout à peine de cent cinquante livres d'amende.*

---

(1) DE LA REYNIE, Nicolas-Gabriel (1625-1709), premier Lieutenant de Police de 1667 à 1697. Il fit poser des lanternes dans les rues, débarrasser la voie publique des immondices et rétablit le guet. Sa mémoire est restée justement flétrie par sa cruauté et sa rigueur dans l'exécution de la révocation de l'Édit de Nantes.

Par une ordonnance du 7 mars 1670, il est ordonné aux maîtres maçons, charpentiers et couvreurs, sous peine d'amende de 200 livres et de déchéance de la maîtrise, en cas de récidive, de se rendre en cas d'incendie à la convocation par billet que les commissaires du quartier leur adressaient. Elle prescrit à cet effet, dans chaque commissariat de Paris, la tenue d'un registre indiquant l'adresse de chacun des maîtres logés dans le quartier. Les épiciers et ciriers les plus voisins de l'incendie devaient fournir, moyennant paiement, par ordre des commissaires du Châtelet, les flambeaux nécessaires aux ouvriers lorsque le sinistre éclatait pendant la nuit. Un maître maçon et un maître charpentier étaient, en 1726, condamnés à l'amende pour s'être cachés au lieu de se rendre à l'incendie du château de Bicêtre et pour avoir empêché leurs compagnons de porter secours. Le même sort fut réservé au sieur Dupuis, épicier, pour avoir refusé de vendre des flambeaux pendant la nuit du sinistre aux officiers du Guet et de la Police (1).

La première ordonnance, la plus intéressante pour nous, est certainement celle du 26 janvier 1672. Elle donne une consécration officielle aux usages et aux règles de l'art de bâtir observés déjà depuis longtemps par les corporations ouvrières et qui leur étaient aussi imposées par leurs statuts et par la juridiction spéciale pour la police des constructions, connue sous le nom de Chambre des Bâtiments. Cette juridiction créée par saint Louis en 1268 n'était alors exercée que par le maître maçon du roi et le fut, depuis 1645, alternativement par trois officiers qualifiés de maîtres généraux des bâtiments du roi, ponts et chaussées de France et gardes de la juridiction royale des bâtiments. Les maîtres généraux des bâtiments étaient appelés et consultés dans

_____

(1) Arch. nat. — CHAISE, p. 21.

certains cas de voirie par les Trésoriers de France (1) et
connaissaient des contraventions aux règles de l'art de
bâtir.

La Reynie, avant de publier cette ordonnance, avait certainement pris l'avis des membres du Conseil des Bâtiments
du roi. Cette ordonnance prescrit, pour les bâtiments neufs
et la réparation des bâtiments anciens, la construction sous
les âtres et foyers de cheminées de bandes de trémies
dont elle fixe la longueur à 1^m,299 et la profondeur, du
mur au chevêtre, à 0^m,974. (Nous avons converti rigoureusement en mesures décimales toutes les anciennes mesures, dont la conversion n'est indiquée qu'approximativement dans la collection des ordonnances de police. Nous
verrons plus loin, quand nous discuterons les règlements
en vigueur, l'importance de cette conversion rigoureuse à
un millimètre près.)

L'article 3 exige 0^m,162 de charge de plâtre sur le chevêtre et sur les solives d'enchevêtrure et en outre, des chevilles de fer de 0^m,162 à 0^m,189 de longueur, en plus des
clous de bateaux, pour maintenir l'adhérence parfaite du
plâtre sur le bois. Il devait rester après cette charge pour
l'ouverture des tuyaux de fumée dans œuvre, 0^m,974 sur
0^m,243 à 0^m,270. Cet article, rédigé en une seule phrase,
comprend évidemment deux prescriptions : 1° une charge
de plâtre obligatoire de 0^m,162 sur le chevêtre et les solives
d'enchevêtrure ; 2° une ouverture, dans œuvre, de 0^m,974
sur 0^m,243 à 0^m,270 pour les tuyaux de cheminées dont le
passage contre les solives sera protégé par une charge de
plâtre de 0^m,162.

L'article 4 dit : que dans tous les étages il sera fait
pareilles enchevêtrures à l'endroit des tuyaux de cheminées,

(1) DAVENNE, p. 282.

toujours avec 1^m,299 de longueur, de telle sorte que, les deux charges de 0^m,162 déduites, il reste dans œuvre 0^m,974 pour la plus grande dimension de la cheminée. Le chevêtre peut être placé à 0,^{m}433 du mur et comme il s'agit de tuyaux de cheminées venant d'un étage inférieur et qu'il y a moins grand danger de feu, la charge de plâtre exigée sur le chevêtre peut varier de 0^m,135 à 0^{m}165 ; mais il doit rester comme plus petite dimension du tuyau de cheminée, dans œuvre, 0^m,243 à 0^m,270.

L'article 5 prescrit pour les languettes en plâtre une épaisseur d'au moins 0^m,0676.

L'article 6 prescrit des clous de fer hachés à chaud, d'au moins 0^m,243 de longueur, à l'exclusion des chevilles ou fentons en bois, dans le cas où des moellons sortant du mur n'auraient pas été ménagés pour liaisonner les jambages et les manteaux, afin d'obtenir une adhérence parfaite du coffre au mur qui le supporte et d'éviter le décollement entre ce mur et le dit coffre.

Nous avons vu plus haut, qu'à une certaine époque, on construisait les manteaux en bois simplement luttés et recouverts de plâtre. Des cheminées construites avec âme en bois existaient encore certainement à cette époque et l'ordonnance interdit formellement l'emploi du bois pour les jambages et les cheminées (manteaux) à construire ou à réparer.

L'article 7, en outre de la réparation du dommage causé, punit d'une amende de 500 livres, les maîtres maçons et charpentiers qui auront contrevenu aux articles de cette ordonnance ; même peine pour le propriétaire qui fait travailler à la journée des compagnons et ouvriers et qui ne s'adresse pas à des maîtres, qui alors étaient seuls responsables. Pour les compagnons et ouvriers employés directement par le propriétaire, la contravention à l'un des articles de cette ordonnance entraîne la prison.

8

L'ordonnance dit aussi de tenir nettes les cheminées sous peine de 100 livres d'amende ; c'est le premier texte écrit que nous ayons trouvé concernant l'obligation du ramonage.

La prescription imposée par l'article 3 de donner au coffre une section d'au moins $0^m,974$ sur $0^m,243$ ne peut s'expliquer que par le seul procédé, alors connu, de ramoner les cheminées en y faisant monter à l'intérieur un jeune enfant. Au xive et au xve siècle, les toits étaient très aigus et les souches de cheminées très élevées ; l'ascension de ces toits et de ces cheminées ne pouvait se faire sans échafaudage ou tout au moins sans échelle et c'est par l'orifice inférieur de la cheminée qu'un petit ramoneur, les pieds chaussés de gros souliers ferrés, les genoux garnis de genouillères en cuir, la tête coiffée d'un bonnet de coton qu'il se rabattait sur le cou et les oreilles et la main droite armée d'une raclette en fer, devait s'élever, à l'intérieur du coffre, jusqu'au sommet de la souche, en s'aidant des pieds, des genoux et de la main restée libre. Avec la raclette en fer, il faisait tomber la suie à la partie inférieure, grattait le calcin attaché aux parois du pigeonnage, et, arrivé au sommet, pour prouver qu'il avait bien accompli son ouvrage, il devait montrer, hors de la souche de la cheminée, la moitié du corps et chanter un air de son pays natal. Une autre tâche lui incombait encore ; il devait signaler les défectuosités et les crevasses qu'il rencontrait à l'intérieur du coffre et recommencer son voyage pour les boucher avec des poignées de plâtre. Un enfant de huit à douze ans pouvait seul accomplir une pareille besogne et bien souvent, dans des cheminées trop étroites, de petits ramoneurs étaient restés engagés et quelquefois y avaient trouvé la mort. C'est la seule raison pour laquelle un minimum avait été fixé pour la longueur et la largeur des coffres de cheminées. Si la cheminée atteignait de plus grandes dimensions, on la ramonait à l'échelle ou on y scellait des échelons en fer pour en faciliter l'ascension ; mais dans la crainte des voleurs on la garnissait intérieurement de croisillons en fer, assez rapprochés pour qu'un homme ne puisse y passer.

Déjà au commencement du xvie siècle, « dès l'approche de l'hiver, le ramonage attirait dans la capitale ces pauvres gamins, originaires de la Savoie ou de l'Auvergne, qui, la face noire, la corde en 8 sur le dos, la raclette au côté et l'escarcelle vide, criaient de tout l'écrin de leurs dents blanches l'appel joyeux, si familier aux ménagères : *Ohé ! ramoné-é-é les chemi-nééés ! De haut en ba-as !* (1). » Dans les cris de Paris en 1508, on lit :

> Puis verrez les Pigmontois
> A peine saillis de l'escaille,
> Criant ramonnade hault et bas
> Vos cheminées, sans escalles (2).

Dans la farce du savetier, l'un des personnages dit : *Ton père houssait les cheminées !* (3). Dans les cent et sept cris (4), l'auteur consacre un quatrain aux petits Savoyards :

> RAMONEUX
> Ramoner vos cheminées
> Jeunes dames hault et bas,
> Faictes-moi gaigner ma journée,
> A bien houlser je m'y esbas.

---

(1) Journal « le Temps » du 14 nov. 1894.

(2) Les crys d'aucunes marchandises que l'on crye dadans Paris, publiés par Alf. BONNARDOT d'après un petit manuscrit in-4e gothique, vers 1508.

(3) Vers 1540. Anc. Théât. Franç., t. II, p. 130.

(4) Les cent et sept cris que l'on crie journellement à Paris. — De nouveau composé en rhimme françoise pour resjouir les esperits et fut achevé d'imprimer le 5e jour de may 1545 par Anthoine TRUQUET, painctre.

M. A. Franklin, dans la vie privée d'autrefois (1), nous donne une reproduction, d'après les cris de Paris de la Bibliothèque de l'Arsenal, de la curieuse gravure sur bois représentant un ramoneur et au-dessous l'inscription en lettres gothiques : *Ramone la cheminée atabas*. Le cri du petit Savoyard a plusieurs fois été mis en musique, comme tous les cris de Paris (2).

Voltaire, dans ses vers, a célébré l'honnêteté des petits ramoneurs :

> Ces honnêtes enfants
> Qui de Savoye arrivent tous les ans,
> Et dont la main légèrement essuie
> Ces longs canaux engorgés par la suie.

Et Mercier (3) qui, à la fin du siècle dernier, nous a laissé une étude si intéressante des mœurs et des usages, a dit d'eux : « Ils sont ramoneurs, commissionnaires et forment dans Paris une espèce de confédération qui a ses lois... Ils parcourent les rues, depuis le matin jusqu'au soir, le visage barbouillé de suie, les dents blanches, l'air naïf et gai, leur cri est long, plaintif et lugubre. La rage de mettre tout en régie en a fourni une du ramonage des cheminées. Les régisseurs ont ces petits Savoyards... »

Les ramoneurs n'avaient pas de statuts; il n'en est pas parlé dans le livre des métiers, mais le ramonage a dû être obligatoire bien avant la publication de l'ordonnance de 1672. Dans la première journée des Caquets de l'Accou-

---

(1) La vie privée d'autrefois.

(2) Les cris de Paris, mis en musique, par Clément JANSEQUIN, 1550. Bibl. du 'servatoire nat. de musique. — La Chanson nouvelle de tous les cris de Paris. Et se chante sur la volte de Provence. Année 1572. — Collection MAUREPAS, t. I, p. 243.

(3) MERCIER. Tableau de Paris. T. IV. 1782.

chée (1), une des commères parlant du Prévôt des Marchands, dit : *Vramy si ceux qui ont esté depuis luy et qui ont mis tant d'estats de gaignedeniers, jurez-racleurs... en leur bourse, estaient damnez, il y en aurait bien...* Il existait, en effet, des ramoneurs jurés chargés de visiter, au commencement de l'hiver, toutes les maisons de la capitale et de s'assurer que les cheminées étaient bien ramonées. Cette visite des cheminées se faisait encore, il y a quarante ans, dans certaines villes de province, et les 1.500 à 2.000 Savoyards, Suisses, Piémontais et Auvergnats, avant de s'abattre sur la capitale, ramonaient d'office, accompagnés du garde-champêtre ou d'un employé de la mairie, toutes les cheminées des villes et des villages sur leur parcours. Arrivés à Paris, c'est sur la hauteur de la montagne Sainte-Geneviève qu'ils allaient se loger. En 1665, l'abbé Joly avait déjà fondé un établissement pour ces pauvres enfants, et en 1737, un abbé philantrope, René-François du Breuil de Pontbriant, touché de l'abandon dans lequel se trouvaient les petits Savoyards, leur consacra son temps, ses soins et sa fortune. Il les instruisait, leur fournissait les secours dont ils avaient besoin et cherchait à les placer. Aujourd'hui on tire le hérisson, il n'y a pas dix ramoneurs dans Paris, pour gratter à la raclette, les grandes cheminées des restaurateurs et des boulangers, et c'est toujours sur la montagne Sainte-Geneviève, impasse des Bœufs, que se trouve le siège de leur corporation.

En 1695, une déclaration du Roi, enregistrée au Parlement, le 22 juin (2), défend à tout maître maçon d'installer des tuyaux de cheminées contre des cloisons ou pans de bois, poutres ou solives et d'établir des âtres de foyer sur

---

(1) Les Caquets de l'Accouchée. 1622. Éd. Elz., p. 22.

(2) Arch. nat. Extrait du registre des Ponts et Chaussées de France.

poutres, sous peine d'amende, de déchéance de maîtrise et de responsabilité vis-à-vis des propriétaires. Toute cheminée devait être construite en briques. En vertu de cette déclaration, un sieur Dautresme, maître maçon à Paris, était en 1719 condamné à une amende de 1.000 livres, pour avoir enfreint ce règlement et causé, par la construction vicieuse d'une cheminée, un incendie en l'hôtel de M. Bignon, conseiller d'État, rue Neuve-Saint-Augustin. C'est le premier règlement défendant d'adosser des cheminées à des cloisons et à des pans de bois.

Le 28 avril 1719, ordonnance de police, pour empêcher les incendies et accidents qui arrivent par la mauvaise construction des cheminées : Elle vise la déclaration précédente, les arrêts et règlements de la cour et les ordonnances royales pour la police des bâtiments. Elle défend expressément, comme la déclaration de 1695, d'asseoir ou de planter aucun tuyau de cheminée contre les cloisons et pans de bois et contre aucun bois et de faire aucun âtre ou cheminée sans bande de trémie.

A l'avenir, les trémies doivent être plus larges de 0^m,162 que l'ouverture des manteaux de telle sorte que les jambages portent moitié de leur épaisseur sur la trémie, l'autre moitié sur les solives d'enchevêtrures. Les tuyaux de cheminées doivent avoir au moins 0^m,974 sur 0^m,270 dans œuvre; l'ordonnance de 1672 permettait 0^m,243 de largeur du coffre. Les languettes qui pouvaient n'avoir que 0^m,0676 d'épaisseur, auront à l'avenir 0^m,081 et les fentons en fer qui les relieront seront espacés de 0^m,649. Quant aux cheminées de cuisine des hôtels et communautés, elles doivent être construites en briques avec des fentons de fer et leur section doit être de 1^m,461 à 1^m,624 sur 0^m,270.

En voyant ces dimensions exagérées prescrites par

ordonnance on s'explique facilement ce que nous avons
dit plus haut : *les cheminées fumaient de par la Loi.*

Aucun bois de charpente ne devait porter ou traverser
les manteaux et les tuyaux de cheminées, ils devaient toujours être maintenus à une distance de 0^m,162 et avec une
charge de plâtre de 0^m,162. Aucun fenton ni manteau de
bois ne devaient être employés dans la construction des
tuyaux et des manteaux, sauf pour les grandes cuisines
ayant des coffres de 1^m,461 de longueur où le bois pouvait
être employé pour le manteau seulement.

Les articles suivants ne visent pas le danger d'incendie,
mais en outre de la garantie, de la responsabilité et des
dommages et intérêts pour les dites malfaçons, les contraventions à cette ordonnance entraînent pour les maîtres
maçons la perte de la maîtrise et *de plus grande peine s'il
y échet.*

Nous ferons remarquer que la peine de 500 livres
d'amende qui pouvait être encourue pour contravention à
l'ordonnance de 1672, est supprimée ainsi que la prison
pour les compagnons et les ouvriers travaillant directement
pour un propriétaire, sans l'entremise d'un maître.

Cette ordonnance est signée d'Argenson (Marc-René)
Voyer. Fontenelle a laissé de lui un éloge dont nous
extrayons le passage suivant, concernant son courage dans
les incendies : « Il n'a pas seulement exercé son courage
dans des occasions où il s'agissait de sa vie autant que du
bien public; mais encore dans celles où il n'y avait pour
lui aucun péril que volontaire. Il n'a jamais manqué de se
trouver aux incendies et d'y arriver des premiers. Dans
ces moments si pressants et dans cette affreuse confusion,
il donnait les ordres pour le secours et en même temps il
donnait l'exemple, quand le péril était assez grand pour le
demander. A l'embrasement des chantiers de la porte

Saint-Bernard, il fallait, pour prévenir un embrasement
général, traverser un espace de chemin occupé par les
flammes. Les gens du port et les détachements du régiment des Gardes-Françaises, hésitaient à tenter ce passage,
M. d'Argenson le franchit le premier, se fit suivre des plus
braves et l'incendie fut arrêté. Il eut une partie de ses
habits brûlés et fut plus de vingt heures sur pied dans une
action continuelle, etc. »

D'Alembert, parlant de d'Argenson, s'exprime en ces
termes : « Les habitants qui s'endorment le soir dans une
sécurité complète, ne se rendent pas compte des veilles
que le magistrat s'impose. Être l'âme toujours agissante et
cachée de ce grand corps ! faire mouvoir à son gré une
multitude immense; être ici, là, partout, dans le salon du
riche comme dans la chambre du pauvre, tout cela exige
une de ces aptitudes, de ces intelligences hors ligne ». On
pourrait encore rapprocher de ces éloges le remarquable
portrait que Saint-Simon a laissé de d'Argenson dans ses
mémoires (1).

Pour remédier aux inconvénients de la fumée et aux
coups de vent qui la faisaient invariablement rabattre jusqu'au foyer, on couvrait la souche avec des abat-vent en
bois et des paniers d'osier; mais les étincelles qui s'échap-
paient de ces grandes cheminées où l'on brûlait des forêts
entières et le moindre feu de cheminée enflammaient ces
matières combustibles dont on surmontait les souches. Le
28 mars 1724, une sentence du Lieutenant de Police
défend aux couvreurs, sous peine de 1.000 livres d'amende
et d'être civilement responsables des dommages causés par
incendie, de poser des paniers d'osier, boîtes ou manne-
quins de matières combustibles sur les cheminées pour les

_____

(1) Édit. Hachette. T. XIV, p. 315.

empêcher de fumer dans les chambres; ces objets desséchés s'enflammant à la moindre étincelle et propageant l'incendie; ordre est donné aux principaux locataires d'avoir à les enlever dans la huitaine.

Du 20 janvier 1727, ordonnance du Lieutenant de Police enjoignant d'entretenir les puits de *bonnes et suffisantes poulies* garnies de cordes, avec un ou plusieurs seaux qui puissent servir dans le cas d'incendie, sous peine de cent livres d'amende.

Lorsqu'un incendie éclatait, les habitants hésitaient parfois à demander du secours, dans la crainte sans doute de se voir obligés de payer ceux qu'on leur procurait. Justement préoccupé du désir de détruire un si funeste préjugé, Etienne Turgot, Prévôt des Marchands, président du Parlement de Paris, dans une lettre du 11 mars 1733 (1), fait démentir le bruit d'après lequel les maisons où la municipalité fait porter des seaux et ustensiles de feu, seraient sous le coup d'une redevance à la ville; il engage, au contraire, les habitants à avertir immédiatement en cas de sinistre, affirmant que les secours seraient gratuits. La lettre est contresignée Taitbout.

Le 10 février 1735, nouvelle ordonnance de police concernant les incendies : elle défend de construire des cheminées dans des échoppes, d'adosser aucune cheminée, aucun manteau et aucuns tuyaux contre des cloisons de maçonnerie et de *charpenterie* et, comme les ordonnances précédentes, de poser des âtres de cheminées sur des planchers en bois.

Les dimensions du tuyau de fumée sont réduites; nous avons vu plus haut, que Blondel, dans son Traité d'architecture, se plaignait des sections exagérées, exigées par les

(1) Arch. nat. (CERISE.)

ordonnances en vigueur et que sur la représentation faite
à la Chambre royale des bâtiments, par la communauté
des maîtres maçons, un nouveau règlement y avait fait
droit. La largeur est toujours maintenue à o^m,270, mais
la longueur peut n'être que de o^m,810 et pour les petites
pièces de o^m,731; et, s'il s'agit de réparer de vieux bâtiments, cette longueur est réduite à o^m,649, afin d'éviter
aux propriétaires la reconstruction des planchers. La charge
de plâtre sur les bois peut n'être que de o^m,135.

L'ouverture de la bande de trémie se trouve donc réduite
à 1 mètre pour les nouveaux bâtiments et à o^m,919 pour les
anciens. La contravention à ce nouveau règlement en outre
des dommages et intérêts, entraîne pour les délinquants une
amende de 1.000 livres, mais les compagnons ou ouvriers
travaillant à la journée sont passibles de la prison. Les
propriétaires encourent la même amende de 1.000 livres
et sont tenus de faire abattre tous les travaux non conformes à l'article précédent.

Le ramonage des cheminées ordinaires d'appartement
doit se faire quatre fois par an, celui des grandes cuisines
tous les mois, sous peine de 100 livres d'amende.

L'article 4 défend de tirer aucun coup de fusil à balle ou
à plomb dans les cheminées en cas d'incendie. Ce procédé,
alors fort usité, causait un ébranlement de l'air et faisait
détacher et tomber la suie dans la cheminée, mais il avait de
très sérieux inconvénients : en outre de la panique causée
par le bruit, des balles avaient traversé le pigeonnage et
blessé des locataires des étages supérieurs.

L'article 5 défend d'entrer le soir dans les magasins à
fourrages, à charbon et dans les écuries avec des lumières
qui ne seraient pas enfermées dans une lanterne close et
fermée, ni avec des pipes remplies de tabac allumé et d'y
fumer (sic), le tout sous peine de 200 livres d'amende.

Par l'article 9, il est prescrit à tous marchands de paille ou de foin, de ne laisser séjourner au devant de leurs portes, sous peine de 100 livres d'amende, aucune botte de paille ou de foin.

L'article 11 défend aux menuisiers, layetiers, bahutiers, tourneurs et boisseliers de travailler la nuit sans avoir les lumières renfermées dans des lanternes.

L'article 13 prescrit aux boulangers, pâtissiers, rôtisseurs, traiteurs, charcutiers, bouchers, chandeliers, serruriers, taillandiers, maréchaux-grossiers et ferrants, charrons, fondeurs de tous métaux, etc., de faire ramoner les cheminées au moins une fois par mois. Les boulangers et pâtissiers doivent avoir des éteignoirs en fer ou en cuivre pour resserrer la braise. Toutes les soupentes au-dessus des forges et fourneaux doivent être démolies dans le délai d'un mois; le tout sous peine de 500 livres d'amende.

Par l'article 14, il est enjoint aux maîtres charrons, menuisiers et autres travaillant le bois, qui cumuleront avec leur profession celle de serrurier, taillandier, maréchal-grossier, etc., d'avoir un atelier spécial pour la forge, séparé par un mur de 2^m,598 de hauteur et sans aucun bois apparent. La porte de communication doit être disposée de telle sorte qu'aucune étincelle de la forge ne puisse jaillir dans l'atelier voisin. Aucun bois, aucune matière combustible ne doit rester la nuit dans l'atelier de la forge. Aucune forge ne peut être établie sans une déclaration au commissaire du quartier. Les contraventions à cet article sont punies de 400 livres d'amende.

Article 16. — Lors des réjouissances publiques (feux d'artifices) toutes les ouvertures, fenêtres, lucarnes de greniers, soupiraux de caves doivent être fermés.

L'article 17 renouvelle la première ordonnance du 20 janvier 1727, concernant les puits et leurs agrès qui doivent être tenus en bon état, mais il enjoint en outre de les faire curer et approfondir, de telle sorte qu'il y ait toujours 22 pouces (0^m,595) d'eau.

L'article 18 concerne les mesures à observer en cas d'incendie. Les portes des habitants, chez lesquels un incendie s'est déclaré, doivent être ouvertes à tous les fonctionnaires qui se présentent pour porter secours; en cas de refus elles seront enfoncées et brisées. Tous les habitants de la rue où l'incendie s'est déclaré doivent ouvrir leurs portes ainsi que ceux des rues adjacentes, laisser puiser de l'eau dans leurs puits, sous peine de 500 livres d'amende.

L'article 19 ordonne que les tonneaux destinés aux incendies seront toujours remplis d'eau et les détenteurs doivent les transporter le plus promptement possible sur le lieu du sinistre.

Par l'article 20, il est enjoint aux marchands ciriers et épiciers les plus voisins, de fournir en payant, tous les flambeaux nécessaires pour éclairer les ouvriers travaillant à l'extinction, sous peine de 200 livres d'amende.

L'article 21 ordonne à tous les maîtres maçons, charpentiers, couvreurs, etc., de se transporter, au premier avis et sur réquisition des commissaires, sur le lieu du sinistre, d'y faire transporter leurs compagnons, ouvriers et apprentis pour aider aux garde-pompes et travailler aux décombres sous peine de 500 livres d'amende.

Cette ordonnance est très complète et très sagement conçue, elle résume non seulement les mesures préventives édictées jusqu'à ce jour, mais elle indique en outre les mesures à prendre sur le lieu du sinistre et presque tous les articles que nous avons analysés sont reproduits dans les ordonnances subséquentes. Dans une juste mesure, elle donnait satisfaction aux réclamations des constructeurs et pour les détenteurs et marchands de matières combustibles prescrivait des précautions qui, de nos jours, comme nous le verrons plus loin, devraient encore leur être imposées. Enfin, elle renouvelait l'appel au concours des ouvriers du bâtiment, maîtres charpentiers, maçons, couvreurs, concours qui, à notre époque, est encore souvent très utile et très apprécié et sur lequel le Préfet de Police sait bien qu'il peut toujours compter. Depuis vingt-six ans, nous avons eu souvent recours aux ouvriers du bâtiment : à la suite des explosions de la rue Béranger, de la rue Saint-Martin, de la rue François-Miron, à l'incendie de l'Opéra-Comique, aux explosions de la rue de Clichy, de la rue des Bons-Enfants, du lavoir de Boulogne ; et dans ces tristes circonstances, ayant eu l'honneur de les diriger, nous pouvons dire avec quel zèle, quelle abnégation et quel dévouement ils ont aidé au sauvetage, à l'étaiement des maisons menaçant ruine et ont presque toujours évité de plus grands désastres. C'est une justice que nous sommes heureux de leur rendre, et si dans la nouvelle ordonnance il devait être prescrit aux compagnons de 1895 de prêter leur aide en cas d'incendie, nous pouvons répondre, en leur nom, qu'il serait inutile d'y insérer la peine de 500 livres d'amende dont on menaçait les compagnons du siècle dernier.

En 1770 (1) il est ordonné aux quartiniers d'avoir, sous l'entrée de leur maison, vingt-quatre seaux de ville et des crocs en fer pour servir en cas d'incendie. Ils doivent avoir soin que le contingent de la milice bourgeoise soit toujours au complet et dans les cas d'incendie, ils doivent appeler chacun des habitants et leur faire distribuer les instruments

---

(1) Recueil (manuscrit) pour la Compagnie de Messieurs les Conseillers du Roi, quartiniers de la Ville..... et règlement formé en 1770 par les soins de Messieurs Lempereur, Martel et Levé de la Compagnie de Messieurs les Conseillers du Roi, quartiniers. (Hôtel-de-Ville de Paris, par Le Roux et Lisey.)

de sauvetage qui se trouvent, soit chez les quartiniers, soit à l'Hôtel de Ville.

Une ordonnance de la Chambre des Bâtiments du 19 juillet 1765 ordonne aux constructeurs d'observer certaines règles dans les constructions. L'ordonnance de police concernant la reconstruction des maisons faisant encoignure, les écriteaux, les gouttières, les âtres et manteaux de cheminées, du 1er septembre 1779, en est la reproduction. L'article 7, qui concerne les incendies, défend expressément de faire à l'avenir aucuns manteaux de cheminées en bois, qui étaient permis, pour les grandes cuisines, par l'ordonnance de 1719. Les dimensions des coffres de cheminées sont les mêmes que celles de l'ordonnance de 1735, mais la charge de plâtre sur les bois de charpente qui pouvait n'être que de 0^m,135, doit être de 0^m,162. Il est probable que la charge de 0^m,135, admise seulement dans l'ordonnance de 1735, avait été reconnue insuffisante et l'on revenait à l'épaisseur de 0^m,162 prescrite par l'ordonnance de 1719. Les autres articles reproduisent presque intégralement les prescriptions des ordonnances précédentes.

Le 15 novembre 1781, une nouvelle ordonnance sur les incendies fut publiée à Paris; elle reproduit tous les articles de l'ordonnance de 1735, avec les modifications apportées par l'article 7 de l'ordonnance de 1765.

Nous remarquerons que les dernières ordonnances ne parlent plus d'amende pour le défaut de ramonage. Mercier ne manque pas de louer l'autorité, de cette sage mesure et dans son Tableau de Paris il s'exprime ainsi : « On assujettissait autrefois à une amende le particulier dans la maison duquel le feu avait pris; qu'arrivait-il : le particulier voulant éteindre le feu lui-même, n'appelait personne, la maison était embrasée et bientôt le quartier.

» Aujourd'hui, au moindre indice du feu, on peut appeler et s'adresser directement au dépôt où sont les pompes et les garde-pompes avec leurs casques, leurs haches; auprès sont des voitures d'eau toutes prêtes. On ne paie plus d'amende et il n'en coûte absolument rien pour être secouru. C'est à M. de Sartine, Lieutenant de Police, que l'on doit les précautions les plus sages, les plus mesurées et les mieux vues.

» Le régiment des Gardes-Françaises, qui ne faisait auparavant que surcharger la ville d'un poids fatiguant et la scandalisait par des délits atroces, a reçu ordre du colonel de sortir des casernes au premier avis d'un feu, de se porter à l'incendie avec des détachements et là, de donner tous les secours, selon la nature du danger.

» Les soldats, munis des ustensiles nécessaires, travaillent avec une célérité et un succés admirables. Il est rare que les incendies, depuis ce nouvel ordre, fassent de grands ravages.

» Cet établissement fait voir qu'il est possible de perfectionner également, et l'une après l'autre, toutes les parties de la police puisque celle-ci, si défectueuse il y a vingt ans, excite aujourd'hui l'admiration et la reconnaissance des citoyens (1) ».

Avant de continuer l'historique de tous les réglements depuis la Révolution jusqu'à nos jours, nous croyons devoir rappeler les dates des grands incendies qui ont ravagé la capitale et dire aussi quelques mots sur les premiers pompiers, la création du corps des garde-pompes et les premières pompes à incendie.

En 586, un incendie détruit une partie de la Cité, par l'imprudence d'un habitant qui avait laissé une lumière

---

(1) Mercier. Tableau de Paris. 1782. T. I, p. 120.

près d'une barrique d'huile (1). En 857 et 861, incendies
de Paris par les Normands. En 1033, grand incendie qui
détruit une partie de la Cité; c'est le sixième, dit Felibien.
D'après le même auteur, toutes les maisons de la Cité
furent encore dévorées par les flammes en 1059. En 1559,
incendie de l'abbaye de Montmartre; Henri II, qui aperçoit le feu de la galerie du Louvre, envoie la Compagnie
des Suisses porter secours (2). Dans la nuit du 5 au 6 mars
1618, incendie du Palais. En 1620, incendie du pont aux
Meuniers (3). Dans la nuit du 24 octobre 1621, incendie
du pont au Change (4). En 1630, incendie de la Sainte-
Chapelle; le clocher seul fut détruit par les flammes. En
février 1661, incendie de la galerie du Louvre (5). Le 27
avril 1718, incendie du Petit-Pont, alors bordé de maisons,
par deux bateaux de foin enflammé dont on avait coupé
les cordes (6). Dans la nuit du 1er au 2 août 1737, incendie
de l'Hôtel-Dieu (7). Le 27 octobre 1737, incendie de la
Chambre des Comptes. Le 26 janvier 1746, incendie du
pont au Change. Dans la nuit du 16 au 17 mars 1762,
incendie de la foire Saint-Germain (8). Le 6 avril 1763,
incendie de l'Opéra, alors situé au Palais-Royal (9). Dans

(1) GRÉGOIRE DE TOURS.

(2) FOURNIER. Paris démoli, p. 282.

(3) SAUVAL. L. III.

(4) Mercure françois. VII, p. 857.

(5) LORET. Muse hist.

(6) SAUVAL. L. III, p. 219. — FOURNIER. Énigmes des rues de Paris,
p. 161. — Journal des Capucins du Marais. — Bib. nat. — Mus. nouv.
acq. Fr. 4135.

(7) Gazette de France et MERCIER. Tableau de Paris.

(8) SAUVAL. L. VI, p. 664. — Journal de BARBIER.

(9) Gazette de France du 11 avril 1763. — Journal de BARBIER.

la nuit du 29 au 30 décembre 1772, nouvel incendie de l'Hôtel-Dieu ; plusieurs centaines de malades périrent dans les flammes ou sous les ruines des salles écroulées (1). Le 10 janvier 1776, nouvel incendie du Palais (2). Dans la nuit du 22 au 23 septembre 1777, incendie de la foire Saint-Ovide, alors place Louis XV (3). Le 8 juin 1781, nouvel incendie de l'Opéra (4). Quelque temps après, incendie de l'Hôtel des Menus-Plaisirs du Roi (5). Le 15 décembre 1798 (25 frimaire an VII), incendie du Cirque du Palais-Royal. Le 17 mars 1799, incendie du théâtre Français du faubourg Saint-Germain, sur l'emplacement de l'Odéon ; il est incendié à nouveau le 20 mars 1818.

En outre du Guet des Métiers et du Guet du Roi qui portaient les premiers secours, lorsqu'un incendie était signalé, le Prévôt des Marchands et le Procureur général du Parlement faisaient avertir les gardiens prieurs et autres dignitaires des ordres mendiants. Tout aussitôt on voyait descendre des hauteurs des faubourgs Saint-Jacques et Saint-Hilaire, les carmes et les cordeliers, bientôt suivis des jacobins et des augustins dont les monastères étaient situés place Maubert, rue de la Harpe, faubourg Saint-Jacques et quai des Augustins. Au nombre de plus de deux cents, ils se portaient sur le lieu du sinistre et chaque religieux portait une hache à sa ceinture et deux seaux d'osier doublés de cuir, d'autres trainaient des échelles. Arrivés

(1) Gazette de France du 25 janvier 1773. — MERCIER. Tableau de Paris.

(2) Mercure de France, février 1776. — L'incendie du Palais, poème épique ; ouvrage du moment s. l. n. d. In-8°, huit pages. Bib. nat. — Complainte contenant la relation véritable, etc. Bib. Carnavalet, 136, in-4°.

(3) DULAURE. T. III, p. 482.

(4) Gazette de France du 15 juin 1781.

(5) Arch. nat. K. 1022, n° 148.

9

sur le théâtre de l'incendie, placés au plus près du foyer
incandescent par les chefs militaires de la Ville, ou par les
magistrats, ces religieux, n'écoutant plus que leur zèle et
leur charité, s'élançaient au plus fort de l'incendie; les uns,
comme aux deux grands feux de l'Hôtel-Dieu, pour em-
porter les malades du milieu des flammes; les autres,
comme dans les deux horribles incendies du Palais de Justice, pour lutter corps à corps avec le fléau et lui disputer,
sur des poutres déjà calcinées par le feu, sur des pans de
mur ébranlés par la chute des solives, des monuments pré-
cieux ou des archives inestimables (1).

Louis XV, paraît-il, qualifiait les capucins : « les premiers pompiers de sa ville de Paris » et le grand Condé
les appelait : « les ordres salamandres ». A l'incendie du
pont au Change, quatorze religieux des ordres mendiants
périrent dans les flammes et dans les eaux, trente-quatre
furent blessés en cherchant à sauver la vie des habitants (2).
Loret, dans sa Muse historique, nous parle du dévouement des augustins à l'incendie du Louvre, en 1661 (3) et,
dans sa chronique hebdomadaire du samedi 16 janvier
1655, il signale à Mlle de Longueville les prouesses des
religieux de la Mercy et des capucins, à l'incendie de
l'Hôtel d'Arpajon.

Mme de Sévigné, dans une lettre à sa fille, du 20 février
1671, lui narrant l'incendie de la maison Guitaut, s'exprime

(1) A. de Bast. Les grands incendies depuis le vi^e siècle jusqu'à
nos jours.

(2) A. de Bast.

(3)
    Un augustin du grand couvent
    Fut en danger assez souvent
    De se brizer dos, bras et teste
    Durant cette ardente tempeste,
    Son front en fut quazi brulé.
                    Loret. Muse hist., 12 février 1661.

ainsi : « Des capucins pleins de charité et d'adresse, travail-
lèrent si bien qu'ils coupèrent le feu ». Le Mercure de
France, la relation imprimée de l'incendie de l'Hôtel-Dieu
publiée en 1737, et les mémoires du duc de Luynes sur la
Cour de Louis XV, ne tarissent pas d'éloges sur le courage
des capucins dans l'incendie de l'Hôtel-Dieu en 1737. Au
Musée de la Ville de Paris, à l'Hôtel Carnavalet, un tableau
représente l'incendie de la Cour des Comptes. Au haut
d'un escalier embrasé, deux capucins sont occupés avec un
pompier à diriger le jet des pompes, pendant que, en bas,
d'autres emportent sur leurs épaules d'énormes ballots de
papiers. Au premier plan, un de ces pauvres ouvriers de
bonne volonté gît sur le sol, victime de son dévouement.

A la bibliothèque Carnavalet, une curieuse estampe nous
montre encore, à l'incendie de la foire Saint-Germain (1)
un capucin, sa robe relevée jusqu'aux genoux et attachée
autour des jambes, le seau d'osier placé à ses pieds, devant
un fossé plein d'eau. Au même Musée, une aquarelle de
l'époque représente l'embrasement du Palais de Justice en
1776 : une quarantaine de moines, rangés sur trois rangs,
arrive au milieu des soldats pour porter secours (2).

Avant le xviii⁰ siècle, les outils servaient pour faire la
part du feu et pour abattre les maisons enflammées. Le seul
remède connu était de démolir les toits des maisons voisines et de les renverser avec des crocs ou des harpons afin
d'étouffer le feu. Pour lancer l'eau sur les flammes, on ne
disposait que d'instruments d'un calibre plus ou moins

(1) Vue, de la porte de la Treille, de l'incendie de la Foire Saint-
Germain, à Paris, arrivé la nuit du 16 au 17 mars 1762. Paris, chez
Basset, rue Saint-Jacques, à Sainte-Geneviève.

(2) Consulter : Les premiers pompiers de Paris, par le P. Edouard
d'ALENÇON.

grand qu'il est impossible de désigner sous un autre nom que celui de seringues.

C'est la ville de Douai qui, la première, en 1693, substitua aux seringues une pompe qu'elle avait fait venir de Hollande. A Paris, par lettres patentes du 12 octobre 1699, le sieur Mouriez du Périer obtint le privilège de faire et de vendre des pompes portatives dans tout le royaume. Il se chargea des secours contre l'incendie au moyen d'un matériel fourni par lui et servi par les ouvriers de sa maison. Le roi donna d'abord douze pompes à la Ville; un peu plus tard, il y en eut vingt, pour la manœuvre desquelles le personnel continua à être fourni par du Périer. Par ordonnance royale, il est assigné à ce dernier une somme annuelle de 6.000 livres, à la charge par lui de fournir et d'entretenir, indépendamment des quatre pompes qui se trouvaient à l'Hôtel de Ville, seize pompes ayant chacune un gardien à cent livres de gages et un sous-gardien à 50 livres de gages, chargés de les manœuvrer. Des affiches, renouvelées tous les six mois, indiquaient les dépôts de ces pompes : quatre se trouvaient dans le couvent des Augustins, près le Pont-Neuf, quatre dans celui des Carmes de la place Maubert, quatre au couvent de la Mercy, près l'Hôtel de Guise, et les quatre autres dans la maison des Augustins déchaussés, près la place des Victoires.

En 1722, le nombre des pompes fut encore augmenté et l'on forma une compagnie régulière de 60 hommes revêtus d'un uniforme bleu de roi. Le Nouveau Mercure, de mai 1718, dit : « qu'il faut remplacer les seaux dont la Ville se sert, qui sont de vrais paniers percés et qu'on propose d'en faire d'ozier menu, travaillez ainsi que les hottes des vendangeurs et si bien goudronnez en dedans et par dehors que l'eau ne puisse point se perdre. Ces seaux devraient être déposés dans les couvents avec des outils, comme pioches, pinces, oyaux, pelles, scies, cordages et autres instruments propres à lever les pavés pour faire des ouvertures aux conduites souterraines lorsque l'eau des puits ne se trouve pas en assez grande abondance pour pouvoir promptement éteindre le feu ».

Par les lettres patentes du 17 avril 1722, le sieur François du Mouriez du Périer, qui avait succédé à son père et avait été nommé chevalier de Saint-Louis, devait fournir encore dix-sept pompes, pour porter leur nombre à trente. Il lui était alloué 40.000 livres une fois payées et, en outre, 20.000 livres par an pour l'entretien ou le renouvellement des pompes et l'appointement des gardiens.

Quand M. de Sartine fut nommé Lieutenant général de Police, il remplaça du Périer par le sieur Pierre Morat qui fut nommé Directeur général des Pompes du Roi par brevet du 15 août 1760. Toutes les modifications successives apportées depuis cette époque à l'organisation des Garde-Pompes et du corps des Sapeurs-Pompiers se trouvent dans la collection des ordonnances royales et dans le Recueil des ordonnances de police; elles ont fait l'objet d'études très intéressantes, déjà publiées, et auxquelles il sera facile d'avoir recours si l'on veut compléter cet historique des moyens de secours contre l'incendie dans la ville de Paris.

VIII

L'obligation de faire certains ouvrages pour protéger le mur mitoyen contre l'action du feu des cheminées et des âtres et d'observer certaines distances dans la construction des forges, fours et fourneaux était non seulement inscrite dans la Coutume de Paris, mais aussi dans presque toutes les

Coutumes de France. Les législateurs, en voulant insérer cette obligation dans le Code civil, se trouvèrent en présence de Coutumes si différentes, ayant force de loi, qu'ils durent respecter ces usages et les règlements en vigueur à l'époque de la rédaction du Code et dire : *que l'on est obligé à laisser la distance prescrite par les règlements et usages particuliers sur ces objets, ou à faire les ouvrages prescrits par les mêmes règlements et usages, pour éviter de nuire au voisin.*

Mercier (1), parlant de la coutume, disait : « Quel dédale que la Coutume de Paris, que de lois fabriquées, changées, cassées, rétablies selon le hazard des événements et le caprice des souverains. Notre Code est un mélange de ces lois rédigées dans un siècle à demi barbare par ce méprisable Justinien qui les rendit au gré d'une fille de théâtre qu'il avait épousée. Cette Coutume mine et dévore la capitale ».

Voltaire, dans son dictionnaire philosophique, au mot *Coutume*, s'exprime ainsi : « Il y a, dit-on, cent quarante-quatre Coutumes en France, qui ont force de loi ; ces lois sont presque toutes différentes. Un homme qui voyage dans ce pays change de loi presque autant de fois qu'il change de chevaux de poste. Aujourd'hui, la jurisprudence s'est tellement perfectionnée qu'il n'y a guère de Coutume qui n'ait plusieurs commentateurs et tous, comme on croit bien, d'un avis différent. Il y en a déjà vingt-six sur la Coutume de Paris. Les juges ne savent auquel entendre, mais pour les mettre à leur aise, on vient de faire la Coutume de Paris en vers. C'est ainsi qu'autrefois la prêtresse de Delphes rendait ses oracles ».

Dans cette ironique boutade, Voltaire fait allusion à un ouvrage, fort rare aujourd'hui : *La Coutume de Paris,*

_____

(1) Tab. de Paris. T. II, p. 25. 1782.

mise en vers français, avec le texte à côté, par M. G. D. (1).
Les deux articles 189 et 190 y sont ainsi versifiés :

189

Au mur mitoyen qui voudra
Adosser âtre ou cheminée,
Contre-mur de thuilots fera,
Ou d'autre chose qui sera
De valeur proportionnée,
Et demi-pied d'épais aura.

190

Contre le mur qu'on vient de dire,
Toutes les fois que l'on voudra
Forge, four ou fourneau construire,
Entre les deux murs il faudra
Laisser demi-pied d'intervalle,
Et des four ou forge ainsi faits,
D'un pied le mur doit être épais,
Pour avoir l'épaisseur loyale.

Ce que disaient Voltaire et Mercier de la Coutume de
Paris, pouvait se dire aussi des Coutumes de France concernant les cheminées, les fours, les forges et les fourneaux.
Autant de Coutumes, autant de rédactions différentes, ce
qui était permis à Blois était vicieux à Paris et le contre-
mur qui devait être à Paris d'un pied d'épaisseur devait
avoir deux pieds à Châlons.

En effet, si nous relevons, dans les différentes Coutumes
en usage au moment de la rédaction du Code, les obligations imposées au constructeur d'un four ou d'une cheminée contre le mur mitoyen, nous voyons : que dans la
Coutume d'Auxerre, le premier qui met ses cheminées

(1) GARNIER DE CHESNES, ancien notaire, 1769.

dans le mur mitoyen ne peut être contraint de les ôter ou de les reculer pourvu qu'il ait laissé la moitié du mur et une chantille (1) pour contre-feu de son côté. Même obligation dans la Coutume de Bar, mais les lanciers et jambages de cheminées peuvent traverser le mur mitoyen pourvu qu'ils ne soient pas à l'emplacement des jambages du premier occupant ; pour le four, le mur mitoyen doit être laissé franc et en outre il faut un mur de deux pieds d'épaisseur ou autre suffisante.

Dans la Coutume de Berry, la cheminée peut être aussi à mi-mur, mais pour le four il faut une distance d'un pied entre le mur mitoyen.

Dans la Coutume de Blois, on ne peut prendre que le tiers du mur mitoyen pour les cheminées ; pour le four, il faut une distance d'un demi-pied et un contre-mur.

Dans la Coutume du Bourbonnais, il faut un demi-pied de vide entre le four et le mur.

La Coutume de Calais exige le contre-mur de tuileaux, ou autre chose suffisante, d'un demi-pied d'épaisseur pour un âtre ou une cheminée.

La Coutume de Cambrai prescrit, pour le four, un pied et demi de vide ou un contre-mur de même épaisseur.

Celle de Châlons (Marne) exige, pour le four, un bon contre-mur de deux pieds d'épaisseur.

La Coutume de Clermont-en-Beauvoisis demande, pour une cheminée, un contre-mur de tuileaux ou de plâtre de demi-pied d'épaisseur et de hauteur suffisante pour protéger le mur mitoyen. Entre le four et le mur mitoyen, demi-pied de vide ou contre-mur qui le vaille.

La Coutume de Dunois permet au premier occupant de placer ses cheminées dans la demi-épaisseur avec chantille

(1) Contre-mur en tuileaux.

pour contre-feu ; pour les lanciers, jambages et cimaises, il peut percer le mur d'outre en outre.

La Coutume de Lorraine demande un mur suffisant pour que la chose commune ne puisse être détériorée par l'usage du feu.

La Coutume de Mantes et de Meulan exige pour la forge ou le four un contre-mur d'un pied au moins.

La Coutume de Meaux demande pour le four un contre-mur, sans fixer d'épaisseur.

La Coutume de Melun prescrit pour les fours, forges ou cheminées, un contre-mur d'un pied contre une cloison mitoyenne et la cloison doit être, à l'endroit du four ou de la cheminée, rétablie en mêmes matériaux que le contre-mur. Contre un mur mitoyen, le contre-mur n'a plus que six pouces d'épaisseur en amortissant et en diminuant jusqu'au premier étage.

Dans la Coutume de Montargis, le premier occupant peut asseoir ses cheminées à moitié du mur avec chantille pour contre-feu et percer d'outre en outre le mur mitoyen pour y placer les lanciers, jambages et cimaises.

La Coutume de Nantes n'exige qu'un pied de vide entre le four et le mur mitoyen, et celle du Nivernais un demi-pied seulement.

La Coutume de Normandie permet de percer le mur mitoyen, à fleur du dit mur, pour asseoir les courges et consoles de cheminées. Pour le tuyau ou canal de la cheminée, on est tenu de laisser la moitié du mur et quatre pouces en outre pour servir de contre-feu. Un demi-pied de vide est exigé entre le four, la forge ou le fourneau.

La Coutume d'Orléans laisse au premier occupant le droit de placer ses cheminées à moitié du mur, avec chantille pour contre-feu, et de percer le mur dans toute son épaisseur pour y asseoir les lanciers et les jambages.

Dans la Coutume de Reims, le four ou la forge doivent être séparés par un contre-mur d'un pied au moins. Les cheminées ne peuvent être engagées que d'un tiers de l'épaisseur dans le mur mitoyen, à moins qu'il n'y ait une pièce de bois qui l'empêchât et que le mur soit suffisant pour permettre ce *creux* d'un tiers de l'épaisseur.

La Coutume de Sedan exige, pour le four, un contre-mur d'un pied et demi, et les cheminées peuvent être prises dans la moitié du mur mitoyen. Les Coutumes de Sens et de Troyes exigent, de même, pour le four, un contre-mur d'un pied et demi d'épaisseur.

Par ce résumé des principales Coutumes, on voit que toutes exigeaient pour la forge et le four un contre-mur au mur mitoyen et en outre, souvent, un vide plus ou moins grand entre le mur du four ou de la forge et ce mur mitoyen. Dans quelques-unes, les cheminées pouvaient prendre la moitié ou le tiers de l'épaisseur de ce mur.

La diversité de ces Coutumes justifie bien la rédaction de l'article 674 qui ordonne de se conformer aux usages. Les législateurs ne pouvaient du jour au lendemain prescrire que les murs mitoyens resteraient indemnes et fixer l'épaisseur du contre-mur et la distance à observer dans le cas de la construction d'un four, d'une forge ou d'un fourneau à proximité d'un mur mitoyen. Délimiter ces épaisseurs et ces distances, c'eût été consacrer le principe de la rétroactivité et déclarer à Paris vicieux et contraire à la loi, ce qui était permis à Reims ou à Nantes.

Ils durent aussi inscrire le respect des règlements antérieurs et de ceux que les Pouvoirs publics auraient le droit de promulguer dans la suite.

Le nouveau régime administratif qui s'établit au moment de la Révolution maintint en vigueur les règlements existants ; et les arrêts et ordonnances rendus par les Parlements, les Bureaux des Finances et le Lieutenant de Police leur ont survécu, mais seulement quant aux points dans lesquels il n'y a pas été dérogé dans la suite. Les dernières ordonnances du Lieutenant de Police de 1735, de 1765 et de 1779, publiées sous Louis XV et sous Louis XVI, restèrent donc en vigueur pendant la Révolution et après la promulgation du Code civil en 1804.

D'ailleurs, il ne faut pas perdre de vue que l'article 674 ne comprend que les réglements et les usages concernant les ouvrages et les travaux nécessaires pour éviter de nuire au voisin et pour protéger le mur mitoyen contre l'action du feu, et le voisin contre l'incommodité de la chaleur. Les auteurs du Code civil visaient certainement les ordonnances en vigueur, mais seulement dans les articles concernant le danger d'incendie pouvant résulter du voisinage d'une cheminée, d'un four ou d'un fourneau, et non celui résultant, par exemple, de la construction vicieuse d'une cheminée ou d'un tuyau à l'intérieur d'une habitation. Les lois des 16 et 24 août 1790 et des 19 et 22 juillet 1791 laissaient le soin aux Corps municipaux de prévenir, par les précautions convenables, les fléaux calamiteux et, en ce qui concerne la ville de Paris, l'arrêté du Gouvernement du 12 messidor an VIII (1er juillet 1800) vous chargeait de prendre les mesures propres à prévenir les incendies. Aussi à partir de la promulgation du Code civil, nous ne trouverons plus que des ordonnances de police, et les arrêtés de 1874 et 1881 du Préfet de la Seine, dont presque tous les articles ne constituent que des mesures préventives contre les incendies.

Il n'appartient pas en effet à M. le Préfet de la Seine de prendre des mesures propres à prévenir les incendies, il peut seulement, en vertu du décret du 26 mars 1862, article 4, § 1er, exiger du constructeur de se soumettre aux prescriptions qui lui seront faites dans l'intérêt de la salubrité et de la sécurité publiques, c'est-à-dire conformes, en ce qui concerne l'incendie, aux ordonnances que vous avez seul le droit d'édicter. C'est ce que nous nous réservons de prouver quand nous discuterons les arrêtés précités.

Pour nous résumer, l'article 674 ne comprend que la protection du mur mitoyen, et la contravention aux articles de l'ordonnance qui ne s'appliquent pas à cette protection seule, ne tombe pas sous le coup de cet article du Code comme l'ont compris à tort quelques auteurs.

Le premier règlement signé d'un Préfet de Police est un avis du 3 brumaire an X (25 octobre 1801). Il recommande de faire ramoner souvent les cheminées et prévient qu'en outre de l'amende les propriétaires peuvent être passibles de dommages-intérêts lorsque le feu s'est manifesté par leur négligence.

Dans une ordonnance de police concernant les entrepreneurs de maçonnerie du 15 janvier 1810, nous voyons dans les considérants que, dans le cas d'incendie, les ouvriers en bâtiments peuvent être requis pour porter secours, et à cet effet les entrepreneurs de maçonnerie demeurant à Paris sont tenus de se faire inscrire à la Préfecture de Police et d'y représenter leurs patentes.

L'article 8 de cette ordonnance ajoute que les entrepreneurs de maçonnerie, les compagnons maçons, les propriétaires et les locataires sont aussi tenus de se conformer pour toutes les constructions aux règles de l'art et aux règlements.

Une ordonnance de police du 13 août 1810 renouvelle l'ordonnance du 20 janvier 1727 concernant l'entretien des puits et de leurs agrès en bon état sous peine de cent francs d'amende.

Le 21 décembre 1819, le Ministre d'État, Préfet de

Police, comte Anglès, publie une ordonnance de police assez complète, rappelant un grand nombre d'articles des anciennes ordonnances des Lieutenants de Police, mais dans laquelle il n'est pas parlé du mode de construction des tuyaux de fumée ni de leurs dimensions qui étaient très strictement limitées sous l'ancien régime ; nous en avons donné les raisons plus haut en parlant du ramonage. On avait, en effet, depuis plusieurs années, renoncé à construire les cheminées en pigeonnage et on leur substituait quelquefois des tuyaux en fonte. Gourlier, architecte à Paris, venait d'inventer la brique qui porte son nom et avait même reçu une médaille de bronze à l'Exposition des Produits de l'Industrie. Davenne (1) dit : « Ces différents perfectionnements étaient avoués par l'Administration » qui avait évidemment renoncé à exiger le minimum de dix pouces de large, *vingt-sept centimètres*, sur deux pieds un quart, *soixante-treize centimètres*, de longueur, prescrits par l'ordonnance du 15 novembre 1781.

L'article 1ᵉʳ de l'ordonnance de 1819, que nous allons résumer, défend de placer des manteaux et tuyaux de cheminées contre les cloisons, d'y mettre des bois et de poser des âtres sur les solives des planchers, mais il ne fixe pas la dimension de ces bandes de trémies, ajoutant que ces prescriptions sont faites conformément aux lois et règlements en vigueur sur la construction des bâtiments ; c'est reconnaître que l'article 6 de l'ordonnance de 1781 n'est pas abrogé.

L'article 2 enjoint un ramonage fréquent des cheminées ordinaires et au moins une fois par mois des cheminées des fours, fondoirs, traiteurs, etc. Il défend de faire sécher

---

(1) Recueil des lois et règlements sur la voirie. 1824.

le bois dans les fours et de construire au-dessus aucune soupente ou resserre.

L'article 3 défend de faire usage du feu pour le ramonage.

L'article 4 défend d'établir aucun four, forge ou fourneau sans une déclaration à la Préfecture et, pour la première fois, prévient que les fourneaux de fondeurs et autres sont soumis aux formalités prescrites par le décret du 15 octobre 1810 et l'ordonnance royale du 14 janvier 1815. (Établissements classés.)

L'article 5 exige une permission pour former un entrepôt ou magasin de charbon de bois, de houille ou coak *(sic)*; par l'article 7, il est défendu aux détaillants de faire du feu dans les débits et d'y entrer avec une lumière non renfermée dans une lanterne.

L'article 8 prescrit des remises ou des hangars complétement fermés pour les dépôts de fourrages qui devront être à une distance suffisante des tuyaux de cheminée ou de poêle.

L'article 9 prescrit pour tous les lieux, renfermant des matières combustibles, des lanternes fermées et pour les écuries des lanternes fixes. Il défend aussi de fumer dans tous ces locaux.

L'article 10 renouvelle, sans modifications, l'obligation de deux ateliers distincts pour les charrons, menuisiers, etc., qui se serviront d'une forge.

L'article 11 défend d'allumer du feu dans les halles et marchés et ne permet que les chaufferettes couvertes d'un grillage.

L'article 12 défend de faire du feu sur les ports, quais et berges de la Seine, dans les chantiers de bois et charbons, sur les trains et sur les bateaux, excepté sur les bateaux foncets.

Les articles 13 et 14 défendent de brûler de la paille dans les rues, d'y tirer des feux d'artifices. Il faut une permission pour tirer des pièces d'artifices dans les cours, jardins et terrains particuliers. Les aérostats ne peuvent être garnis de pièces d'artifices et il est défendu de faire enlever des Montgolfières.

L'article 15 concerne les salles de spectacle.

L'article 16 renouvelle l'obligation de tenir en bon état les puits munis de tous leurs agrés et les pompes.

Les articles 17 à 22 concernent les tonneaux de porteurs d'eau, l'avis à donner des incendies au Préfet de Police, aux postes des Sapeurs-Pompiers, etc., la defense de tirer des coups de fusil dans les cheminées, et chargent le Commissaire de police de requérir la force armée et le Commandant des Sapeurs-Pompiers de réquisitionner tous les agrés nécessaires pour combattre le sinistre.

Les articles 23 et 24 disent que toute personne requise pour porter secours et qui s'y serait refusée sera poursuivie conformément à l'article 475 du Code pénal. Les maçons, charpentiers, couvreurs, plombiers et autres ouvriers doivent aussi, à la première réquisition, se rendre sur le lieu du sinistre, sous peine d'être poursuivis devant les tribunaux, ainsi que les porteurs d'eau qui doivent conduire leurs tonneaux au premier avis d'un incendie.

Les articles 25 et 26 reproduisent l'article 18 de l'ordonnance de 1735 concernant l'ouverture des portes à la première réquisition.

L'article 28 enjoint aux épiciers et autres de fournir les flambeaux et terrines nécessaires pour éclairer les travailleurs.

L'article 29 dit : que dans le cas d'incendie grave dans une commune rurale du ressort de la Préfecture, le Maire préviendra le Préfet de Police.

L'article 30 concerne le prix à payer aux propriétaires de chevaux, aux porteurs d'eau, aux épiciers, ciriers, etc.

L'article 31 dit qu'il sera donné des récompenses aux personnes qui auront donné des preuves extraordinaires de zèle ou qui auront sauvé des individus.

Les articles suivants concernent les recherches à faire sur les causes du sinistre, les contraventions à dresser pour infractions aux lois et règlements en vigueur, l'affichage dans les communes rurales du ressort de la Préfecture de Police et dans les arrondissements de Saint-Denis et Sceaux, enfin elle donne la nomenclature des fonctionnaires chargés de tenir la main à son exécution.

Si l'on se reporte à l'époque à laquelle cette ordonnance a été publiée, 1819, on voit qu'il y a un progrès très notable dans les mesures prescrites par le Préfet de Police, pour combattre les incendies et nous ne voyons plus paraître ces menaces de 1.000 et de 500 livres d'amende et même de la prison contre les délinquants. Les contrevenants sont prévenus qu'ils tombent sous le coup des articles 471 §§ 1 et 2 et 475 § 12 du Code pénal ou qu'ils peuvent être passibles des articles 1382, 1383, 1792, etc., du Code civil, pour infractions aux lois et règlements en vigueur.

Le 10 janvier 1828, une ordonnance de police, signée Debelleyme, concernant le ramonage et les secours en cas d'incendie rappelle quelques articles de celle de 1843 sur le ramonage, la défense de tirer des coups de fusil dans les cheminées, l'ouverture des portes et les récompenses accordées aux sauveteurs. Elle prévient le public que le service contre les incendies est fait gratuitement par les Sapeurs-Pompiers. Cet avis a une grande importance et devrait être renouvelé encore de nos jours : Le 20 avril 1895, un concierge venait nous prévenir qu'un feu violent

avait pris dans une cheminée, avenue de l'A...., mais qu'il
ne voulait pas aller chercher les Sapeurs-Pompiers, redou-
tant l'amende et les frais à payer. Ce fait n'est pas isolé et
un grand nombre de personnes laissent encore s'aggraver
les incendies les moins importants, plutôt que de courir au
poste le plus voisin ou de téléphoner, de l'avertisseur, la
nature du feu à combattre.

Le 25 mars 1828, le Préfet de Police Debelleyme,
publia une ordonnance concernant les magasins des détaillants de fourrages. Cette ordonnance ne fut pas abrogée
par celles de 1842 et de 1852, et elle resta en vigueur jusqu'en 1875. Elle exigeait une permission spéciale pour la
formation d'un magasin de détaillant de fourrages et la
permission ne pouvait être accordée qu'à la condition que
le local ne présenterait aucun danger d'incendie, ou que
dans le cas contraire, il serait modifié ultérieurement et
rendu convenable à sa destination, sinon la permission
était refusée.

Les magasins existants étaient maintenus, sauf à prendre
les mesures indispensables. Il fallait une nouvelle permission en cas de mutation, de cession, de déplacement ou de
fin de bail. L'Administration voulait évidemment arriver,
dans un certain laps de temps, à n'autoriser que des magasins offrant toutes les garanties désirables au point de vue
du danger d'incendie.

Les articles suivants défendaient d'entrer avec des
lumières, non renfermées dans des lanternes, et de former
des magasins dans les boutiques ou les soupentes. Les
approvisionnements devaient être réglés suivant la disposition des localités.

Avant d'arriver à la discussion et à l'interprétation des
règlements en vigueur, il nous reste à analyser deux
ordonnances concernant les incendies, celles du 24 no-

10

vembre 1843 et du 11 décembre 1852. Elles sont toutes deux presque identiques, et l'ordonnance de 1852 renferme un grand nombre d'articles qui sont reproduits dans l'ordonnance de 1875, encore en vigueur, dont nous ferons une étude complète.

Pour éviter des redites inutiles, nous donnerons le texte de l'ordonnance de 1852, en mettant, entre guillemets, les additions et modifications apportées à l'ordonnance de 1843, et nous indiquerons ensuite les points importants sur lesquels il y a lieu d'appeler tout spécialement votre attention.

ORDONNANCE CONCERNANT LES INCENDIES

Paris, le 11 décembre 1852 (1).

NOUS, Préfet de Police,

Vu : 1° les règlements et ordonnances des 26 janvier 1672, 11 avril 1698, 28 avril 1719, 20 janvier 1727, 10 février 1735, 15 novembre 1781 et 24 novembre 1843, concernant les diverses mesures et précautions à prendre pour prévenir ou arrêter les incendies;

La loi du 24 août 1790;

Les lois des 19-22 juillet 1791;

Les arrêts du Gouvernement du 12 messidor an VIII (1er juillet 1800) et 3 brumaire an IX (6 juillet 1801);

Considérant qu'il importe de rappeler aux habitants de Paris les obligations qui leur sont imposées par les règlements, soit pour prévenir les incendies, soit pour concourir à les éteindre, et d'apporter à ces règlements les modifications dont l'expérience a fait reconnaître l'utilité,

_____

(1) Les paragraphes entre parenthèses n'existent pas dans l'ordonnance de 1843.

ORDONNONS ce qui suit :

TITRE PREMIER

Constructions des cheminées, poêles, fourneaux et calorifères.

ARTICLE PREMIER.

Toutes les cheminées *(tous les poêles et autres appareils de chauffage)*, doivent être établis et disposés de manière à éviter les dangers de feu, et à pouvoir être facilement *(nettoyés)* ou ramonés.

ART. 2.

Il est interdit d'adosser des foyers de cheminée, des poêles et des fourneaux à des cloisons dans lesquelles il entrerait du bois, à moins de laisser, entre le parement extérieur du mur entourant ces foyers et les cloisons, un espace de seize centimètres.

ART. 3.

Les foyers des cheminées ne doivent être posés que sur des voûtes en maçonnerie ou sur des trémies en matériaux incombustibles.

La longueur des trémies sera au moins égale à la largeur des cheminées, y compris la moitié de l'épaisseur des jambages.

Leur largeur sera d'un mètre au moins, à partir du fond du foyer jusqu'au chevêtre.

ART. 4.

Il est interdit de poser les bois des combles et des planchers à moins de seize centimètres de toute face intérieure des tuyaux de cheminée et autres foyers.

ART. 5.

Les languettes des tuyaux en plâtre doivent être pigeonnées à la main et avoir au moins huit centimètres d'épaisseur.

ART. 6.

Chaque foyer de cheminée *(ou de poêle)* doit *(à moins d'autorisation spéciale)* avoir son tuyau particulier dans toute la hauteur du bâtiment.

ART. 7.

Les tuyaux de cheminée qui n'auraient pas au moins soixante centimètres de largeur sur vingt-cinq de profondeur *(seront construits en briques, en terre cuite ou en fonte)*. Ils ne pourront être que de forme cylindrique, ou à angles arrondis, sur un rayon de six centimètres au moins.

Ces tuyaux ne pourront dévier de la verticale de manière à former avec elle un angle de plus de trente degrés (un tiers de l'angle droit).

(L'accès de ces tuyaux à leur partie supérieure, devra être facile.)

Art. 8.

Les mitres en plâtre sont interdites au-dessus des tuyaux des cheminées.

Art. 9.

Les fourneaux potagers doivent être disposés de telle sorte que les cendres qui en proviennent soient retenues par des cendriers fixes construits en matériaux incombustibles, et ne puissent tomber sur les planchers.

Art. 10.

Les poêles de construction reposeront sur une aire en matériaux incombustibles d'au moins huit centimètres d'épaisseur, s'étendant de trente centimètres en avant de l'ouverture du foyer.

Cette aire sera séparée du cendrier intérieur par un vide d'au moins huit centimètres permettant la circulation de l'air.

Les poêles mobiles devront reposer sur une plate-forme en matériaux incombustibles d'au moins vingt centimètres de saillie, en avant de l'ouverture du foyer.

Art. 11.

Les tuyaux de poêle et tous autres tuyaux conducteurs de fumée, en métal, devront toujours être isolés, dans toute leur hauteur, d'au moins seize centimètres des cloisons dans lesquelles il entrerait du bois.

Lorsqu'un tuyau traversera une de ces cloisons, le diamètre de l'ouverture faite dans la cloison devra excéder de seize centimètres celui du tuyau.

Ce tuyau sera maintenu au passage, par une tôle dans laquelle il sera percé une ouverture égale au diamètre extérieur dudit tuyau.

Art. 12.

Aucun tuyau conducteur de fumée, en métal, ne pourra traverser un plancher ou un pan de bois, à moins d'être entouré au passage par un manchon en métal ou en terre cuite.

Le diamètre de ce manchon excédera de dix centimètres celui du tuyau, de manière qu'il y ait partout, entre le manchon et le tuyau, un intervalle de cinq centimètres.

Art. 13.

Les prescriptions des articles 2, 3, 4, 10, 11 et 12, relatives aux tuyaux de cheminée et aux tuyaux conducteurs de fumée, en métal, seront applicables aux tuyaux de chaleur des calorifères à air chaud.

Toutefois, sont exceptés les tuyaux de chaleur qui prennent l'air à la partie supérieure de la chambre dans laquelle est placé l'appareil de chauffage.

Art. 14.

Il nous sera donné avis des vices de construction des cheminées, poèles, fourneaux et calorifères, qui pourraient occasionner un incendie.

TITRE II

Entretien et ramonage des cheminées.

Art. 15.

Les propriétaires sont tenus d'entretenir constamment les cheminées en bon état.

Art. 16.

Il est enjoint aux propriétaires et locataires de faire ramoner les cheminées et tous tuyaux conducteurs de fumée, assez fréquemment pour prévenir les dangers de feu.

(Les cheminées, dans les fondoirs de suif aux abattoirs, seront ramonées tous les quinze jours.)

Il est défendu de faire usage du feu pour nettoyer les cheminées et les tuyaux de poêle.

Les cheminées qui ne présenteraient pas à l'intérieur, et dans toute la longueur du tuyau, un passage d'au moins soixante centimètres sur vingt-cinq *(seront construites en briques, en terre cuite ou en fonte)*. Ces cheminées ne devront être ramonées qu'à *(l'aide d'écouvillons mûs)* par une corde.

TITRE III

Des couvertures en chaume et en jonc.

Art. 17.

Aucune couverture en chaume ou en jonc ne pourra être conservée ou établie sans notre autorisation.

TITRE IV

Des fours, forges, usines et ateliers.

Art. 18.

Les fours, forges et usines à feu, non compris dans la nomenclature des établissements classés, lesquels sont soumis à des règlements

— 155 —

spéciaux, ne pourront être établis dans l'intérieur de Paris sans notre permission. *(Le sol, le plafond et les parois des locaux où ils sont construits ne pourront être en bois.)*

Art. 19.

Il est défendu de déposer du bois, ou autre matière combustible (1), à découvert dans aucune partie du fournil.

(Le bois destiné à la consommation de chaque jour, dans les établissements de boulangerie et de pâtisserie, pourra, après sa dessication, rester dans les fournils ; mais il devra être renfermé dans une construction spéciale en matériaux incombustibles fermant hermétiquement par une porte en fer.)

(Les arcades situées sous les fours pourront être affectées à cette destination, en les fermant également par une porte en fer à demeure.)

(Le bois de provision des boulangers et pâtissiers devra toujours être disposé hors du fournil dans un lieu où il ne puisse présenter aucun danger.)

Les soupentes, resserres, planchers et supports à pannetons, et toutes constructions établies dans les fournils, seront en matériaux incombustibles.

(Cette disposition s'applique également aux escaliers communiquant aux fournils ; ces escaliers devront d'ailleurs être d'un accès facile.)

(Les pétrins et couches à pain seront revêtus extérieurement de tôle, quand ils se trouveront placés à moins de deux mètres de la bouche du four.)

(Les glissoires de farine en bois, avec fourreau en toile, seront, dans ce cas, construites en zinc avec fourreau en peau.)

Art. 20.

Les charrons, menuisiers, carrossiers et autres ouvriers, qui s'occuperaient en même temps de travailler le bois et le fer, sont tenus, s'ils exercent les deux professions dans la même maison, d'y avoir deux ateliers entièrement séparés par un mur, à moins qu'entre la forge et l'endroit où l'on travaille ou dépose le bois, il n'y ait une distance de dix mètres au moins.

Il leur est défendu de déposer dans l'atelier de la forge aucuns bois, recoupes, ni pièces de charronnage, menuiserie ou autres ; sont exceptés cependant les ouvrages finis et qu'on serait occupé à ferrer ; mais ces ouvrages seront mis à la fin de chaque journée dans un endroit séparé de la forge, en sorte qu'il ne reste dans l'atelier aucunes matières combustibles pendant la nuit.

(1) Au-dessus des fours, dans l'ordonnance de 1843.

Art. 21.

Dans les ateliers de menuiserie ou d'ébénisterie *(et de peintures en décors)* les forges ou les fourneaux *(dits sorbonnes)* destinés à chauffer les colles, ne seront établis que sous des hottes en matériaux incombustibles.

L'âtre sera entouré d'un mur en briques de vingt-cinq centimètres de hauteur au-dessus du foyer, et ce foyer sera disposé de manière à être clos pendant l'absence des ouvriers par une fermeture en tôle.

Dans ces mêmes ateliers on ne pourra faire usage des chandeliers en bois *(et les copeaux seront enlevés chaque soir, et renfermés dans un local isolé, autant que possible, des dits ateliers)*.

TITRE V

Entrepôts, magasins et dépôts de matières combustibles, inflammables, détonantes et fulminantes, théâtres et salles de spectacle.

Art. 22.

Aucuns magasins et entrepôts de charbons de terre, houille, tourbes et autres combustibles, ne pourront être formés dans Paris sans notre autorisation.

Art. 23.

Il est défendu d'entrer dans les écuries avec de la lumière non renfermée dans une lanterne.

Art. 24.

Il est interdit d'entrer avec de la lumière dans les établissements, magasins, caves et autres lieux renfermant des dépôts d'essences ou de spiritueux, et en général de toutes matières inflammables ou fulminantes, à moins que cette lumière ne soit renfermée dans une lanterne *(de sûreté, dite lampe Davy)*.

Les caves et magasins, renfermant des essences et des spiritueux, devront *(être disposés conformément aux règlements, et)* être ventilés au moyen d'une ouverture de trois ou quatre centimètres ménagée au-dessus et dans toute la largeur de la porte d'entrée, et d'une autre ouverture opposée à la première. Cette seconde ouverture sera pratiquée dans la partie supérieure de la cave ou du magasin.

Art. 25.

Il est défendu de rechercher les fuites de gaz avec du feu ou de la lumière.

Art. 26.

(La vente des pièces d'artifices, le tir des armes à feu et des feux d'artifices, la conservation, le transport et la vente des capsules et des

allumettes fulminantes auront lieu conformément aux règlements spéciaux relatifs à ces matières.)

(Les directeurs des théâtres et des salles de spectacle, les propriétaires des chantiers et entrepôts de bois de chauffage, des magasins de charbons de terre et de fourrage, se conformeront aux dispositions prescrites, pour prévenir les incendies, par les règlements spéciaux qui régissent ces établissements.)

TITRE VI

Halles, marchés, abattoirs, etc.

Art. 27.

Il est défendu d'allumer des feux dans les halles et marchés et d'y apporter aucuns chaudrons à feu, réchauds ou fourneaux.

Il n'y sera admis que des pots à feu d'une petite dimension et couverts d'un grillage métallique.

Il est défendu de laisser ces pots dans les halles et marchés, après leur clôture, quand même le feu serait éteint.

Il est également défendu de se servir de lumière dans les halles et marchés et *(dans les magasins en dépendant, dans les fournils, ainsi que dans les boureries, porcheries, écuries, caves, séchoirs et fondoirs des abattoirs généraux)* à moins qu'elles ne soient renfermées dans des lanternes closes et à réseau métallique.

(Dans les abattoirs et autres établissements où il existe des greniers à fourrage, l'entrée de ces locaux est absolument interdite avant le lever et après le coucher du soleil, et il ne sera admis dans les dits établissements aucune voiture de bois, de fourrage et autres matières combustibles, si son chargement ne peut être resserré avant la nuit.)

Art. 28.

Il est défendu de faire du feu sur les ports, quais et berges, sans autorisation.

Les personnes, autorisées à s'introduire la nuit dans les ports, ne peuvent y entrer avec de la lumière qu'autant qu'elle serait renfermée dans une lanterne.

Art. 29.

Il est expressément défendu de brûler de la paille sur aucune partie de la voie publique *(dans l'intérieur des abattoirs)*, dans les cours, jardins et terrains particuliers, et d'y mettre en feu aucun amas de matières combustibles.

Art. 30.

Il est interdit de fumer dans les salles de spectacle, sous les abris des halles, dans les marchés *(les boureries, porcheries, fondoirs et séchoirs des abattoirs)* et en général dans l'intérieur de tous les monuments et édifices publics placés sous notre surveillance.

Il est également défendu de fumer dans les écuries, dans les magasins et autres endroits renfermant des essences, des spiritueux, ainsi que des matières combustibles, inflammables ou fulminantes.

TITRE VII

Extinction des incendies.

Art. 31.

Aussitôt qu'un feu de cheminée ou un incendie se manifestera, il en sera donné avis au plus prochain poste de Sapeurs-Pompiers et au Commissaire de Police de la section (1).

Art. 32.

Il est enjoint à toute personne chez qui le feu se manifesterait d'ouvrir les portes de son domicile à la première réquisition des Sapeurs-Pompiers et autres agents de l'autorité.

Art. 33.

Les propriétaires ou locataires des lieux voisins du point incendié seront obligés de livrer, au besoin, passage aux Sapeurs-Pompiers, et autres agents de l'autorité appelés à porter des secours.

Art. 34.

Les habitants de la rue où se manifestera l'incendie, et ceux des rues adjacentes, tiendront les portes de leurs maisons ouvertes et laisseront puiser de l'eau à leurs puits et pompes pour le service de l'incendie.

---

(1) Si les seaux à incendie, les pompes et autres moyens de secours transportés par les soins des Commissaires de Police et du Commandant des Sapeurs-Pompiers sont insuffisants, les Commissaires de Police ou le Commandant des Sapeurs-Pompiers, mettront en réquisition les seaux, pompes, échelles, etc., qui se trouveront soit dans les édifices publics, soit chez les particuliers. Les propriétaires, gardiens et détenteurs de ces objets seront tenus de déférer immédiatement à ces réquisitions.

Le ommissaires de Police requerront aussi, au besoin, la force armée, pour le maintien de l'ordre et la conservation des propriétés. (Ordonnance de 1843.)

Art. 35.

En cas de refus de la part des propriétaires et des locataires de déférer aux prescriptions des trois articles précédents, les portes seront ouvertes à la diligence du Commissaire de Police, et, à son défaut, de tout commandant de détachement de Sapeurs-Pompiers.

Art. 36.

Il est enjoint aux propriétaires et principaux locataires des maisons où il y a des puits, de les garnir de cordes, poulies et seaux, et d'entretenir les puits en bon état, ainsi que les pompes et autres machines hydrauliques qui y seraient établies.

Art. 37.

(Les propriétaires, gardiens ou détenteurs de seaux, pompes, échelles, etc., qui se trouveront, soit dans les édifices publics, soit chez les particuliers, seront tenus de déférer aux demandes du Commandant des Sapeurs-Pompiers et des Commissaires de Police qui les requerront de mettre ces objets à leur disposition.)

Art. 38.

Les porteurs d'eau à tonneaux rempliront leurs tonneaux chaque soir avant de les remiser et les tiendront pleins toute la nuit.

Au premier avis d'un incendie, ils y conduiront leurs tonneaux pleins d'eau (1).

Art. 39.

Les gardiens des pompes et réservoirs publics seront tenus de fournir l'eau nécessaire pour l'extinction des incendies.

Art. 40.

Toute personne requise pour porter secours en cas d'incendie, et qui s'y serait refusée, sera poursuivie, ainsi qu'il est dit en l'article 475 du Code pénal.

---

(1) Il sera accordé une gratification à chacun des porteurs d'eau arrivés les premiers au lieu de l'incendie avec leurs tonneaux pleins. Cette gratification sera :

de 12 francs pour le premier arrivé,

de 6 francs pour le second.

En cas d'incendie, les porteurs d'eau sont autorisés à puiser à toutes les fontaines indistinctement.

Ils seront payés de leur travail à raison de 0 fr. 35 c. l'hect. d'eau fournie.

ART. 41.

Les maçons, charpentiers, couvreurs, plombiers et autres ouvriers, seront tenus, à la première réquisition, de se rendre au lieu de l'incendie, avec leurs outils ou agrès; faute par eux de déférer à cette réquisition, ils seront poursuivis devant les tribunaux, conformément au dit article 475.

ART. 42.

Tous propriétaires de chevaux seront tenus, au besoin, de les fournir pour le service des incendies, et le prix du travail de ces chevaux sera payé sur mémoires certifiés par le Commissaire de Police ou par le Commandant des Sapeurs-Pompiers.

ART. 43.

Il est enjoint aux marchands épiciers, ciriers, chandeliers, voisins de l'incendie, de fournir, sur les réquisitions des Commissaires de Police ou du Commandant des Sapeurs-Pompiers, les flambeaux et terrines nécessaires pour éclairer les travailleurs.

Le prix des fournitures faites sera payé sur des mémoires certifiés ainsi qu'il en est dit en l'article précédent (1).

ART. 44.

L'ordonnance de police du 24 novembre 1843, concernant les incendies, est rapportée; sont également rapportées les dispositions des anciens règlements ci-dessus visés, qui seraient contraires aux prescriptions de la présente ordonnance.

ART. 45.

Les contraventions à la présente ordonnance seront constatées par des procès-verbaux qui nous seront transmis pour être déférés, s'il y a lieu, aux tribunaux compétents.

Il sera pris, en outre, suivant les circonstances, telles mesures d'urgence qu'exigera la sûreté publique.

ART. 46.

La présente ordonnance sera imprimée et affichée.

Les Commissaires de police, le Chef de la Police municipale, le

---

(1) 44. Les Commissaires de Police, les Commandants des Sapeurs-Pompiers et tous agents de l'autorité nous signaleront les personnes qui se seront fait remarquer dans les incendies.

45. Les Commissaires de Police dresseront procès-verbal des incendies et des circonstances qui les auront accompagnés.

Ils rechercheront les causes des incendies et les indiqueront. (Ordonnance de 1843.)

Commandant du corps des Sapeurs-Pompiers, les Officiers de Paix, l'Architecte-Commissaire de la Petite Voirie, l'Inspecteur général des Halles et Marchés, l'Inspecteur principal de la Navigation et des Ports, le Contrôleur des Bois et Charbons, l'Inspecteur général de la Salubrité et les autres Préposés de la Préfecture de Police en surveilleront et en assureront l'exécution, chacun en ce qui le concerne.

Elle sera adressée à notre collègue M. le Préfet de la Seine, à M. le Commandant supérieur de la Garde nationale de la Seine, à M. le Commandant de la Place de Paris, à M. le Colonel de la Garde municipale et à M. le Commandant de la Gendarmerie de la Seine.

Le Préfet de Police,
PIETRI.

PAR LE PRÉFET :
Le Secrétaire Général.
H. COLLET-MEYGRET.

Nous remarquerons, dans ces deux ordonnances, que pour la première fois il est prescrit un tuyau spécial pour chaque foyer et dans toute la hauteur du bâtiment.

Les ordonnances précédentes ne l'exigeaient pas, elles se contentaient de limiter les dimensions du tuyau de fumée, mais un seul tuyau pouvait, avant 1843, desservir plusieurs foyers.

L'article 7, du titre premier, permet de construire des tuyaux de cheminée de forme cylindrique ou à angles arrondis sur un rayon de six centimètres au moins; on pouvait donc, en se conformant à la lettre de l'ordonnance, établir des tuyaux n'ayant que douze centimètres de diamètre.

L'ordonnance de 1843, ne parlant pas de la nature des matériaux, qui devaient composer les tuyaux de fumée, c'est entre 1843 et 1852 que l'on fit des conduits en plâtre, moulés sur place. L'ordonnance de 1852 a, pour la première fois, spécifié que les tuyaux devaient être en briques, en terre cuite ou en fonte; c'était interdire la construction des tuyaux moulés en plâtre.

Dès 1843, nous voyons prescrire le ramonage au moyen d'une corde, l'ordonnance de 1852 ajoute, à l'aide d'écouvillons mûs par une corde. Nous avons dit plus haut que l'ordonnance de 1819 ne parlait plus de la dimension des tuyaux de cheminée et que dès 1822 l'Administration avait toléré la construction de tuyaux en fonte ou en briques, dites Gourlier. Pour ramoner ces cheminées de dimensions trop restreintes, dans lesquelles un ramoneur ne pouvait plus monter, on se servit d'abord d'un simple balai de bouleau attaché au bout d'une corde que l'on tirait depuis le haut jusqu'au bas de la cheminée, pour détacher les parcelles de suie qui s'y étaient attachées. Mais le balai ramonait très mal la cheminée, et un industriel inventa l'écouvillon ou hérisson dont on se sert encore aujourd'hui et dont parle pour la première fois l'ordonnance de 1852. Laissons la parole à M. Frantz Perréal, chroniqueur du journal *Le Temps*, qui a consacré un article aux petits ramoneurs et au hérisson : « ... un jour que nez au vent, nous décrochions au passage, les vieux balcons, les marteaux de porte, les ferrures rouillées, les portails délabrés des vieilles maisons, une enseigne attira nos regards sur le quai aux Fleurs, à deux pas du pont d'Arcole :

Maison X..., fondée en 1846.
Inventeur des hérissons.

C'était bien là qu'il fallait frapper, la boutique est tout à fait du temps, avec son plafond bas d'où pend une innombrable quantité de brosses, paniers exposés ou accrochés ; sur la droite une autre salle plus claire servant d'atelier.

« Monsieur, nous dit le marchand, d'un ton marqué au coin de la bonne courtoisie d'antan, c'est ici, en effet, que le hérisson a pris naissance et vous ne pouviez mieux vous adresser pour en connaître les origines. Mon père Prosper en fut l'inventeur en 1846. Avant cette époque, tandis qu'il tenait des objets de vannerie, brosserie, etc., il s'était fait aussi la spécialité de vendre aux petits ramoneurs leur nécessaire de toilette : genouillères, jambières, escabelles, raclettes, bricoles et même les bonnets de coton que les petits bonshommes se rabattaient jusque sur la bouche pour éviter la chute de la suie. C'est chez nous qu'ils se servaient pour la plupart. Mais lorsque les dimensions des cheminées ne leur permirent plus d'accomplir leurs ascensions, il fallut bien leur donner des remplaçants. Et mon père inventa ce simple écouvillon qui, portant à gauche et à droite des barbes de fer, est promené de haut en bas dans les cheminées. Au début, mon père opérait souvent lui-même, et quand, avec son ouvrier, il se transportait dans une maison avec tout l'attirail nécessaire, bien souvent bonnes et ménagères effrayées, tout comme les petits enfants le pouvaient être jadis du ramoneur, lui criaient : Monsieur Béraud ! Monsieur Béraud ! ne le lâchez pas dans la cuisine...

» Il est aujourd'hui, le hérisson, dans toutes les mains des fumistes et le ramoneur est bien mort (1) ».

L'article 18 de l'ordonnance de 1852 défend les bois apparents dans les ateliers où il y aura des fours ou forges et dans les usines à feu. Les ordonnances précédentes n'imposaient pas cette prescription.

L'article suivant comprend de nombreuses prescriptions imposées pour les fournils de boulangers, prescriptions toutes nouvelles, que nous retrouverons presque toutes reproduites dans l'ordonnance de 1875.

L'article 20 n'exige plus le mur entre la forge et l'atelier où l'on travaille le bois, s'il y a une distance de dix mètres au moins.

---

(1) Journal *Le Temps*, du 14 novembre 1894.

L'article 21 prescrit l'enlèvement des copeaux tous les soirs, dans tous les ateliers où il y a des forges ou des sorbonnes.

Les articles suivants défendent toujours de fumer et de faire usage de lumières, non renfermées dans des lanternes, dans les halles, marchés, abattoirs, magasins de bois et charbons, etc.; ils interdisent de brûler de la paille sur la voie publique et dans l'intérieur des abattoirs.

Le titre VII comprend toutes les mesures à prendre pour l'extinction des incendies et n'a pour nous qu'un intérêt rétrospectif.

Pour terminer cet historique, il ne nous reste plus qu'à citer l'arrêté du Préfet de la Seine, du 8 août 1874, concernant l'établissement des tuyaux de fumée dans l'intérieur de Paris.

La construction des tuyaux de fumée, réglementée jusqu'alors par l'ordonnance de police du 11 décembre 1852, article 7, avait non seulement donné lieu, il faut le reconnaître, à des constructions plus ou moins vicieuses, mais avait été cause surtout de nombreux commencements d'incendie. L'article 7 ne limitait pas le diamètre des tuyaux qui pouvaient être construits en briques, en terre cuite ou en fonte.

On avait reconnu depuis quelques années seulement que les tuyaux en fonte, même englobés de plâtre, ne résistaient pas longtemps au feu et qu'au moindre feu de cheminée, ils éclataient très facilement; enfin la fonte, très conductrice de la chaleur, s'échauffait rapidement et rougissait; et comme la charge de plâtre qui devait les recouvrir n'était pas indiquée dans l'ordonnance et qu'aucun enduit n'était prescrit, ces tuyaux en fonte avaient causé de nombreux sinistres.

Pour tous les tuyaux non pigeonnés en plâtre, qui

devaient être en briques, terre cuite ou fonte, l'ordonnance
n'ayant prescrit ni le diamètre, ni l'épaisseur de l'enduit
en plâtre qui devait les recouvrir, ils avaient les mêmes
inconvénients que nous venons de signaler spécialement
pour la fonte et, en outre, les constructeurs peu sérieux en
étaient arrivés à construire des murs de refend, portant
cheminées, et n'ayant que 0ᵐ,25 d'épaisseur. Le tuyau
avait seulement 0ᵐ,14 à 0ᵐ,16 intérieurement et il ne restait pour l'épaisseur de la paroi que 0ᵐ,055 à 0ᵐ,045, ce qui
peut être, dans certains cas, tout à fait insuffisant.

D'autres constructeurs, dans des murs de 0ᵐ,50, plaçaient deux tuyaux de 0ᵐ,16 ou de 0ᵐ,14, l'un derrière
l'autre et formant l'épaisseur du mur. Enfin on employait
surtout des boisseaux cylindriques ou rectangulaires
n'ayant par suite aucune liaison avec les autres matériaux,
briques ou moellons, qui constituaient la partie pleine du
mur de refend.

Tous ces différents modes de construction, en usage
avant l'arrêté de 1874, étaient certainement défectueux, ils
pouvaient dans certains cas constituer des vices de construction proprement dits, lorsqu'il n'y avait pas liaison,
par exemple, avec le corps du mur dans lequel ils étaient
encastrés; ils étaient dangereux, au point de vue de l'incendie, par l'insuffisance de la section, de l'épaisseur des
parois et de la charge de plâtre qui n'étaient pas régle-
mentées.

Une revision de l'ordonnance de 1852 s'imposait, tous
les constructeurs sérieux, tous les architectes expérimentés
la réclamaient. Cette revision avait été proposée par le
service d'architecture de votre Préfecture, quand, en 1873,
M. le Préfet de la Seine institua une commission spéciale
« pour rechercher, étudier et proposer les modifications
qu'il convient d'apporter aux règlem .ts en vigueur con-

cernant l'établissement des tuyaux de fumée dans l'intérieur des maisons ». Une rédaction fut arrêtée par cette commission, et le 8 août 1874, paraissait un arrêté préfectoral visant le décret du 26 mars 1862 qui porte, article 4, § 1er :
« Le constructeur devra adresser à l'Administration un plan et des coupes cotés des constructions qu'il projette et se soumettre aux prescriptions qui lui seront faites dans l'intérêt de la salubrité et de la sécurité publiques ».

Cet arrêté, qui visait même la dernière ordonnance de police du 11 décembre 1852 était, nous ne craignons pas de le dire, complètement illégal, comme l'est encore aujourd'hui l'arrêté en vigueur du 15 janvier 1881. La construction des tuyaux de fumée et d'une manière générale toutes les mesures préventives contre les incendies sont dans vos attributions. C'est au Préfet de Police seul qu'il appartenait de promulguer une nouvelle ordonnance, c'est à lui seul qu'incombe, par la loi de 1790, le soin de prévenir par des précautions convenables et de faire cesser, par la distribution des secours nécessaires, les accidents et fléaux calamiteux, tels que les incendies, et l'article 24 de l'arrêté du 12 messidor an VIII, vous charge aussi de prendre les mesures propres à prévenir ou arrêter les incendies.

Quand sous l'ancien régime le Conseil des Bâtiments du Roi ordonnait qu'on observerait certaines distances entre le bois et les coffres de cheminées, déterminait les dimensions de ces coffres et celles des bandes de trémie à établir sous les âtres de cheminées, une ordonnance du Lieutenant général de Police venait textuellement rapporter et sanctionner, en lui donnant force de loi, la décision des maîtres en l'art de bâtir, des architectes expérimentés qui constituaient ce Conseil.

L'ordonnance de police qui intervenait alors, fixait les pénalités et les amendes encourues par les contre-

11

venants, qui, dans certains cas, pouvaient être punis de la prison.

Les contraventions à vos ordonnances concernant les incendies constituent des infractions aux articles 471 et 475 du Code pénal, et notamment aux articles 674, 1382 et 1383 du Code civil, elles peuvent aussi rendre passible le constructeur de l'article 1792, et si l'article 2270 décharge le constructeur et l'architecte de la responsabilité des gros ouvrages après dix ans, les vices de construction qui causent un incendie peuvent ne se prescrire que par trente ans.

Quand un incendie éclate dans une maison, c'est à vous seul qu'il appartient d'en faire rechercher les causes et c'est vous qui prescrivez les travaux nécessaires pour la mise en état des lieux. La cause de l'incendie peut être due à un défaut de bande de trémie, à une insuffisance d'épaisseur de languette, à un isolement insuffisant des bois et constituer une contravention à votre ordonnance, mais elle peut aussi constituer une contravention à un des articles de l'arrêté du Préfet de la Seine; il en résulte que le propriétaire chez lequel l'incendie s'est déclaré, doit être sommé, par vous, d'avoir à se conformer à votre ordonnance, mais aussi à un arrêté préfectoral. On peut se demander si le propriétaire est obligé de se conformer à l'injonction, faite par vous, d'avoir à exécuter un arrêté que vous n'avez pas rendu et dans le cas de non-exécution quelle serait la pénalité.

La situation créée par l'arrêté préfectoral de 1874, de deux autorités différentes, édictant toutes deux des règlements sur la même question, et sur certains points contradictoires, est irrégulière et pourrait être la cause de graves conflits. Rien n'a été changé d'ailleurs à cet état de choses, puisque encore aujourd'hui, un arrêté préfectoral de 1881 et une ordonnance de police de 1875, régissent la construction des cheminées et que les constructeurs peuvent se demander de quel côté est le droit.

Pour terminer l'historique de tous les règlements concernant le danger d'incendie, il ne nous reste donc plus qu'à donner le texte de l'arrêté du Préfet de la Seine, du 8 août 1874.

PRÉFECTURE DU DÉPARTEMENT DE LA SEINE

DIRECTION DES TRAVAUX DE PARIS
2ᵉ Division. — 2ᵉ Bureau.

OBJET : *Construction de tuyaux de fumée dans l'intérieur des maisons de Paris.*

LE PRÉFET DU DÉPARTEMENT DE LA SEINE,

Vu le décret du 26 mars 1852 portant, article 4, § 1ᵉʳ,

« Il (le constructeur) devra adresser à l'Administration un plan et des coupes cotés des constructions qu'il projette et se soumettre aux prescriptions qui lui sont faites dans l'intérêt de la salubrité et de la sécurité publiques »;

Vu l'ordonnance du 11 décembre 1859, suivant les prescriptions à suivre dans la construction des tuyaux de cheminée ;

Vu l'arrêté préfectoral du 28 juillet 1873, qui institue une commission spéciale pour rechercher, étudier et proposer les modifications qu'il convient d'apporter aux règlements en vigueur concernant l'établissement des tuyaux de fumée dans l'intérieur des maisons;

Vu le projet de réglementation proposé par la Commission dont il s'agit,

ARRÊTE :

ARTICLE PREMIER. — Il est interdit, d'une manière absolue, de pratiquer des foyers ou des conduits de fumée dans les murs mitoyens ni dans les murs séparatifs de deux maisons contiguës, qu'elles appartiennent ou non au même propriétaire.

Art. 2. — Il est permis de pratiquer des conduits de fumée dans l'intérieur des murs de refend en moellons et ayant au moins 40 centimètres d'épaisseur, et dans les murs de briques ayant au moins 37 centimètres, enduits compris.

Art. 3. — Les conduits de fumée engagés dans ces murs ne pourront être exécutés qu'en briques ou avec des matériaux en terre cuite pouvant se relier au moyen de harpes courtes et longues avec les matériaux constitutifs du mur.

Il est absolument interdit de se servir, pour cet usage, de boisseaux ou pots en terre cuite ou en plâtre, et de pigeonner ces conduits avec des moules dans l'intérieur des murs.

Art. 4. — Tout conduit de fumée présentant une section intérieure de moins de 60 centimètres de longueur sur 25 centimètres de largeur, devra avoir, au minimum, une section de 4 décimètres carrés de superficie; le petit côté des tuyaux rectangulaires n'aura pas moins de 20 centimètres et le grand côté ne pourra dépasser le petit de plus d'un quart. Les angles intérieurs seront arrondis sur un rayon de 5 centimètres au moins et ces parties retranchées seront comptées dans la section.

Entre la paroi intérieure des tuyaux engagés dans les murs et le tableau des baies pratiquées dans ces murs, il sera toujours réservé un dosseret de maçonnerie pleine ayant au moins 45 centimètres d'épaisseur, enduits compris.

Cette épaisseur pourra être réduite à 25 centimètres, à la condition que le dosseret soit construit en pierre de taille dure ou en briques de bonne qualité.

Art. 5. — Les tuyaux de cheminée non engagés dans les murs ne seront autorisés que s'ils sont adossés à des piles en maçonnerie ou à des murs en moellons ayant au moins 40 centimètres d'épaisseur, enduits compris, ou à des murs en briques ayant au moins 22 centimètres d'épaisseur ou, dans le dernier étage, à des cloisons en briques de 11 centimètres d'épaisseur.

Ils devront être solidement attachés au mur tuteur.

Ceux qui présenteront une section de 60 centimètres de longueur sur 25 centimètres de largeur pourront être en plâtre pigeonné à la main.

Art. 6. — L'épaisseur des languettes, parois et costières des tuyaux engagés dans les murs ou adossés ne pourra jamais être inférieure à 8 centimètres, enduits compris.

ART. 7. — Les tuyaux de cheminée ne pourront dévier de la verticale de manière à former avec elle un angle de plus de 30°.

Ils devront avoir une section égale dans toute leur hauteur et seront facilement accessibles à leur partie supérieure.

ART. 8. — Ne sont pas assujettis aux prescriptions de construction indiquées dans les articles précédents, notamment en ce qui concerne la nature des matériaux à employer :

1° Les tuyaux de fumée placés à l'extérieur des habitations ; 2° les tuyaux des foyers mobiles ou à flamme renversée, pourvu que ces tuyaux ne sortent pas du local où est le foyer ; 3° enfin les tuyaux de fumée d'usine, autant qu'ils ne traversent pas d'habitation.

ART. 9. — Ampliation du présent arrêté sera adressée à M. l'Inspecteur général des Ponts et Chaussées, directeur des Travaux de Paris, qui est chargé d'en assurer l'exécution.

Fait à Paris, le 8 août 1874.

Signé : FERDINAND DUVAL.

Pour ampliation :

LE SECRÉTAIRE GÉNÉRAL DE LA PRÉFECTURE.

Pour le Secrétaire général :
Le Conseiller de Préfecture délégué,
Signé : Vte O'NEILL DE TYRONE.

Les considérants de cet arrêté ne visent nullement les lois de 1790 ni l'arrêté du 12 messidor an VIII, mais seulement le décret du 26 mars 1852, article 4, § 1er. En prescrivant que le constructeur se soumettra aux prescriptions qui lui seront faites dans l'intérêt de la sécurité publique, le décret et l'article 4 n'ont jamais spécifié qu'il appartenait au Préfet de la Seine de prescrire des mesures préventives contre les incendies et la loi de 1790 et le décret de messidor n'ont pas été abrogés par ce décret. De tout temps, le constructeur a dû fournir des plans conformes aux règlements en vigueur et spécialement aux ordonnances de Police concernant les incendies. Le Préfet de la Seine, armé de ce décret, peut exiger que les plans qui lui sont soumis seront conformes à l'ordonnance de police en vigueur, il peut même prendre un arrêté concernant la solidité et la stabilité des tuyaux de fumée et des murs auxquels ils sont adossés ou dans lesquels ils sont encastrés, mais il ne lui appartient pas de les réglementer au point de vue du danger d'incendie. Si le décret de 1852 lui avait conféré le pouvoir de prescrire au constructeur toutes les mesures préventives contre l'incendie, l'arrêté devrait être plus complet et comprendre non seulement les tuyaux, mais les bandes de trémies, l'éloignement de tout bois à $0^m,16$ d'un conduit de fumée, l'isolement des fours, forges et fourneaux et la construction des foyers, il devrait aussi déclarer abrogés tous les articles de l'ordonnance de police de 1852 concernant la police des bâtiments.

Le premier article de cet arrêté était d'ailleurs illégal, la loi (art. 637 et suivants du Code civil) ne s'oppose pas à ce que deux propriétaires voisins établissent, par convention, les tuyaux de cheminées dans le mur mitoyen (1).

Quant aux autres articles de cet arrêté qui, nous devons le reconnaître, prescrivent en général des mesures très sages, approuvées par tous les constructeurs sérieux, ils sont en partie reproduits dans l'arrêté de 1881 et nous les commenterons en examinant les règlements en vigueur. Mais il convient de faire remarquer que tous ces articles comprennent des prescriptions visant surtout le danger d'incendie et la facilité du ramonage et que par suite ils devraient être insérés dans une ordonnance de police et non dans un arrêté préfectoral.

(1) Bulletin de la Société centrale des Architectes.

RÈGLEMENTS EN VIGUEUR

IX

Dans l'état actuel de la législation, les constructions, en ce qui concerne le danger d'incendie, sont régies par deux règlements, un arrêté préfectoral et une ordonnance de police, émanant de deux autorités ayant des pouvoirs bien définis, mais bien distincts. Le but que nous nous sommes proposé, en faisant l'historique des anciens règlements, en commentant ceux en vigueur et en vous demandant une revision de l'ordonnance de 1875, est de faire cesser l'illégalité actuelle et l'incertitude des constructeurs par l'existence d'un arrêté préfectoral et d'une ordonnance de police sur la même matière, ainsi que les conflits inévitables dans l'application de ces deux règlements et dans la répression des contraventions qui y sont commises.

La dernière partie de notre Rapport comprendra donc le commentaire sur les deux règlements actuellement en vigueur, dont la revision de certains articles est réclamée par tous les constructeurs, dont d'autres articles sont abrogés de fait par les progrès apportés dans les moyens de combattre les incendies et dont l'interprétation, depuis quelques années, a donné lieu à de nombreux litiges qui, dans l'avenir, pourront être évités par une bonne réglementation. Nous donnerons aussi la jurisprudence actuelle et l'interprétation des différents articles par votre service d'architecture et nous vous signalerons les modifications qu'il y aurait lieu d'y apporter en tenant compte du progrès, de l'expérience et des usages.

ARRÊTÉ DU 15 JANVIER 1881

CONCERNANT L'ÉTABLISSEMENT DES TUYAUX DE FUMÉE

LE SÉNATEUR, PRÉFET DE LA SEINE,

Vu la loi des 16-24 août 1790 sur l'organisation judiciaire, portant titre XI, art. 3 : « Les objets de police confiés à la vigilance et à l'autorité des corps municipaux, sont : 1° Tout ce qui concerne la sûreté et la commodité du passage dans les rues, quais, places et voies publiques..... 5° Le soin de prévenir par les précautions convenables..... les accidents et fléaux calamiteux, tels que les incendies..... » ;

Vu le décret du 26 mars 1852, relatif aux rues de Paris ;

Vu l'arrêté préfectoral du 8 août 1874, concernant la construction des tuyaux de fumée dans l'intérieur des maisons de Paris ;

Vu les procès-verbaux des séances de la Commission chargée d'examiner les modifications qu'il y aurait lieu d'apporter à l'arrêté susvisé ;

Vu le projet de règlement adopté par la dite Commission ;

Vu l'avis du Préfet de Police, en date du 12 août 1880 ;

Vu l'avis émis par le Conseil municipal de la Ville de Paris, dans sa séance du 2 décembre 1880 ;

Sur la proposition de l'Inspecteur général des Ponts et Chaussées, directeur des Travaux de Paris,

ARRÊTE :

ARTICLE PREMIER. — L'établissement des foyers et des conduits de fumée dans les murs mitoyens et dans les murs séparatifs de deux maisons contiguës, qu'elles appartiennent ou non au même propriétaire, ne pourra être autorisé que sous les conditions suivantes :

Avant de passer à l'examen des articles de cet arrêté préfectoral, nous ferons une simple remarque sur le premier considérant qui vise le titre IX, article 3 de la loi des 16-24 août 1790 : appartient-il au Préfet de la Seine de s'attribuer des pouvoirs de police que le décret de 1852 ne lui a pas conférés et qui vous ont été formellement réservés ? Nous ne nous permettrons pas de résoudre cette question de droit administratif, mais, dans le commentaire sur cet arrêté, nous démontrerons que presque tous les articles ne constituent, à proprement parler, que des mesures préventives contre l'incendie, mesures qu'il vous appartient seul de prescrire et à l'exécution desquelles vous avez seul le droit de veiller.

L'article 1er de l'arrêté de 1874 interdisait formellement la construction des cheminées et des tuyaux dans l'épaisseur du mur mitoyen. Cette interdiction était contraire à la loi *(art. 637 et suiv. du Code civil)*; le nouvel arrêté les autorise sous certaines conditions.

L'article 674 du Code civil a laissé le soin à l'Administration de réglementer les distances à observer dans la construction des cheminées ou âtres, forges, four ou fourneau près d'un mur mitoyen et implicitement les règles à observer pour la construction des tuyaux de fumée dans l'épaisseur de ces murs. Mal construits, les tuyaux, dans l'épaisseur des murs séparatifs de deux propriétés, peuvent être la cause non seulement d'incendie, mais aussi d'asphyxie, et par suite engager très gravement la responsabilité du constructeur.

Si, en effet, les parois du foyer et du conduit de fumée n'ont pas les épaisseurs nécessaires pour résister à un feu violent, l'incendie se propage dans la maison voisine et quelquefois dans un appartement non habité, y couve très longtemps sans qu'on s'en aperçoive et, en outre des dégâts, peut être la cause de graves accidents. Les feux de cheminée sont promptement arrêtés quand les sapeurs-pompiers peuvent connaître l'origine de l'incendie, suivre le conduit dans tout son parcours et avant de se retirer s'assurer qu'il n'y a plus trace de feu. La tâche des pompiers est donc relativement facile dans le cas où le conduit est entièrement construit dans l'immeuble où le feu a éclaté. Mais si le tuyau est dans l'épaisseur du mur mitoyen, ce qu'ils peuvent ignorer, ils doivent forcément pénétrer dans les deux immeubles, à tous les étages, pour vérifier le conduit sur les deux faces et s'assurer qu'il n'y a plus aucune trace de feu, aucun échauffement dangereux et aucune crevasse pouvant donner lieu à un nouveau sinistre dans les deux propriétés contiguës.

Pour les conduits mitoyens, afin d'éviter des procès avec les compagnies d'assurances, il est de toute nécessité qu'il y ait entente commune entre les deux propriétaires, que les polices soient bien rédigées et qu'il y soit spécifié qu'il existe des tuyaux de fumée dans l'épaisseur du mur commun aux deux immeubles.

Le danger d'asphyxie résultant de la moindre fissure dans un conduit de fumée mitoyen est d'autant plus redoutable et la responsabilité du propriétaire est d'autant plus grande que ce propriétaire ne peut surveiller le conduit de fumée qui lui appartient sur la face qui donne dans la maison voisine. Un de ses locataires qui fera usage d'un poêle mobile à combustion lente, asphyxiera par l'acide carbonique, empoisonnera par l'oxyde de carbone, ou brûlera les locataires de la maison voisine et réciproquement. Dans les quartiers industriels, nous avons vu souvent pratiquer les opérations les plus insalubres, dorure au mercure, vernissage, dérochage, etc., dans une simple cheminée d'appartement; tous les gaz produits par ces opérations, vapeurs mercurielles, nitreuses, etc., peuvent se répandre dans la maison voisine par une crevasse imperceptible, incommoder quelquefois fortement les locataires et même occasionner leur mort sans que l'on connaisse la cause qui vient vicier l'air de l'appartement. Enfin, par la mauvaise habitude qu'ont certains locataires de percer une ouverture dans un coffre de cheminée quelconque pour y introduire un tuyau de poêle, sans s'assurer que le coffre percé est bien celui qui dessert leur étage, il arrive quelquefois qu'ils envoient les produits de la combustion de leur appareil de chauffage dans la maison voisine, s'ils ont percé le coffre de la cheminée d'un locataire mitoyen. Tous ces dangers sont à redouter, évidemment, d'un étage à un autre et entre deux locations voisines, séparées par un mur de refend, dans le même immeuble ; mais le propriétaire peut remédier de suite aux inconvénients qui lui sont signalés et réparer les conduits de fumée sans avoir à pénétrer dans l'immeuble mitoyen et chez les locataires qui ne le connaissent pas et, par suite, sont en droit de lui refuser d'entrer chez eux pour se rendre compte de l'état du tuyau de fumée qui lui appartient et qui dessert les étages de sa propriété. Les foyers et les conduits de fumée dans les murs mitoyens présentent donc plus de dangers et d'inconvénients que les conduits dans les murs de refend intérieurs, ils doivent être réglementés, construits avec le plus grand soin et offrir toutes les garanties possibles au point de vue du danger d'incendie, de la pénétration des gaz toxiques et asphyxiants et des vapeurs nuisibles et délétères.

1° Les languettes de contre-cœur, au droit des foyers, devront être en briques de bonne qualité et avoir au minimum 22 centimètres d'épaisseur sur une hauteur de 80 centimètres et une largeur dépassant celle du foyer d'au moins 16 centimètres de chaque côté.

Ce paragraphe est bien rédigé, mais au lieu de fixer la hauteur de la languette de contre-cœur, il serait peut-être préférable d'insérer *d'une hauteur suffisante ou d'au moins 80 centimètres de hauteur*. La hauteur de la languette doit être proportionnée à l'importance du foyer et celle de *80 centimètres* ne peut s'appliquer qu'à une cheminée ordinaire.

2° Les conduits de fumée devront être construits exclusivement en briques à plat, droites ou cintrées.

Il ne suffit pas de dire en briques à plat, il faut fixer la largeur des briques droites ou cintrées. On emploie aujourd'hui des briquettes qui n'ont que 5 centimètres, il conviendrait de demander une épaisseur de brique d'au moins 11 centimètres et de spécifier, qu'avec l'enduit en plâtre, un conduit dans l'intérieur d'un mur mitoyen aura dans toute la hauteur au moins 15 centimètres d'épaisseur, enduit compris, s'il dessert une cheminée d'appartement. Il nous paraît nécessaire aussi d'interdire de faire usage d'un conduit de fumée pratiqué dans un mur mitoyen pour desservir un four de boulanger ou de pâtissier, un fourneau de restaurateur, un calorifère ou tout autre foyer industriel, pouvant produire une chaleur incommodante ou des gaz et des vapeurs nuisibles à la santé, à moins que ce conduit ne soit construit spécialement pour ces usages et qu'il n'ait des parois d'une épaisseur suffisante. L'épaisseur de 15 centimètres peut suffire au point de vue du danger d'incendie mais ne suffit pas pour remédier à l'incommodité résultant de la chaleur d'un foyer industriel. Il conviendrait aussi d'insister très formellement pour qu'il ne soit pas fait usage de poteries ou wagons en terre cuite dans les murs mitoyens, ce que nous voyons tous les jours, en contravention avec l'arrêté en vigueur.

Il ne faut pas perdre de vue que, si les principales coutumes de France permettaient la construction des tuyaux de fumée dans le mur mitoyen, au tiers de l'épaisseur ou à mi-mur, la Coutume de Paris le défendait et que le Code civil ne s'oppose pas à ce que deux propriétaires, par convention, établissent des tuyaux de fumée dans le mur mitoyen. L'ordonnance future ne doit donc pas faire obstacle aux articles du Code civil, elle ne doit pas non plus, dans des cas spéciaux, proscrire les conduits dans les murs mitoyens s'ils sont disposés de telle sorte qu'il n'en puisse résulter aucune incommodité ou aucun danger d'incendie pour les habitants des deux immeubles contigus.

La Coutume de Paris défendait qu'aucune cheminée soit pratiquée dans l'épaisseur du mur mitoyen, mais l'article 662 du Code civil a abrogé en fait cet article de la Coutume en laissant la faculté aux deux propriétaires de disposer du mur commun ; c'est donc en vertu de l'article 674 du Code qui oblige de faire les ouvrages prescrits par les règlements qu'il appartient à l'Administration de réglementer ces ouvrages qui ont pour objet de prévenir surtout le danger d'incendie.

On nous a demandé souvent notre avis sur les conduits de fumée construits en wagons ou en poteries de terre cuite dans les murs mitoyens depuis l'arrêté de 1874 et si le constructeur avait simplement commis une contravention à l'arrêté ou s'il y avait vice de construction. Nous estimons qu'il ne peut y avoir aucun doute, il y a non seulement contravention à l'arrêté de 1881, mais infraction à l'article 674 et, à notre avis, vice de construction pour les raisons que nous avons données ci-dessus ; deux parois de 8 centimètres et le vide du tuyau sont insuffisants entre deux immeubles contigus.

3° Ces murs ne pourront recevoir de poutres ni solives que lorsqu'ils seront entièrement pleins dans la partie verticale au-dessous des scellements de ces solives.

Sur ce paragraphe nous serions peut-être plus rigoureux que l'arrêté et nous n'hésiterions pas à interdire formellement la portée de solives ou de poutres dans un mur mitoyen et dans un mur de refend contenant des cheminées, à partir de l'étage où commencent ces cheminées, même en laissant une partie pleine au-dessous des portées de ces poutres ou de ces solives. Nous voulons dire que nous n'admettons d'aucune façon un mur à cheminée, mitoyen ou de refend, comprenant dans son épaisseur des tuyaux de cheminées passant entre les portées des solives. Les conditions de ce paragraphe sont d'ailleurs inexécutables, en pratique ; dans la hauteur du dernier étage, il faudrait que la panne de bris, les sablières et le faîtage ne portassent que sur des parties pleines, depuis le rez-de-chaussée jusqu'au comble. Il est très difficile pour les constructeurs qui incorporent des cheminées dans le mur mitoyen de ménager ces pleins prescrits par l'arrêté et presque tous pourraient être poursuivis pour ne pas s'y être conformés. Il vaudrait mieux interdire formellement la portée de toute solive ou poutre en bois ou en fer dans la hauteur d'un mur quelconque contenant des cheminées, sauf dans l'étage du comble où ces poutres et ces solives porteront sur des parties pleines, entre les tuyaux, et seront suffisamment éloignées des conduits de fumée, si elles sont en bois ; au dernier étage, il n'y a plus à porter que le comble et le faux plancher.

4° Les parties supérieures de ces murs constituant souches de cheminées porteront un couronnement en pierre devant servir de plate-forme et faisant saillie d'au moins 15 centimètres sur chaque face. Elles devront, en outre, être munies d'un main-courante en fer.

C'est aller trop loin, à notre avis, que de réglementer le mode de couronnement des souches ; il faut laisser au

constructeur toute la responsabilité de les édifier comme il
l'entend et lui laisser aussi le soin d'en faciliter l'accès pour
le ramonage. Ce n'est qu'exceptionnellement que l'on pose
des rampes en fer, quelquefois très dangereuses, parce
qu'elles donnent une fausse sécurité. Quel est le constructeur, quel est l'architecte, qui accepteront la responsabilité
de la solidité, pendant dix ans, du scellement d'une rampe
en fer dans la dalle qui recouvre une souche de cheminée ?
Un scellement de balcon ou de main-courante sur le bord
d'un toit peut être surveillé, visité et entretenu. Serons-
nous responsables pour une main-courante sur une souche
de cheminée dont le scellement sera mal fait ? Imposer une
telle obligation, c'est mettre l'architecte ou le constructeur
à la merci d'un ramoneur habile à monter sur une souche,
mais peu expérimenté pour visiter un scellement et répondre de sa solidité. Les auteurs d'un pareil paragraphe
étaient probablement les inventeurs d'une main-courante
en fer qui devait garnir tous les toits de la capitale, permettre aux habitants du dernier étage de se faire des visites
quotidiennes ou nocturnes et surtout aux voleurs de déva-
liser tout un îlot sans aucun risque. Bien que cette prescription n'ait jamais été exécutée, il faut qu'elle soit abrogée
dans la nouvelle ordonnance et que, si un ramoneur venait à
tomber d'une souche, on ne nous rende pas responsables pour
ne nous être pas conformés aux règlements, en négligeant
d'établir cette main-courante, ou, dans le cas où le scellement aurait manqué, de l'avoir mal fait ou mal surveillé.

ART. 2. — Il est permis d'établir des conduits de fumée dans l'intérieur des murs de refend, sous la double condition :
1° Que ces murs auront une épaisseur de 40 centimètres, s'ils sont
construits en moellons, ou de 37 centimètres, s'ils sont construits en
briques, enduits compris ;
2° Que les conduits de fumée seront exécutés en briques de bonne
qualité, droites ou cintrées, ou en wagons de terre cuite.

Cet article devrait suivre l'article 5, qui proscrit l'usage de conduit de fumée ayant moins de 20 centimètres de côté et exige une épaisseur de paroi, enduit compris, de 8 centimètres. Il résulte en effet des articles suivants que tout mur de refend en briques contenant des tuyaux de fumée ne peut avoir moins de 36 centimètres d'épaisseur et que tout mur en moellons aura au moins 40 centimètres. Cet article ne vise évidemment que le danger d'incendie, car un mur de 25 centimètres en briques, bien construit et contenant des tuyaux de fumée, est très stable et très résistant, puisque l'on permet des murs en briques de même épaisseur portant plancher.

Nous ne désapprouvons pas l'obligation de donner une épaisseur de 37 centimètres aux murs en briques, résultant forcément de la dimension de 20 centimètres exigée pour les tuyaux, mais nous ferons observer que dans toutes les communes suburbaines où l'arrêté de 1881 n'est pas obligatoire, on construit des murs à cheminée n'ayant que 25 centimètres ; la section du conduit est de 14 centimètres et l'épaisseur de la paroi, enduit compris, est de 55 millimètres ; le mur est quelquefois ravalé à 28 centimètres et alors l'épaisseur de la paroi est de 7 centimètres, ce qui peut être suffisant; ou le tuyau a 16 sur 22 centimètres et la paroi a 6 centimètres. Dans les maisons à loyer, nous croyons qu'il faut insister pour des murs de 37 centimètres et des sections d'au moins 20 centimètres sur 20 centimètres, mais il ne faut pas dire qu'un mur à cheminée n'ayant que 28 centimètres ravalés et comprenant un tuyau de 13 à 16 centimètres sur 20 à 22 centimètres constitue un vice de construction, comme nous l'avons entendu affirmer bien des fois. Dans l'état actuel de la réglementation, c'est purement et simplement une contravention à l'arrêté de 1881.

Il est bien des cas où un tuyau de 14 à 16 centimètres sur 22 centimètres sera suffisant : si l'on doit en effet évacuer les produits de la combustion d'une cheminée à gaz ou d'un poêle mobile, si l'on doit desservir seulement la hotte d'un petit fourneau potager ou une petite cheminée dans laquelle on fera rarement du feu, et si l'on ne brûle que du coke, un tuyau ayant ces dimensions sera non seulement suffisant, mais nullement dangereux et même préférable dans le cas du poêle mobile ou de la cheminée à gaz. Dans les maisons à loyer, où on ignore le combustible qui sera brûlé par le locataire et l'usage qui sera fait du foyer, il est juste d'imposer, ou peut-être mieux de recommander un conduit d'au moins 20 centimètres sur 20 centimètres qui, cependant, dans bien des cas, peut être insuffisant.

Il y a des questions d'espèce qu'il faut savoir réserver quand on réglemente, et ce qu'il importe surtout de bien définir ici, c'est que le mur de 28 centimètres contenant des tuyaux de fumée ne constitue pas un vice de construction, qu'il offre une stabilité et une résistance parfaites, et que ce qui peut être vicieux, c'est de faire un grand feu et, par exemple, de brûler des houilles grasses dans un conduit de 14 sur 22 centimètres.

En règle générale, tous les murs à cheminées en briques devraient avoir au moins 37 centimètres d'épaisseur, mais il faut laisser une certaine latitude au constructeur, dans des cas spéciaux, et la porte ouverte à l'exception dans le règlement futur.

Art. 3. — L'adossement des tuyaux de fumée à des pans de fer ne pourra être autorisé qu'après que l'Administration aura reconnu que ces pans de fer, dont les dispositions devront lui être soumises, sont établis dans des conditions satisfaisantes de solidité, et en outre à charge de maintenir un renformis de 5 centimètres en plâtre, non

12

compris l'épaisseur du tuyau, entre les pans de fer et les tuyaux de
fumée.

Nous ne voyons aucun inconvénient à permettre l'adossement de tuyaux de fumée à des pans de fer, notre avis
étant qu'on peut permettre cet adossement à de simples
cloisons en maçonnerie bien construites.

Art. 4. — Entre la paroi intérieure des tuyaux engagés dans les
murs et le tableau des baies pratiquées dans ces murs, il sera toujours
réservé un dosseret de maçonnerie pleine ayant au moins 45 centimètres d'épaisseur, enduits compris.
Cette épaisseur pourra être réduite à 25 centimètres, à la condition
que le dosseret soit construit en pierre de taille ou en briques de bonne
qualité.

Nous croyons que c'est pousser un peu loin la réglementation que de fixer la dimension des dosserets ; la portée
du linteau peut varier suivant la charge qu'il doit porter.
Si l'on adopte le principe qu'un mur à cheminée ne doit
porter ni poutres ni solives, et si les baies sont superposées,
une portée de 15 centimètres peut être suffisante dans les
étages supérieurs, surtout s'il ne s'agit que d'une porte à un
vantail. Ce qu'il faut formellement interdire, c'est la portée
d'un linteau sur les conduits de fumée et un dosseret trop
faible qui permettrait que le bâtis ou le contrebâtis en bois,
de la baie, ne soient pas suffisamment éloignés du conduit
de fumée.

Art. 5. — Tout conduit de fumée présentant une section intérieure de moins de 60 centimètres de longueur sur 25 centimètres de
largeur devra avoir au minimum une section de 4 décimètres
carrés ; le petit côté des tuyaux rectangulaires n'aura pas moins de
20 centimètres et le grand côté ne pourra dépasser le petit de plus
d'un quart.

Nous avons déjà commenté en partie cet article en parlant de l'article 2. Dans toute construction destinée à la

location, la section de 4 décimètres carrés doit être un minimum, mais pourquoi interdire un tuyau de 20 sur 30 centimètres dans lequel le grand côté dépasse d'un quart le petit côté? A l'époque de la réglementation, on invoquait pour raison la difficulté du ramonage au hérisson d'un semblable conduit, c'est une grave erreur. Un grand nombre de constructeurs sérieux ont fait, contrairement à cet arrêté, des conduits de 22 sur 35 centimètres qui se ramonent parfaitement au hérisson. Ces dimensions (0,22 × 0,35) de conduits construits en briques sont nécessaires pour les calorifères et les fourneaux de grandes cuisines, pourquoi les déclarer non réglementaires ou même vicieux et exiger pour le grand côté le quart en plus seulement? (du petit ou du grand côté?). Il suffit de prescrire pour le plus petit côté 20 centimètres au moins et de bien spécifier que le grand côté ne dépassera pas le double du petit côté. Dans ces conditions, une cheminée peut encore se bien ramoner au hérisson.

Art. 6. — Les tuyaux de cheminée non engagés dans les murs ne seront autorisés que s'ils sont adossés à des peils en maçonnerie ou à des murs en moellons ayant au moins 40 centimètres d'épaisseur, enduits compris, ou à des murs en briques ayant au moins 22 centimètres d'épaisseur, ou, dans le dernier étage, à des cloisons en briques de 11 centimètres d'épaisseur.

Ils devront être solidement attachés au mur tuteur par des ceintures en fer dont l'espacement ne dépassera pas 2 mètres.

Les tuyaux qui présenteront une section de 60 centimètres de longueur sur 25 centimètres de largeur pourront être en plâtre pigeonné à la main.

Ceux de dimensions moindres devront, à moins d'une autorisation spéciale, être construits soit en briques, soit en terre cuite et recouverts en plâtre.

Le premier paragraphe de cet article défend formellement l'adossement de tuyaux de fumée dans les étages, à des cloisons en briques. C'est une prescription trop rigoureuse qu'un grand nombre de constructeurs, et nous-même, n'avons pas toujours observée. Nous avons pu commettre une contravention à l'arrêté, mais non un vice de construction. Des tuyaux de fumée de section suffisante peuvent très bien être adossés à des cloisons en briques de 15 centimètres ravalées dans la hauteur de plusieurs étages, à la condition d'être reliés solidement par des ceintures en fer à cette cloison et à la condition aussi qu'on placera à chaque étage deux fers sous la cloison. On peut aussi, sans que pour cela il y ait vice de construction, monter un mur de 25 centimètres en briques et dans une partie de ce mur formant cloison de 11 centimètres, y adosser des tuyaux de fumée à la condition que ces tuyaux monteront presque verticalement, avec une inclinaison moindre de 20 degrés, par exemple, avec la verticale et que le mur de 25 centimètres ne viendra pas prendre charge sur la poterie. Si l'épaisseur de 8 centimètres de paroi est suffisante, à plus forte raison une épaisseur de 15 centimètres sera préférable. On peut encore monter dans d'excellentes conditions de stabilité et sans crainte de danger d'incendie un mur de 25 centimètres en briques, soit avec des tuyaux en poterie, encastrés à mi-mur, soit avec des tuyaux en briques à plat dans une partie seulement et formant coffre saillant d'un ou de deux côtés. C'est d'ailleurs ainsi que des constructeurs très habiles, dans des immeubles très bien construits, ont monté des murs mitoyens en briques de 25 centimètres pour la partie pleine et dans l'autre partie en 37 centimètres d'épaisseur, avec des tuyaux de fumée en briques à plat, comme le veut l'article premier de cet arrêté. Ce qui est permis pour le mur mitoyen ne peut être défendu pour le mur de refend à l'intérieur de la propriété.

Le troisième paragraphe permet de construire les tuyaux de 60 sur 25 centimètres en plâtre pigeonné à la main. Il faut remonter aux premiers chapitres de l'historique sur la réglementation des tuyaux de fumée pour comprendre ce mode de construction et cette dimension de 60 sur 25 centimètres réclamée par Blondel au xviiie siècle. Que l'on permette de réparer les vieux coffres en pigeonnage, nous l'admettons dans une certaine mesure, mais que l'on permette encore d'en construire à la fin du xixe siècle, nous ne le comprendrons jamais. Les coffres pigeonnés à la main, bien construits, ont certes rendu de grands services, mais ils présentent de tels inconvénients qu'il y a lieu de les interdire. On a d'ailleurs renoncé à en construire, et il vaut mieux n'en plus parler, ce qui équivaudra à une interdiction, les autres articles et le paragraphe suivant exigeant des tuyaux en briques ou en terre cuite.

Art. 7. — Les boisseaux en terre cuite, employés comme tuyaux adossés, seront à emboîtement et formeront, avec l'enduit en plâtre, une épaisseur totale de 8 centimètres.

Art. 8. — L'épaisseur des languettes, parois et costières des tuyaux engagés dans les murs ou adossés ne pourra jamais être inférieure à 8 centimètres, enduits compris.

L'épaisseur de 8 centimètres prescrite pour les parois, enduits compris, a été l'objet, depuis quelques années, de nombreuses controverses et de nombreux procès bien connus des architectes. Des propriétaires sont venus rechercher les constructeurs et même l'architecte sous le prétexte que le renformis en plâtre sur la poterie n'était pas suffisant et qu'il n'y avait en total que 6 à 7 centimètres d'épaisseur, poterie et enduit compris, au lieu des 8 centimètres réglementaires. Des compagnies d'assurances sont venues renchérir sur les propriétaires et refuser de payer les dégâts d'un simple feu de cheminée dans un tuyau dont l'enduit ne formait pas 8 centimètres avec l'épaisseur de la poterie.

De tous côtés, nos oreilles entendaient retentir le gros mot de vice de construction.

Nous avons vu, dans l'historique, que la première ordonnance de 1672 exigeait pour les languettes une épaisseur de plâtre de 0^m,0676 (deux pouces six lignes), et que seulement, dans l'ordonnance du 28 avril 1719, nous trouvons l'épaisseur de 0^m,081 (trois pouces), qui s'est conservée jusqu'à nos jours. Il est probable que l'épaisseur de 0,0676 avait été reconnue insuffisante au point de vue de la solidité du pigeonnage qui formait une plaquette de 0^m,974 de largeur sur toute la hauteur de l'étage et que c'est sur l'avis des Maîtres généraux des Bâtiments du Roi, Ponts et Chaussées de France et Gardes de la Juridiction royale des bâtiments, que cette épaisseur avait été portée à trois pouces (0^m,081) au lieu de deux pouces six lignes (0^m,0676) prescrits par l'ordonnance de 1672.

Au point de vue du danger d'incendie, l'épaisseur de 0^m,676 était suffisante, si l'on tient compte qu'il s'agissait de grands coffres dont la section devait être de 0^m,974 sur 0^m,270, et elle est encore suffisante, dans le cas de cheminées d'appartement, le plâtre étant un des corps les plus mauvais conducteurs de la chaleur. Une languette en plâtre de 0^m,067 et une bonne poterie bien cuite de même épaisseur, enduit compris, ne se fendront jamais si l'on ne met pas le feu dans la cheminée et si la section du conduit est proportionnée à l'importance du foyer qu'il dessert; l'épaisseur de 6 à 7 centimètres pourra suffire aussi et ne pas transmettre une chaleur telle qu'il puisse en résulter une inflammation des bois de menuiserie en contact avec l'enduit ou une incommodité grave pour les locataires. Les crevasses dans les coffres sont toujours le résultat d'un feu de cheminée ou d'une section trop faible pour l'importance du foyer ou la nature du combustible brûlé et non de l'insuffisance de

la charge de plâtre. Un feu de cheminée violent fera cre-
vasser un coffre qui aura une épaisseur de 10 à 15 centimètres et l'enduit en plâtre ne se fissurera que par l'écla-
tement de la poterie.

Les poteries, boisseaux et wagons en usage actuellement
laissent beaucoup à désirer, ils sont mal cuits et surtout
d'une épaisseur de parois beaucoup trop faible. Les boisseaux, avant leur pose, sont très souvent fêlés, et leur
épaisseur pour une section intérieure de 20 sur 25 centimètres n'étant que de 2 centimètres à 2 centimètres et
demi, ils ne peuvent résister au moindre choc, et mal cuits,
ils subissent une nouvelle cuisson qui les fait éclater. Par
économie de combustible, de matière, de poids et par suite
de frais de transport, quelques fabricants de ces wagons et
boisseaux en sont arrivés à livrer des produits complétement défectueux, dont on devrait interdire l'emploi.
Aucun céramiste sérieux ne voudrait répondre de la résistance au feu d'un conduit de 20 sur 25 centimètres n'ayant
que 2 centimètres d'épaisseur, et presque tous les boisseaux
employés aujourd'hui n'ont que cette épaisseur.

Depuis quelques années, on a fabriqué des wagons soli-
daires à joints horizontaux croisés ayant 6 centimètres
d'épaisseur et des boisseaux à témoins qui obligent les
constructeurs à parfaire l'enduit réglementaire de 8 centimètres; ce sont d'excellents produits qui résistent très bien
au feu et c'est un grand progrès sur les boisseaux et wagons
ordinaires. On nous a parlé aussi d'une nouvelle poterie,
wagon et boisseau à parois tubulaires, qui, nous en sommes
persuadé, donneront de très bons résultats pour deux
raisons : en effet, il faut d'abord de très bonne terre et une
cuisson très régulière pour les établir et ensuite la couche
d'air interposée entre les deux parois les rend moins
conducteurs de la chaleur.

Pour nous résumer, il faudrait réglementer surtout, en outre de la section, l'épaisseur des poteries en terre cuite, qui ne devrait jamais être moindre que 5 centimètres et qui devrait toujours être proportionnée à la section. La matière en contact avec le feu doit surtout lui résister et ce n'est pas la charge de plâtre qui l'enveloppe qui doit parfaire son insuffisance de résistance (1). Ce que nous tenons à répéter aussi, c'est qu'une épaisseur de paroi de 0^m,065 à 0^m,07 au lieu de 8 centimètres ne constitue pas un vice de construction, mais seulement une contravention aux règlements en vigueur. La contravention commise aux règles de l'art de bâtir et qui compromet l'existence de l'ouvrage est seule un vice de construction.

Dans l'espèce, 0^m,065 ou 0^m,07 au lieu de 8 centimètres ne compromettent pas l'existence de l'ouvrage qui peut avoir une durée indéfinie, si l'on ne fait pas un feu exagéré dans la cheminée, si le ramonage est assez fréquent pour qu'il n'y éclate pas de feu de cheminée et surtout si la poterie qui forme la première enveloppe recevant l'atteinte du feu est en terre de bonne qualité, bien cuite et suffisamment épaisse.

La contravention à ces articles, tout en n'étant pas un vice de construction, peut cependant, dans l'état actuel de la réglementation, engager gravement la responsabilité du constructeur qui se serait engagé à construire conformément aux règlements en vigueur; il a en effet contracté

(1) Les poteries n'ayant que 2 à 3 centimètres d'épaisseur exigent des renformis de 6 à 5 centimètres qu'il est difficile d'obtenir des ouvriers et dans ces derniers temps on a vraiment abusé de l'exigence du règlement et on a perdu de vue que quand nos maîtres du siècle dernier exigeaient 8 centimètres d'épaisseur pour les coffres en pigeonnage, ils visaient surtout la solidité du coffre et non le danger d'incendie.

l'obligation de faire un enduit suffisant pour parfaire l'épaisseur de 8 centimètres.

Il vaudrait certainement mieux, dans le cas qui nous occupe, si l'on tient compte de la difficulté d'obtenir des ouvriers un renformis de plâtre suffisant, réglementer l'épaisseur de la paroi du boisseau ou du wagon qui devra être d'au moins 5 centimètres et laisser au constructeur la responsabilité de la recouvrir d'un enduit en plâtre de l'épaisseur ordinaire de 2 centimètres, en total 7 centimètres.

L'article 7 dit aussi que les tuyaux adossés seront à emboîtement, c'est une prescription importante sur laquelle on ne saurait trop appeler l'attention des constructeurs. Les emboîtements sont généralement mal faits et mal garnis, dans ce cas, il y a vice de main-d'œuvre et par suite vice de construction qui devrait seul incomber à l'entrepreneur et non à l'architecte. La seule faute que l'on pourrait reprocher à ce dernier serait la négligence ou un défaut de surveillance. Mais, s'il est prouvé qu'il a exigé la livraison sur le chantier de boisseaux à emboîtements parfaits, sa part de responsabilité doit être bien minime, car si l'on monte en même temps dans un bâtiment tous les tuyaux adossés, et c'est ce qui se fait généralement, l'architecte ne peut être, au même moment, à quatre endroits différents de son chantier et surveiller l'emboîtement et le garnissage des joints de tous les tuyaux. C'est donc à l'entrepreneur seul qu'il appartient de n'employer que des ouvriers habiles et consciencieux et de les faire surveiller. Le défaut d'emboîtement et de continuité peut en effet occasionner des dépôts de suie, des commencements d'incendie et des filtrations de gaz toxiques et vénéneux. Un desideratum à exiger, et les fabricants y arriveront, serait de ne fabriquer que des boisseaux et des wagons à emboîtements formant joints horizontaux bien hermétiques.

Art. 9. — Les tuyaux de cheminée ne pourront dévier de la verticale de manière à former avec elle un angle de plus de 30 degrés.

Ils devront avoir une section égale dans toute leur hauteur et seront facilement accessibles à leur partie supérieure.

Cet article était déjà dans l'ordonnance de 1852, article 7 du titre premier, il était inutile de l'insérer dans l'arrêté de 1881. C'est une excellente prescription d'exiger que le conduit de fumée ne dévie pas plus de 30 degrés de la verticale. Avec un angle supérieur, le ramonage devient très difficile et le tirage est mauvais ; en outre, la poterie peut avoir à porter, sur une inclinaison très forte et par suite dans de mauvaises conditions de résistance, toute la charge d'un mur plein sous laquelle elle risquerait de s'écraser.

Quant au second paragraphe, il a reçu aussi l'approbation de tous les constructeurs ; il est de toute nécessité que dans toute la hauteur du tuyau de fumée, la section soit la même pour que le hérisson atteigne toutes les parties et qu'il ne puisse se former de dépôts de suie aux élargissements ou aux étranglements du tuyau de fumée. Autrefois, quelques constructeurs arrêtaient les tuyaux au plancher haut et faisaient un coffre descendant jusqu'à la cheminée, sans glacis en forme de hotte raccordant le conduit. Ce mode de construire était vicieux et le glacis même, raccordant le tuyau, a été jugé aussi, par quelques experts, comme dangereux. La première condition de bonne construction d'un tuyau de fumée c'est qu'il puisse se ramoner facilement dans toutes ses parties ; il faut donc que ce gousset de raccordement entre le foyer et le tuyau soit d'un accès facile pour le ramonage à la main. Si l'on ne peut y pénétrer de l'intérieur de la cheminée et si toutes les parties ne peuvent être atteintes par le hérisson, la construction est vicieuse. La section doit donc être égale dans toute la hau-

teur et les parois intérieures bien lisses et sans rugosités
pour éviter les dépôts de suie : pour cela le gobetage en
plâtre à l'intérieur des tuyaux en briques et en poteries doit
être recommandé à tous les entrepreneurs.

Nous avons dit ce que nous pensions des mains-courantes
en fer, en commentant l'article premier. Il est évident que
l'accès d'une souche doit être relativement facile; il faut
qu'un ouvrier puisse y accéder sans quoi le ramonage
serait impossible. C'est au constructeur à prévoir les
moyens d'arriver au sommet de la souche, d'y placer des
échelons en fer et de disposer des chemins à gradins sur les
toits, ou tout autre moyen en permettant l'accès. Il n'y a
pas lieu, à notre avis, d'insérer dans un règlement cette
obligation du facile accès d'une souche.

Art. 10. — Ne sont pas assujettis aux prescriptions de construction
indiquées dans les articles précédents, notamment en ce qui concerne
la nature des matériaux à employer :
1° Les tuyaux de fumée placés à l'extérieur des habitations.
2° Les tuyaux des foyers mobiles ou à flamme renversée, pourvu
que les tuyaux ne sortent pas du local où est le foyer;
3° Enfin, les tuyaux de fumée d'usine, autant qu'ils ne traversent
pas d'habitation.

Nous pensons que les tuyaux de fumée placés à l'extérieur des habitations devraient cependant être réglementés,
d'abord comme mode de construction, ensuite comme
mode de ramonage. Les grands tuyaux en tôle ont été
souvent la cause de nombreux accidents, le ramonage en
est impossible à moins de les démonter, ce qui entraîne à
une forte dépense, alors on ne les ramone pas et on met le
feu chez les voisins; en outre, ils sont quelquefois mal
haubannés, le vent les renverse et ils tombent sur les maisons voisines et sur les passants. Depuis quelques années
on a abusé, par économie, et pour ne pas construire de
grandes cheminées en briques, des tuyaux en tôle; on

dessert même des batteries de chaudières dont la vapeur actionne jusqu'à 1.000 à 1.500 chevaux de force, au moyen de ces tuyaux en tôle montés dans des courettes n'ayant que les 4 mètres carrés réglementaires. La chaleur y est considérable, les bois, éloignés cependant de plus de o^m,3o, sont desséchés et transformés en amadou par le voisinage de ces tuyaux et les constructeurs vous répondent que le tuyau est réglementaire et à plus de o^m,16 des bois de construction. La durée de ces tuyaux en tôle est d'ailleurs très limitée; et atteints par la rouille et par les acides produits de la combustion de la houille, ils sont promptement perforés et laissent facilement passer les étincelles et les escarbilles. Il y a quelques mois à peine, dans une grande usine au centre de Paris, dont les générateurs actionnent une machine de 5oo chevaux, le feu prit dans le tuyau en tôle qui dessert ces chaudières; sur une hauteur de 8 mètres la tôle était complètement rouge et un témoin très sérieux et très expérimenté, nous a affirmé qu'à chaque instant, il craignait de voir la partie supérieure de la cheminée s'incliner et tomber sur les maisons voisines. Si à l'usine Godillot, les deux grandes cheminées avaient été en tôle au lieu d'être en briques, elles auraient rougi à blanc dans la partie inférieure et seraient tombées sur les travailleurs et sur les sapeurs-pompiers.

Nous avons toujours protesté, dans bien des circonstances, contre ces vomitoires de fumée, mal construits, et insuffisamment élevés, dont les nuages obscurcissent la lumière du jour et inondent les propriétés voisines d'une pluie d'escarbilles plus ou moins incommodes et dangereuses. Si l'on brûle dans les foyers, des houilles sulfureuses, les gouttières et les toits en zinc, dans un rayon assez étendu, sont attaqués, perforés et rougis par les vapeurs d'acide sulfureux et d'acide sulfurique, qui entrent pour une proportion notable dans les produits de la combustion (1); les façades, les corniches et les bandeaux se couvrent d'une suie grasse qui attaque, détériore et dégrade la pierre calcaire, enfin les habitants sont fortement incommodés et leur santé peut être gravement compromise par le voisinage de ces grandes cheminées dont la hauteur est toujours insuffisante (2). La réglementation des fumées est à l'étude, il serait urgent que la solution intervînt promptement pour faire cesser un pareil état de choses.

La Commission appréciera si, dans certains cas, il n'y aurait pas lieu d'imposer, pour les foyers industriels non classés, un mode spécial de construction et une hauteur suffisante des cheminées pour atténuer l'incommodité et les dommages causés aux voisins par ces vomitoires de fumée. Il convient de rappeler ici ce que disait Cuvier dans son remarquable rapport de la classe des sciences physiques et mathématiques de l'Institut du 26 frimaire an XIII : « Il est de première nécessité, pour la prospérité des arts, qu'on pose enfin des limites qui ne laissent plus rien à l'arbitraire du magistrat et qui tracent au manufacturier le cercle dans lequel il peut exercer son industrie, mais il faut aussi garantir au propriétaire voisin qu'il n'y a danger ni pour sa santé, ni pour les produits des son sol (3) ».

Depuis quelques années, la capitale est transformée en

---

(1) Voir compte rendu de la Société des Ingénieurs civils du 6 octobre 1893.

(2) Toutes les parties supérieures d'une des merveilles de l'architecture du XIXᵉ siècle, sont recouvertes d'une couche de suie noire et grasse, qui ronge la pierre des couronnements et des corniches. Dans quelques années, si l'on n'élève pas la cheminée, *en tôle*, qui dessert les batteries de chaudières actionnant les dynamos qui servent à l'éclairage, il faudra dépenser des sommes considérables pour réparer ou remplacer toutes les pierres qui couronnent ce monument.

(3) Établissements classés, page 6. H. Buxel.

une vaste usine, à certaines heures du jour, des panaches
de fumée s'élevant à hauteur des toits, quelquefois, suivant
les vents régnants, plus bas que ces toits, viennent couvrir d'un nuage toutes les habitations voisines de ces
grandes usines productrices d'éclairage électrique, de force
motrice et d'air comprimé. Les fumées, que déversent
dans l'atmosphère leurs cheminées construites le plus souvent en tôle, rarement en briques, mais toujours trop peu
élevées, obligent les voisins à teni closes leurs fenêtres,
sous peine d'avoir à respirer les produits de la combustion des millions de kilogrammes de houille dévorés tous
les jours dans les foyers des chaudières à vapeur. Nous
laissons de côté les bruits et les trépidations qui troublent
le sommeil des habitants mitoyens de ces usines, compromettent la solidité des fondations, mettent en branle la
vaisselle et arrêtent les pendules; toutes ces incommodités
sont en dehors de notre sujet.

Le décret de 1880 peut réglementer les générateurs de
vapeur au point de vue du danger d'explosion, mais il ne
peut faire obstacle à une réglementation des cheminées de
ces générateurs et laisser toujours aux tribunaux civils à
arbitrer le dommage causé par les fumées qui s'en échap-
pent. On nous a souvent consulté sur la hauteur imposée
par les règlements pour une cheminée d'usine non classée,
souvent aussi des plaintes vous sont adressées contre la
fumée produite par ces cheminées; chaque fois nous avons
dû répondre : que, dans l'état actuel de la réglementation,
il appartenait seulement aux tribunaux civils d'arbitrer le
dommage causé par ces nuages de fumée et de prescrire
soit l'usage de combustibles sans fumée, coke ou anthra-
cite (1), soit la surélévation de la cheminée et que votre

(1) Nouveau Cirque.

intervention était limitée au cas d'émission de flammèches pouvant occasionner un incendie. Nous ne pouvons citer qu'un seul exemple où vous soyez intervenu : lors de la construction de l'Éden-Théâtre, qui tombe aujourd'hui sous la pioche du démolisseur ; comme il s'agissait d'un théâtre, vous avez pu, sur notre avis formel (1), imposer une cheminée en briques de 35 mètres de hauteur, qui n'a jamais donné lieu à des plaintes réellement fondées.

Nous ne croyons pas devoir insister à nouveau pour le classement de ces industries, déjà refusé par le Comité consultatif des Arts et Manufactures, mais nous pensons que vous avez le pouvoir « de garantir au propriétaire voisin qu'il n'y a danger ni pour sa santé, ni pour sa propriété (2) » par le voisinage de ces cheminées. Cette réglementation de la hauteur des cheminées d'usines non classées, que nous réclamons pour Paris, existe dans plusieurs grandes villes de France, notamment à Bordeaux, et le Règlement général sur la voirie urbaine et les constructions, du 6 septembre 1880, de cette ville, porte :

Art. 115. *Les cheminées d'usine, de chaudières à vapeur, de fours et fourneaux, devront s'élever à 3 mètres au moins au-dessus des toitures voisines dans un rayon de 50 mètres,* et art. 116. *Toute cheminée d'établissement industriel qui, sur les plaintes des voisins, serait reconnue présenter par suite de la nature et de la quantité des combustibles qu'elle consomme, les mêmes inconvénients que celles qui sont désignées ci-dessus, pourra être assujettie aux mêmes conditions d'élévation au-dessus des toitures voisines, dans un rayon à déterminer par l'Administration et qui ne dépassera pas celui qui est fixé par l'article précédent.*

---

(1) Rapport à la Commission supérieure des théâtres. 1884. H. BUNEL.

(2) CUVIER. Rap. du 26 frimaire an XIII.

Pour terminer cette digression un peu longue sur les inconvénients de la fumée, la Commission que vous nommerez pourrait examiner si, pour les établissements de production de la lumière électrique, de force motrice, d'air comprimé, etc., et d'une manière générale pour tous les établissements industriels non classés dans lesquels il est fait une grande consommation de combustible, il n'y a pas lieu d'exiger la construction de cheminées en briques et non en tôle et d'une hauteur suffisante pour rejeter, bien haut dans l'atmosphère, les produits de la combustion et les diluer suffisamment dans une grande masse d'air, afin qu'ils soient moins dangereux et moins incommodes pour les voisins immédiats.

A notre avis, toute cheminée d'établissement industriel, dans l'intérieur de Paris, devrait être en briques et élevée à une hauteur d'au moins 35 mètres, si l'on tient compte que les souches de cheminées des maisons les plus hautes atteignent 28 à 30 mètres au-dessus du sol de la voie publique. Dans le cas où la consommation de combustible dans les foyers dépasserait 500 kilogrammes (1) de houille par heure, la hauteur pourrait être portée à 50 mètres.

Les tuyaux des foyers mobiles et à flamme renversée ne sont pas assujettis aux prescriptions des articles précédents de l'arrêté. La mobilité des tuyaux en tôle permet, en effet, un ramonage facile puisqu'ils sont démontables. Il n'en est pas de même des tuyaux à flamme renversée, en maçonnerie, qui ont souvent un assez long parcours horizontal avant de rejoindre le tuyau vertical qui débouche au-dessus du toit. Pour ces derniers, il convient de disposer des trappes de ramonage à chaque coude et à chaque changement de direction afin d'en pouvoir ramoner séparément

---

(1) Chiffre à déterminer par la Commission.

toutes les parties. Semblable disposition de trappes ou de regards doit être imposée pour certains foyers industriels, fours ou fourneaux, où l'échappement direct de la fumée par un tuyau vertical donnerait un tirage trop violent qui compromettrait la marche de ces appareils et la cuisson des produits.

La Commission aura aussi à apprécier si l'on doit maintenir la condition que le tuyau ne sorte pas du local où est le foyer. Il serait peut-être préférable d'interdire la pénétration du tuyau dans une location voisine; c'est d'ailleurs dans ce sens que cette prescription est interprétée par votre Service d'architecture.

Art. 11. — L'arrêté préfectoral susvisé du 8 août 1874 est et demeure abrogé.

Art. 12. — Le Directeur des Travaux de Paris est chargé de l'exécution du présent arrêté qui sera publié et affiché et, en outre, inséré au *Recueil des actes administratifs de la Préfecture de la Seine.*

Fait à Paris, le 15 Janvier 1881.

Signé : HÉROLD.

X

ORDONNANCE CONCERNANT LES INCENDIES

Paris, le 15 septembre 1875.

NOUS, Préfet de Police,

Vu : 1° les lois des 16-24 août 1790 et 19-22 juillet 1791 ;

2° L'arrêté du Gouvernement du 12 messidor an VIII (1er juillet 1800);

3° L'ordonnance du 25 mars 1828 concernant les magasins de détaillants de fourrages ; les ordonnances de police des 24 novembre 1843 et 11 décembre 1852, concernant les incendies ;

13

4° La délibération du Conseil d'Hygiène publique et de Salubrité du département de la Seine, en date du 9 avril 1875, et l'instruction qui lui fait suite concernant les tuyaux de fumée;

5° Les articles 471 et 475 du Code pénal;

Considérant qu'il importe de rappeler aux habitants de Paris les obligations qui leur sont imposées par les règlements, soit pour prévenir les incendies, soit pour concourir à les éteindre; qu'il importe aussi de faire concorder ces obligations avec celles prescrites par l'arrêté du Préfet de la Seine, en date du 8 août 1874, concernant la construction des tuyaux de cheminée dans Paris;

Considérant que, non seulement il y a un intérêt général à prévenir les dangers d'incendie, mais encore que la santé publique peut être compromise par le mauvais état et le défaut d'entretien des tuyaux de fumée qui traversent les habitations;

Considérant, enfin, qu'il importe d'apporter à l'ordonnance de police ci-dessus visée du 11 décembre 1852 les modifications dont l'expérience a fait reconnaître l'utilité;

ORDONNONS ce qui suit :

L'ordonnance de 1875 actuellement en vigueur vise non seulement les lois et l'arrêté du Gouvernement qui vous donne les pouvoirs de faire les règlements contre les dangers d'incendie, mais dans les considérants elle dit aussi qu'il y a lieu de faire concorder les obligations qu'elle impose avec l'arrêté préfectoral de 1874. Dans le commentaire sur les articles de cette ordonnance, nous verrons qu'il n'y a pas toujours concordance entre les deux règlements.

Pour la première fois aussi, une ordonnance concernant les incendies vise une délibération du Conseil d'Hygiène publique et de Salubrité du Département et, en outre des dangers d'incendie, signale les dangers que peuvent faire courir à la santé publique le mauvais état et le défaut d'entretien des tuyaux de fumée traversant les habitations. La délibération du Conseil d'Hygiène visée par cette ordonnance est du 9 avril 1875, elle y est annexée sous forme d'instruction. Mais en 1880, notre regretté collègue, M. du Souich, avait soumis à l'approbation du Conseil d'Hygiène une nouvelle instruction sur le mode de chauffage des habitations, instruction encore modifiée sur un rapport de notre collègue, M. Michel Lévy, dans la séance du Conseil d'Hygiène du 29 mars 1889. L'instruction annexée à l'ordonnance de 1875 n'est donc pas conforme à la dernière délibération du Conseil d'Hygiène, et c'est une des nombreuses raisons pour lesquelles une revision de l'ordonnance est urgente et nécessaire. Nous reviendrons d'ailleurs plus loin sur ces instructions. La nouvelle ordonnance devra viser aussi l'article 674 du Code civil.

TITRE PREMIER

Disposition commune aux foyers de chauffage et aux conduits de fumée.

ARTICLE PREMIER. — Toutes les cheminées et tous les autres foyers ou appareils de chauffage fixes ou mobiles, ainsi que leurs conduits ou tuyaux de fumée, doivent être établis de manière à éviter les dangers de feu et à pouvoir être visités, nettoyés facilement et entretenus en bon état.

Cet article résume pour ainsi dire toute l'ordonnance et d'une manière générale il recommande d'adopter, dans la construction des appareils de chauffage, des foyers et des conduits de fumée, des dispositions telles qu'il n'en puisse résulter aucun danger de feu et que la visite et le nettoyage en soient faciles. Si l'on tient compte des considérants, des articles suivants et de l'instruction du Conseil d'Hygiène, il y aura peut-être lieu d'ajouter dans l'article premier de la nouvelle ordonnance le danger d'asphyxie et l'incommodité résultant de la chaleur et de la fumée.

TITRE II

*Établissement des cheminées ou autres foyers fixes et des poêles
ou autres foyers mobiles.*

ART. 2. — Il est interdit d'adosser les foyers de cheminées, les poêles,
les fourneaux et autres appareils de chauffage à des pans de bois ou à
des cloisons contenant du bois.

On doit toujours laisser entre le parement extérieur du mur entourant ces foyers et lesdits pans de bois ou cloisons un isolement ou une
charge de plâtre d'au moins seize centimètres.

Les foyers industriels et ceux d'une importance majeure doivent
avoir des isolements ou charges de plâtre proportionnés à la chaleur
produite et suffisants pour éviter tout danger de feu. (Voir article
premier.)

L'article 2 interdit d'adosser des foyers quelconques à
des pans de bois ou à des cloisons contenant du bois et le
deuxième paragraphe prescrit de laisser un isolement ou
une charge de plâtre de 16 centimètres entre le pan de bois
et le parement du mur entourant le foyer. Permettre une
charge de plâtre de 16 centimètres, c'est autoriser un
adossement. En principe nous croyons que, quelle que
soit la charge de plâtre, il n'est pas prudent de permettre
l'adossement d'un foyer quelconque ni d'un tuyau à un
pan de bois ou à une cloison légère contenant du bois. Un
foyer est bien plus dangereux qu'un tuyau de fumée, et
l'arrêté de 1881 défend même l'adossement à une cloison
de briques d'un tuyau de fumée. En sorte que, dans l'état
actuel de la réglementation, on peut, en se conformant à
l'ordonnance de 1875, construire un foyer dont le mur
extérieur serait séparé d'un pan de bois par une charge de
plâtre de 16 centimètres et y serait par suite adossé, mais
il n'est pas permis d'y adosser le tuyau de fumée de ce
foyer dont la paroi extérieure serait séparée de ce pan de

bois par la même charge. (Arrêté du Préfet de la Seine de 1881.)

Nous n'insisterons pas sur la discordance entre l'article 2 de l'ordonnance de police et l'article 6 de l'arrêté préfectoral, il y a désaccord complet, et il faut que ces deux articles soient revus et modifiés. Nous avons très longuement donné notre avis dans la discussion de l'arrêté de 1881 sur l'adossement des tuyaux de fumée, la Commission décidera sous quelles conditions l'adossement des foyers et des tuyaux à des murs ou à des cloisons doit être réglementé.

L'isolement de tout bois de charpente ou une charge de plâtre de 16 centimètres sont reconnus comme suffisants depuis trois siècles pour les foyers et les tuyaux, et nous ne voulons en rien modifier cette prescription ni les 16 centimètres acceptés par tous les constructeurs, mais nous insistons pour que, dans la nouvelle réglementation, il ressorte bien qu'un adossement à un pan de bois, même avec une charge de plâtre de 16 centimètres dans toute la hauteur du foyer ou du tuyau, sera interdit, et qu'il soit bien spécifié que le passage accidentel seulement d'un tuyau de fumée contre une pièce de bois de charpente devra être protégé par un isolement ou une charge de plâtre de 16 centimètres.

Le troisième paragraphe parle des foyers industriels dégageant une plus grande chaleur rayonnante ; ces foyers devraient toujours, pour les raisons données ci-dessus, concernant les foyers ordinaires, être tenus complètement isolés des pans de bois et dans aucun cas adossés avec une charge de plâtre, quelle qu'en soit l'épaisseur. Pour ces foyers et pour leurs conduits de fumée, l'isolement de 16 centimètres est insuffisant ; il faudra donc demander un isolement proportionnel à la chaleur produite et interdire la charge de plâtre.

Art. 3. — Les foyers de cheminées et de tous appareils fixes de chauffage, sur plancher en charpente de bois, doivent avoir, au-dessous, des trémies en matériaux incombustibles.

La longueur des trémies sera au moins égale à la largeur des cheminées, y compris la moitié de l'épaisseur des jambages; leur largeur sera d'un mètre au moins, à partir du fond du foyer jusqu'au chevêtre.

Cette prescription s'applique également aux autres appareils de chauffage.

Cet article n'est que la répétition de l'article de l'ordonnance de la Reynie de 1672 concernant les bandes de trémies prescrites antérieurement par la Chambre des Bâtiments. Aucune modification ne doit y être apportée, et tous les constructeurs sont unanimes pour s'y conformer. Ne pas construire de bande de trémie sous une cheminée, c'est commettre un vice de construction, et il n'y a jamais eu aucun doute à ce sujet. Tout foyer sur âtre relevé, sans bande de trémies, constitue aussi une construction vicieuse.

Art. 4. — Les fourneaux potagers doivent être disposés de telle sorte que les cendres qui en proviennent soient retenues par des cendriers fixes construits en matériaux incombustibles et ne puissent tomber sur les planchers.

Ces fourneaux doivent être surmontés d'une hotte, si le conduit de fumée n'aboutit pas au foyer.

L'article 4 admet que l'on peut placer un fourneau potager sur un parquet en bois; nous croyons que dans aucun cas, malgré l'obligation de cendriers fixes en matériaux incombustibles, un fourneau potager ne devrait être placé sur un parquet. Il faudrait au moins exiger un carrelage sous le potager s'étendant à 60 centimètres en avant de la façade, ou une plate-forme incombustible et non conductrice de la chaleur d'une certaine épaisseur et de même dimension. Quant à la hotte au-dessus du potager, elle doit être imposée avec tuyau spécial entraînant les gaz au dehors. Il ne faut pas tolérer, comme nous en avons de nombreux exemples, une hotte sans tuyaux ni un seul tuyau pour plusieurs potagers. Le charbon de bois qu'on brûle dans les fourneaux potagers dégage des quantités assez notables d'acide carbonique et d'oxyde de carbone pour qu'il y ait danger d'en faire usage sans une aspiration très active des produits de la combustion.

De nombreux cas d'asphyxie et d'empoisonnement par les produits de la combustion du charbon de bois ont été constatés dans des cuisines mal aérées, ayant des potagers non surmontés de hottes ou ayant des hottes défectueuses et sans tirage suffisant.

Art. 5. -- Les poêles mobiles et autres appareils de chauffage également mobiles doivent être posés sur une plate-forme en matériaux incombustibles dépassant d'au moins *vingt centimètres* la face de l'ouverture du foyer. Ils devront, de plus, être élevés sur pieds de telle sorte que, au-dessus de la plate-forme, il y ait un vide de *huit centimètres* au moins.

Cet article devra être conservé dans la nouvelle ordonnance, mais il conviendra de bien indiquer ce que l'on entend par plate-forme incombustible. Les auteurs de l'ordonnance de 1875 comprenaient une dalle en pierre d'une certaine épaisseur posée sur le parquet et recevant les quatre pieds du poêle, ou même un simple carrelage. Depuis quelques années, comme nous l'avons vu très souvent, on s'est contenté de clouer sur le parquet une feuille de tôle de quelques millimètres d'épaisseur et d'y placer le poêle avec ou sans pieds. Les cendres chaudes et les escarbilles tombent sur cette feuille de tôle qui s'échauffe, carbonise lentement et transforme en braise le parquet qu'elle recou-

vre ; un jour ou l'autre un feu se déclare dans le plancher
que l'on croyait suffisamment protégé. Pour la même raison, c'est aussi une grave erreur de recouvrir de tôle les
portes, les poteaux et les bois avoisinant des sources de
chaleur intense pour les préserver de l'incendie. Quand
nous prescrivons des portes en tôle dans des séchoirs, dans
des boulangeries, etc., nous avons toujours protesté contre
le revêtement en tôle des portes en bois que nous proscri-
vions et exigé des portes complètement en tôle.

Il conviendra donc de bien spécifier que la plate-forme
recevant le poêle aura une certaine épaisseur, 10 centimètres
par exemple, et sera non seulement incombustible mais
aussi peu conductrice de la chaleur.

TITRE III

*Établissement, entretien et ramonage des conduits de fumée, fixes
ou mobiles.*

§ 1er. — ÉTABLISSEMENT DES CONDUITS DE FUMÉE.

ART. 6. — Les conduits de fumée faisant partie de la construction
traversant les habitations doivent être construits conformément aux
lois, ordonnances et arrêtés en vigueur.

Toute face intérieure de ces tuyaux doit être à 0m,16 au moins des
bois de charpente.

Quant aux conduits de fumée mobiles, en métal ou autres existant
dans le local où est le foyer et aux conduits de fumée montant extérieurement, ils doivent être établis de façon à éviter tout danger de
feu ainsi qu'il est dit en l'article 1er. Ils doivent être, dans tout leur
parcours, à *seize centimètres* au moins de tout bois de charpente, de
menuiserie et autres.

Les conduits de chaleur des calorifères et autres foyers sont soumis
aux mêmes conditions d'isolement que les conduits de fumée.

En commentant l'arrêté de 1881, nous avons donné
notre avis sur la construction des conduits de fumée. La
nouvelle rédaction de cet article devra comprendre le mode

de construction des conduits de fumée dans l'intérieur des habitations et par suite l'arrêté de 1881 avec les modifications que la Commission jugera nécessaire d'y apporter. Le mot *loi* devra être supprimé, car nous avons vu qu'il n'existe aucune loi réglementant les tuyaux de fumée. Les 16 centimètres qui d'ailleurs sont prescrits par l'article 2 pour les foyers devront être maintenus ; c'est le demi-pied des anciens réglements et c'est aussi une règle adoptée par l'usage et suivie par tous les constructeurs. Mais il faut observer cependant que, dans l'article 2, les 16 centimètres sont comptés du parement extérieur du mur du foyer, tandis que pour les conduits de fumée ils sont comptés du parement intérieur du conduit. Les auteurs de l'ordonnance comprenaient évidemment que la paroi du conduit n'avait que 8 centimètres et qu'il restait un vide de 8 centimètres. En sorte que si la paroi a les 16 centimètres d'épaisseur, le bois de charpente pourra toucher la face extérieure du conduit. Les 16 centimètres sont toujours suffisants s'il ne s'agit que de conduits desservant des foyers ordinaires, mais dans le cas de tuyaux desservant des fours, fourneaux, foyers industriels, etc., cette distance devra être augmentée comme nous le dirons à l'article 7 suivant. Il conviendra donc de bien préciser qu'il ne s'agit, dans l'espèce, que de conduits de fumée de foyers ordinaires, cheminées, poêles, etc., destinés au chauffage des habitations.

Le troisième paragraphe concerne les conduits de fumée mobiles en métal ; ils doivent être à 16 centimètres, non seulement des bois de charpente, mais aussi des bois de menuiserie. Il faudra ajouter : *de la face extérieure du conduit.* Quant aux conduits en métal montant extérieurement, nous avons dit plus haut ce que nous en pensions, en commentant l'arrêté de 1881.

Pour les conduits de chaleur des calorifères à air chaud,

l'éloignement de 16 centimètres est peut-être un peu rigoureux ; dans le cas de conduits revêtus de plâtre, il pourrait
être réduit à 12 centimètres de la face intérieure, la température de l'air chaud ne dépassant pas 70 à 80 degrés, mais
si le conduit est en métal, sans revêtement d'aucune sorte,
les 16 centimètres doivent être maintenus.

L'ordonnance n'a pas prévu le cas des tuyaux des calorifères à eau chaude et à vapeur à basse ou haute pression.
Dans les premiers, la température du tuyau en métal peut
atteindre 100 degrés et dans un calorifère à vapeur à haute
pression 140 à 150 degrés. Comme, depuis quelques années,
on emploie beaucoup ce nouveau mode de chauffage, la
nouvelle ordonnance devra peut-être prescrire un isolement suffisant des bois de menuiserie et de charpente des
conduites d'eau chaude ou de vapeur.

Art. 7. — Tout conduit de fumée traversant les étages supérieurs
ou les habitations, doit avoir une section horizontale ou capacité suffisante pour l'importance du foyer qu'il dessert.

Tout conduit de fumée de foyer industriel doit, autant que possible,
être à l'extérieur ; mais dans le cas contraire et si le tuyau traverse
les habitations, il doit avoir des dimensions telles ou être construit
de telle sorte que la chaleur produite ne puisse le détériorer ou être
la cause d'une incommodité grave et de nature à altérer la santé dans
les habitations.

Les conduits de fumée des fourneaux en fonte des restaurateurs,
traiteurs, rôtisseurs, charcutiers et ceux des fours des boulangers,
pâtissiers, et des autres grands fours, ceux des forges, des moules,
des calorifères chauffant plusieurs pièces, doivent, notamment, être
établis dans ces conditions particulières.

Le premier paragraphe de cet article résume bien tout
ce qui doit être réglementé dans la section d'un tuyau de
fumée et l'obligation de donner au conduit de fumée une
section proportionnée à l'importance du foyer qu'il dessert,
devra être insérée dans la nouvelle ordonnance comme
préliminaire de la réglementation des sections.

Le deuxième paragraphe a une très grande importance ;
c'est en effet la première fois qu'une ordonnance de police,
concernant les incendies, vise l'incommodité résultant de
la chaleur, elle pourrait aussi viser le danger des gaz toxiques et délétères, des vapeurs nitreuses, sulfureuses, mercurielles ou autres qui peuvent s'échapper par les fissures
ou par la communication des conduits entre eux, dans le
cas de foyers industriels. Le passage à l'extérieur de ces
conduits serait certainement préférable, mais il nous parait
bien rigoureux de l'imposer, on apporterait trop d'entraves
à la petite industrie parisienne. Ce qui est d'une importance majeure, c'est d'exiger le parfait état du conduit de
fumée d'une industrie classée ou non classée quand ce
conduit traverse une habitation et une épaisseur suffisante
des parois pour qu'il n'y ait pas incommodité pour la santé
des habitants. On pourrait insérer dans la nouvelle ordonnance qu'aucun foyer industriel ne devra traverser les
habitations à moins d'autorisation spéciale.

Le troisième paragraphe traite des conduits de fumée des
fourneaux des restaurateurs, traiteurs, boulangers, etc. ;
l'ordonnance devrait exiger qu'ils soient construits en
briques à plat d'au moins 11 centimètres, jamais en poteries, qui ne peuvent résister au feu violent de ces fours et
de ces fourneaux. S'ils ne passent pas à l'extérieur et s'ils
traversent des habitations, il faut qu'en outre le conduit
soit revêtu d'une enveloppe isolante, brique de liège ou
autre matière. Enfin, il importera d'exiger à l'avenir la
stricte exécution de cet article qui, nous devons le reconnaître, n'a pas toujours été rigoureusement observé et de
dire : *locaux habités* au lieu d'*habitations*.

Art. 8. — Tout conduit de fumée doit, à moins d'autorisation spéciale, desservir un seul foyer, et monter dans toute la hauteur du
bâtiment sans ouverture d'aucune sorte dans tout son parcours.

En conséquence, il est formellement interdit de pratiquer des ouvertures dans un conduit de fumée traversant un étage pour y faire arriver de la fumée, des vapeurs ou des gaz, ou même de l'air (1).

Nous avons donné plus haut les raisons pour lesquelles il y avait lieu d'exiger formellement un conduit de fumée par foyer, nous n'y reviendrons pas. Quant aux ouvertures pratiquées dans le parcours et qui sont complètement interdites, nous croyons qu'il faudrait bien spécifier que c'est dans la traversée des locaux habités qu'il ne doit y avoir aucune ouverture, aucune trappe de ramonage pouvant laisser filtrer les gaz ou les vapeurs. Dans certains cas, exceptionnels, il est vrai, on peut être obligé d'établir des trappes de ramonage dans des conduits qui ne peuvent avoir l'inclinaison réglementaire ou qui présentent des coudes que le hérisson ne peut atteindre. Il faudrait donc dire qu'aucune trappe de ramonage ne pourra être établie sur le parcours d'un conduit de fumée traversant des locaux habités et que ces trappes, permises en dehors des lieux habités, devront être lutées avec le plus grand soin pour qu'il n'y ait déperdition ni de fumée, ni de gaz, ni de vapeurs toxiques ou délétères.

L'interdiction de pratiquer des ouvertures dans un conduit de fumée traversant un étage, formulée dans le deuxième paragraphe de l'article 8, devra être maintenue. L'ancienne pratique de percer le conduit de fumée à une certaine hauteur au-dessus de la cheminée, offrait de nombreux dangers. Quelquefois le locataire perçait le conduit desservant un autre étage et envoyait alors la fumée et les gaz chez ses voisins; ou s'il perçait le conduit qui lui appartenait, dans le cas où le tirage de ce conduit

---

(1) Voir l'Instruction du Conseil de Salubrité reproduite à la suite de la présente ordonnance.

était insuffisant, les gaz toxiques et délétères refluaient par la cheminée et pouvaient être une cause d'asphyxie ou d'empoisonnement. On a généralement renoncé aujourd'hui à cette habitude de percer les coffres au-dessus de la cheminée et, si l'on fait usage de poêles, de cuisinières en fonte ou d'autres appareils mobiles, on introduit le tuyau en tôle par l'orifice même de la cheminée, soit en relevant le tablier en tôle, soit en le remplaçant par une plaque de tôle percée d'une ouverture pour le passage du tuyau mobile. Ce mode de procéder n'est pas non plus sans danger dans le cas de tirage insuffisant du conduit. La fumée s'échappant d'un tuyau mobile en tôle de faible section et arrivant dans un espace relativement plus grand, comme l'âtre d'une cheminée ou même un conduit en maçonnerie de 4 décimètres carrés, rencontre, au moment de l'allumage, une trop grande masse d'air froid dont la pression et la densité s'opposent à sa marche ascendante. Il se produit alors des remous d'air à différentes températures et le tirage n'est bien établi qu'après échauffement complet des parois et de la colonne d'air froid, qui remplit le conduit de fumée. Toute pénétration d'un tuyau de poêle en tôle dans l'âtre d'une cheminée ou dans un conduit de fumée d'une section plus grande ne devrait être permise qu'à la condition d'un raccordement entre les deux conduits de sections différentes, par des glacis inclinés.

§ 2. — Entretien des conduits de fumée.

Art. 9. — Les conduits de fumée fixes ou mobiles doivent être entretenus en bon état.

A cet effet, les conduits de fumée fixes en maçonnerie doivent toujours être apparents sur une de leurs faces au moins, ou disposés de façon à pouvoir être facilement visités ou sondés.

Tout conduit de fumée brisé ou crevassé doit être de suite réparé ou refait au besoin.

Après un feu de cheminée, le conduit de fumée où le feu se sera déclaré devra être visité dans tout son parcours par un architecte ou un constructeur et sera, au besoin, réparé ou refait.

Les tuyaux mobiles doivent toujours être apparents dans toutes leurs parties.

L'entretien en bon état des conduits de fumée est une mesure qui s'impose, si l'on veut éviter les incendies et les dangers d'asphyxie par l'acide carbonique ou d'empoisonnement par l'oxyde de carbone. Un coffre ou conduit de fumée crevassé est très dangereux si les fissures peuvent laisser pénétrer dans le local qu'il traverse les gaz toxiques ou délétères produits de la combustion. Il importe donc de maintenir la réparation ou la réfection complète de tout conduit de fumée brisé ou crevassé et la visite dans tout son parcours par un architecte de votre Administration qui prescrit les travaux nécessaires.

Quant à laisser toujours apparents sur une de leurs faces au moins, les conduits de fumée fixes en maçonnerie, il nous paraît difficile d'exiger la stricte exécution de cette prescription. C'est, en effet, interdire de revêtir de boiseries ou d'étoffes les coffres de cheminées, c'est interdire les glaces sur les cheminées quand elles montent dans toute la hauteur de la pièce et recouvrent entièrement le coffre. Les auteurs de l'ordonnance de 1875, en insérant une semblable obligation, avaient évidemment en vue de faciliter, après un feu de cheminée, l'examen du conduit et de permettre de constater, sur la face qui devait rester apparente, s'il était fissuré ou non. Nous ne croyons pas, pour plusieurs raisons, que cette obligation doive être maintenue dans la nouvelle ordonnance : le conduit peut, en effet, être en parfait état sur la face restée apparente et être complètement brisé sur une autre face et, comme nous l'avons dit plus haut, on ne peut interdire le revêtement des coffres de cheminées en menuiserie, en étoffes ou avec des glaces. Ce qu'il importe avant tout, c'est que les conduits de fumée soient bien construits et en matériaux suffisamment résistants pour ne pas éclater au premier feu de cheminée.

Le dernier paragraphe qui oblige de laisser apparents, dans toutes leurs parties, les tuyaux mobiles, doit être maintenu. C'est par application de cet article, que votre Service d'architecture a toujours défendu et même regardé comme une chose vicieuse d'introduire, dans un coffre ou une poterie, un tuyau en tôle, soit pour éviter la réfection de ce coffre ou de ce conduit, soit pour diminuer l'échauffement de la surface extérieure des parois et former ainsi une couche d'air isolante entre les deux tuyaux. Les architectes et les constructeurs qui tubent ainsi les coffres et les conduits de fumée ne se rendent pas compte de la responsabilité qu'ils encourent et n'ont pas été témoins des graves sinistres dont cette pratique a été la cause. Un tuyau en tôle ne s'introduit pas facilement dans un ancien coffre en pigeonnage ou dans une poterie, surtout s'il doit traverser plusieurs étages et avoir 15 à 18 mètres de hauteur ; l'emboîtement des différentes parties offre certaines difficultés et aucun fumiste ne pourrait répondre de l'étanchéité parfaite d'un conduit en tôle posé dans ces conditions. Il y a, en effet, impossibilité complète de vérifier si les jonctions sont bien faites et ne laisseront pas passage à la fumée et au gaz qui se répandront alors dans l'ancien conduit. En outre, un tuyau en tôle, même galvanisée, quelle que soit son épaisseur, a une durée très limitée. Si l'on brûle dans le foyer des houilles sulfureuses, les récentes expériences faites en Angleterre sur les fumées ayant prouvé qu'il y a production notable d'acide sulfurique, le tuyau en tôle sera promptement perforé. Il laissera donc passage aux produits de la combustion qui se répandront dans l'ancien

conduit qui l'enveloppe et, au bout de quelques années, un
amas de suie se formera dans l'intervalle qui existe forcément entre le tuyau de tôle et le coffre ou la poterie. Nous
pourrions citer de nombreux exemples d'incendies très vio-
lents occasionnés par l'amoncellement de suie dans de vieux
coffres ainsi tubés, ou dans lesquels on avait introduit un
tuyau en tôle desservant un poêle et dont la partie inférieure du coffre recevait toute la suie des ramonages du
tuyau en tôle perforé. Un tuyau en tôle placé dans les conditions ci-dessus, ne peut être visité et, par suite de l'impossibilité de s'assurer de son étanchéité complète aux gaz
et à la fumée et de l'entretenir en parfait état, il a toujours
constitué pour nous un vice de construction. Ce tubage
des conduits crevassés rend certainement de grands services puisqu'il évite la réfection du coffre ou de la poterie,
mais, à notre avis, il doit être interdit. Quand il ne s'agit
que de deux ou trois étages, on peut quelquefois couler
entre les deux tuyaux du plâtre gâché très clair qui remplit
tous les vides ; dans ce cas, si l'opération est bien faite, si,
par des ouvertures pratiquées dans l'ancien coffre, on peut
avoir la certitude que tous les interstices entre les deux
conduits sont remplis de plâtre, un semblable tubage peut
ne pas offrir d'aussi grands dangers. Nous pensons, qu'en
principe, il faut proscrire ce mode de tubage des tuyaux et
des coffres, dont le seul but est d'éviter la réparation des
crevasses ou la réfection entière du conduit de fumée, ou
tout au moins en laisser au constructeur la responsabilité,
en appelant son attention sur les dangers d'un semblable
procédé.

Pour les mêmes raisons, nous croyons aussi qu'il faut
interdire les conduits à double enveloppe que des constructeurs, depuis quelques années, ont établis dans des constructions neuves, afin d'éviter la trop grande chaleur d'un

tuyau de calorifère, de four de boulanger ou de restaurateur. Les deux enveloppes seraient-elles en maçonnerie,
qu'elles devraient être interdites par l'impossibilité de vérifier l'état du conduit intérieur et de le réparer. Si l'on veut
éviter l'inconvénient de la grande chaleur produite par le
conduit d'un foyer important, il faut, ou le monter en
dehors des locaux habités, à l'extérieur, ou donner aux
parois une grande épaisseur et les revêtir en outre de subs-
tances peu conductrices de la chaleur, comme de briques
de liége, très employées depuis quelques années et qui
donnent d'excellents résultats.

§ 3. — RAMONAGE

ART. 10. — Il est enjoint aux propriétaires et locataires de faire
nettoyer ou ramoner les cheminées et tous tuyaux conducteurs de
fumée assez fréquemment pour prévenir les dangers de feu.

Les conduits et tuyaux de cheminée ou de foyers ordinaires dans
lesquels on fait habituellement du feu doivent être nettoyés ou
ramonés deux fois au moins pendant l'hiver.

Les conduits et tuyaux de tous foyers qui sont allumés tous les
jours doivent être nettoyés et ramonés tous les deux mois au moins.

Les conduits et tuyaux des grands fourneaux de restaurateurs, de
fours de boulangers, pâtissiers, ou autres foyers industriels semblables doivent être nettoyés ou ramonés tous les mois au moins.

Le premier paragraphe de l'article 10 nous paraît suffisant et nous ne croyons pas qu'il y ait lieu d'insérer dans
la nouvelle ordonnance l'obligation de ramoner deux fois
pendant l'hiver, tous les deux mois ou tous les mois les
conduits de fumée. Il faut laisser le propriétaire et surtout
le locataire juge de l'opportunité du ramonage, suivant
l'usage plus ou moins fréquent qu'il fait du foyer et suivant la nature du combustible brûlé. Un ramonage par an
suffit si l'on ne brûle que du coke, un ramonage tous les
deux mois peut être insuffisant si l'on brûle des agglomérés

fabriqués avec des houilles grasses et riches en matières goudronneuses, ou des bois résineux. La même observation s'applique aux tuyaux des grands fourneaux de restaurateurs, des fours des boulangers ou autres foyers industriels; le ramonage doit être fait chaque fois qu'il est nécessaire et assez fréquemment pour prévenir les dangers de feu.

ART. 11. — Il est défendu de faire usage du feu pour nettoyer les cheminées, les poêles, les conduits et tuyaux de fumée, quels qu'ils soient.

Le nettoyage des cheminées ne se fera par un ramoneur que si ces cheminées et leur tuyau ont partout un passage d'au moins *soixante centimètres* sur *vingt-cinq*.

Le nettoyage des cheminées et tuyaux ayant une dimension moindre se fera, soit à la corde avec hérisson ou écouvillon, soit par tout autre instrument bien confectionné ou tout autre mode accepté par l'Administration.

ART. 12. — Il nous sera donné avis des vices de construction des cheminées, poêles, fourneaux et calorifères qui pourraient occasionner un incendie.

Il nous sera aussi donné avis du mauvais état, de l'insuffisance ou du défaut de ramonage de tout conduit de fumée qui pourrait, par suite, faire craindre soit un feu de cheminée, soit une incommodité grave et pouvant occasionner l'altération de la santé des habitants.

Ces deux articles devront être reproduits intégralement dans la nouvelle ordonnance et nous ne voyons, en ce qui nous concerne, aucune modification à y apporter.

TITRE IV
Couvertures en chaume, jonc, etc.

ART. 13. — Aucune couverture en chaume, jonc, ou autre matière inflammable ne pourra être conservée ou établie sans notre autorisation.

Même observation pour cet article 13, mais nous croyons devoir ajouter que quelquefois on nous a signalé, comme couverture en matière inflammable, les couvertures en carton bitumé; c'est une erreur de considérer le carton bitumé comme facilement inflammable et de croire que des étincelles ou même des tisons enflammés puissent communiquer le feu à une semblable couverture. Nous en avons plusieurs fois fait l'expérience et, à un violent incendie dans le quartier du Roule, auquel nous assistions, un appentis couvert en carton bitumé résista très longtemps aux flammèches et aux débris incandescents qui le recouvraient. Quand il prit feu, la volige flambait et le carton fusait lentement. La couverture en carton bitumé n'est donc pas une couverture inflammable comme une couverture en chaume ou en jonc, c'est une couverture combustible donnant moins de flammes qu'une couverture en zinc et moins d'aliment à l'incendie.

TITRE V

Fours, forges, foyers d'usines à feu, fours de boulangers et de pâtissiers, ateliers de charrons, carrossiers, menuisiers, etc.

ART. 14. — Les fours, les forges et les foyers d'usines à feu, non compris dans la nomenclature des établissements classés, lesquels sont soumis à des règlements spéciaux, ne pourront être établis dans l'intérieur de Paris, sans une déclaration préalable à la Préfecture de Police.

Le sol, le plafond et les parois des locaux où ils seront construits ne pourront être en bois apparent.

Cet article devrait être complété et, en outre de la déclaration préalable exigée, il conviendrait de demander aussi un plan ou tout au moins une description du conduit de fumée qui doit desservir le four, la forge ou le foyer d'usine quel qu'il soit, même s'il s'agit d'un conduit de fumée du foyer d'une chaudière à vapeur. Le décret de 1880 concernant les chaudières à vapeur ne réglemente les générateurs

— 212 —

qu'au point de vue des dangers d'explosion et des mesures
de sûreté relatives à ces appareils. C'est à vous seul, nous
l'avons dit plus haut, qu'il appartient de prendre, dans la
ville de Paris, toutes les mesures nécessaires pour éviter
les dangers d'incendie et les incommodités résultant de la
construction des tuyaux de fumée. Les plaintes concernant
la construction et surtout la hauteur des conduits de fumée
desservant des foyers importants où l'on brûle de grandes
quantités de combustibles, se renouvellent fréquemment;
le public est persuadé qu'il y a une réglementation spéciale
exigeant non seulement un mode de construction particulier, mais aussi une hauteur réglementaire de tous les
conduits servant à l'évacuation des fumées des fours, forges
et de tous les foyers d'usines à feu non comprises dans la
nomenclature des établissements classés. Cette réglementation n'existe pas et c'est un des *desiderata* de l'ordonnance de 1875. Quand il s'agit d'un établissement insalubre,
incommode ou dangereux, votre Conseil d'Hygiène prescrit
la hauteur à laquelle doit s'élever la cheminée de l'établissement et vous pouvez, dans le cas de plaintes reconnues
fondées, prescrire certaines mesures complémentaires et
faire surélever la cheminée; mais si l'industrie n'est pas
classée, c'est au Service d'architecture qu'il appartient de
vous donner son avis sur la plainte qui vous est adressée.
Il y a-t-il danger de feu, ou crainte de voir des escarbilles
ou des flammèches se répandre chez les voisins? Nous
pouvons prescrire la surélévation de la cheminée à la hauteur des souches des cheminées voisines, mais s'il y a seulement incommodité résultant de la fumée pénétrant dans
les habitations voisines, nous sommes complètement dé-
sarmés et nous devons laisser au Tribunal civil à arbitrer
le dommage causé par l'inconvénient de la fumée.

Nous ne reviendrons pas sur l'inconvénient des fumées,

nous nous sommes étendu longuement sur ce sujet, en commentant l'article 10 de l'arrêté de 1881. Nous rappellerons seulement nos conclusions : toute cheminée d'établissement industriel, classé ou non classé, dans l'intérieur de Paris, devrait être en briques et élevée à hauteur de 35 mètres au-dessus de la voie publique. Dans le cas d'une consommation de houille dépassant 500 kilogrammes par heure, la hauteur des cheminées devrait être portée à 50 mètres.

Le deuxième paragraphe est à maintenir, mais il convient de bien spécifier que les parois, le plafond et le sol seulement ne peuvent être en planches. Un atelier comprenant des fours, des forges et d'autres foyers industriels peut parfaitement être construit en charpente de bois, avec comble apparent en bois et remplissage en maçonnerie entre les poteaux en bois qui portent la charpente, à la condition que les gros bois de charpente soient suffisamment isolés des foyers et des tuyaux de fumée. Ce qu'il convient d'interdire, ce sont les clôtures et les cloisons en planches. D'ailleurs presque tous les ateliers de construction de voitures et de wagons, ayant de nombreuses forges, sont construits en charpente de bois; dans l'état actuel de la réglementation, ils ne seraient donc pas conformes à cet article qui défend les bois apparents, ni à l'article 16 suivant, qui exige un atelier spécial pour la forge.

Art. 15. — L'exploitation des fournils et fours de boulangers et de pâtissiers est soumise aux prescriptions suivantes :

1° Les fournils devront être indépendants des locations et habitations voisines et en être séparés par des murs en moellons ou en briques d'une épaisseur suffisante.

Les locaux où ils seront installés seront d'un accès facile;

2° Les fours seront isolés de toute construction et leurs tuyaux disposés ou construits comme il est dit en l'article 7;

3° Le bois de provision devra toujours être disposé en dehors du fournil, dans un lieu ou il ne puisse présenter aucun danger d'incendie;

4° Le bois destiné à la consommation du jour ne pourra, soit avant, soit après sa dessication, être laissé dans les fournils que s'il est placé dans une resserre en matériaux incombustibles fermant hermétiquement par une porte en fer.

Les arcades situées sous les fours ne pourront être affectées à cet usage qu'autant qu'elles seront fermées également par une porte en fer, à demeure, posée en retraite à dix centimètres de la face du four;

5° Les escaliers desservant les fournils seront en matériaux incombustibles;

6° Les soupentes et resserres et toutes autres constructions établies dans les fournils, ainsi que les supports de pannetons, les étouffoirs et coffres à braise, seront aussi en matériaux incombustibles;

7° Les pétrins et les couches à pain seront revêtus extérieurement de tôle, quand ils se trouveront placés à moins de deux mètres de la bouche du four. Dans le même cas, les glissoires à farine seront construites en métal avec fourreau en peau;

8° Les tuyaux à gaz, dans les fournils, devront être en fer ou en cuivre et non en plomb.

L'article 15 concernant les prescriptions à imposer aux boulangers et aux pâtissiers devra être modifié comme suit :

§ 2. — Il conviendrait de bien spécifier que l'isolement du four n'est obligatoire que par application de l'article 674 du Code civil. Or cet article, comme nous l'avons dit plus haut, ne s'occupe que de la protection due au voisin, il ne comprend donc que l'isolement du mur mitoyen exigé par l'article 190 de la Coutume de Paris, c'est-à-dire le demi-pied de vide (16 centimètres) et le pied d'épaisseur (33 centimètres) pour le mur du four. Convient-il d'exiger le même isolement d'un mur de refend ou d'une cloison non combustible? Nous ne le croyons pas, s'il ne doit résulter aucun inconvénient grave ni aucune incommodité de l'adossement du mur du four à ce mur de refend ou à cette

cloison. Il conviendrait donc de rédiger ainsi cet article :
« Les fours seront isolés des murs mitoyens par un tour de
chat d'au moins 16 centimètres et le mur du four devra
avoir au moins 32 centimètres d'épaisseur, comme l'exigeait
l'article 190 de la Coutume de Paris. L'adossement du
four à des murs de refend ou à des cloisons intérieures en
maçonnerie pourra être permis à la condition qu'il n'en
résultera aucun inconvénient ou aucune incommodité pour
les locataires voisins. Quant aux conduits de fumée des
fours, ils devront être construits comme nous l'avons dit
plus haut.

Le § 7 devra être modifié aussi ; le revêtement en tôle
des pétrins et des couches à pains est une mauvaise prescription ; il faut exiger l'éloignement de deux mètres de la
bouche du four.

Enfin au § 8, concernant l'éclairage au gaz des fournils,
il conviendrait peut-être d'interdire les lumières nues ou
les becs papillons. Dans notre rapport au Conseil d'Hygiène
du 12 avril 1889, concernant une explosion dans une
boulangerie, nous avons dit quels étaient les dangers de la
folle farine en contact avec une lumière nue et nous croyons
qu'il y aurait lieu d'exiger que les lumières fussent au
moins protégées par un verre.

ART. 16. — Les forges doivent être construites suivant les lois et
coutumes. Elles doivent, de plus, être sous une hotte. Leur tuyau
doit être disposé et construit comme il est dit à l'article 7.
Les charrons, carrossiers, menuisiers et autres ouvriers qui travaillent le bois et le fer, sont tenus, s'ils exercent les deux professions
dans la même maison, d'y avoir deux ateliers entièrement séparés
par un mur, à moins que, entre la forge et l'endroit où l'on travaille
ou dépose des bois, il y ait une distance de dix mètres au moins.

La rédaction de cet article doit être certainement modifiée ; aucune loi n'indique le mode de construction des

forges, ni les précautions à prendre pour éviter le danger d'incendie pouvant résulter de leur emploi. Le Code civil ne parle que de la forge, contre le mur mitoyen, qui devra être construite conformément aux réglements et aux usages, et n'a en vue que la protection de ce mur. L'usage, c'est l'article 190 de la Coutume de Paris qui exige un demi-pied de vide (0ᵐ,162) et un pied d'épaisseur (0ᵐ,324) pour le mur de la forge. Si pour les fours de boulangers, l'article 190 de la Coutume de Paris est encore observé, en ce qui concerne les forges, nous devons dire qu'en général on se contente d'un contre-mur suffisant pour protéger le mur mitoyen contre toute détérioration provenant de l'usage du feu contre ce mur. La chaleur d'une forge n'est pas telle qu'il puisse en résulter une incommodité grave pour le voisin et l'isolement du demi-pied exigé par la Coutume de Paris ne nous paraît pas devoir être maintenu. Il conviendra donc d'insérer dans la nouvelle ordonnance que les forges adossées à un mur mitoyen devront avoir un contre-mur d'une hauteur et d'une épaisseur suffisantes pour protéger ce mur contre toute dégradation et pour ne pas incommoder les voisins par la chaleur. Quant aux forges adossées à des cloisons ou à des murs intérieurs, la commission jugera si le contre-mur doit être imposé; nous croyons qu'il suffit d'exiger seulement la condition de ne pas incommoder le locataire voisin. Ce qu'il importe de bien établir, c'est que, dans l'état actuel de la législation, l'article 190 est seul applicable et qu'il ne vise que la forge contre le mur mitoyen. Il convient aussi de rappeler que le demi-pied de vide était exigé à une époque où presque tous les murs mitoyens étaient en pans de bois.

La hotte, sur toutes les forges, mitoyennes ou non, devra être prescrite, et nous croyons qu'il faudra ajouter : « d'une largeur suffisante pour recueillir toutes les fumées ».

Depuis quelques années, on fait un assez grand usage, dans les ateliers de petite mécanique, de forges volantes qui se déplacent facilement, et souvent le Service d'architecture a eu à examiner des plaintes provenant de l'incommodité de la fumée de ces forges. Quand l'atelier est mal ventilé et qu'il n'a d'air et de jour que sur les propriétés voisines, ces plaintes sont généralement fondées et nous avons toujours demandé la hotte conformément à l'article 16 de l'ordonnance en vigueur, mais nous devons reconnaître qu'imposer une semblable prescription c'est rendre fixe un appareil d'un usage fréquent dans l'industrie par la facilité avec laquelle il se transporte. Il y aura donc peut-être lieu de demander que les forges mobiles soient toujours disposées dans des ateliers parfaitement ventilés et suffisamment aérés, de telle sorte que le voisinage ne puisse être incommodé par la fumée, et à cette condition la hotte et le tuyau de fumée pourront ne pas être exigés. Quant aux tuyaux des forges fixes, de construction, ils devront toujours être élevés à hauteur des souches des cheminées voisines dans un certain rayon et construits en maçonnerie.

Le deuxième paragraphe de l'article 16 concernant les charrons, carrossiers, menuisiers et autres ouvriers qui travaillent le bois et le fer n'est que la reproduction abrégée de l'article 14 de l'ordonnance du 10 février 1735 qui exigeait un atelier spécial pour la forge, séparé par un mur de deux mètres soixante centimètres de hauteur avec porte de communication disposée de telle sorte qu'aucune étincelle de la forge ne puisse jaillir dans l'atelier voisin. L'ordonnance actuelle n'exige pas les deux ateliers dans le cas où, entre la forge et l'endroit où l'on travaille ou dépose le bois, il y a un distance de dix mètres au moins. Les prescriptions rigoureuses de cet article pouvaient se justifier à une époque où les charrons, menuisiers, carrossiers avaient des ateliers très exigus et où les maisons de Paris, construites en pans de bois avec des planchers à solives apparentes, offraient une proie facile à l'incendie. De nos jours, il nous paraît difficile de maintenir les prescriptions de ce second paragraphe de l'article 16 et nous croyons que dans la nouvelle ordonnance il n'y aura pas à prescrire les deux ateliers séparés par un mur et que la distance de dix mètres pourra être réduite. Les incendies par les forges et les étincelles du fer battu sur l'enclume sont très rares, et il suffira peut-être de recommander, dans les ateliers mixtes où l'on travaille le bois et le fer, que la forge et l'enclume (car c'est surtout le martelage du fer rouge sur l'enclume qui projette des étincelles, bien plus que la forge) soient suffisamment éloignés des dépôts de bois et de copeaux et que tous les soirs l'atelier soit balayé avec le plus grand soin et les copeaux et la sciure emmagasinés dans un local incombustible, fermé par une porte en fer, comme nous le prescrivons dans les scieries mécaniques.

Art. 17. — Dans tous les ateliers où il y aura des fourneaux dits sorbonnes, ces fourneaux seront établis sous des hottes en matériaux incombustibles.

L'âtre sera entouré d'un mur en briques de vingt-cinq centimètres de hauteur au-dessus du foyer, et ce foyer sera disposé de manière à être clos, pendant l'absence des ouvriers, par une fermeture en tôle.

Dans ces ateliers, ainsi que dans ceux qui sont mentionnés à l'article précédent, les copeaux seront enlevés chaque soir.

Cet article a une très grande importance et presque tous les incendies que nous voyons éclater dans les ateliers d'ébénisterie, ont pour cause l'existence d'une sorbonne (fourneau à chauffer la colle). Très souvent, l'âtre de la

sorbonne n'a pas de rebord en briques et les charbons
tombent sur les planchers et sur les tas de copeaux qui
encombrent ces ateliers, généralement construits très légè-
rement, en bois avec solives apparentes ; souvent aussi le
foyer n'est pas fermé par une porte en fer. Mais dans bien
des cas, l'incendie a pour cause des charbons incandescents adhérents au pot à colle lui-même, que l'on transporte dans toutes les parties de l'atelier et dépose sur les
établis et quelquefois sur de la sciure et des tas de copeaux.
Les nombreux incendies qui éclatent dans les ateliers
d'ébénisterie et de fabriques de meubles ne sont pas dûs,
comme le prétend le Service des Établissements classés, à
la provision de vernis, mais à l'existence des sorbonnes et
surtout au peu de soins des ouvriers qui ne nettoient pas
extérieurement les pots à colle forte dont ils font un usage
continuel ; la colle qui y adhère retenant des charbons
qui vont porter l'incendie dans toutes les parties de l'atelier.

Dans le dernier hiver, j'ai eu à constater plus de dix
commencements d'incendie dans des ateliers d'ébénisterie
où la sorbonne n'était pas conforme à l'ordonnance. Il y
aura donc lieu de maintenir intégralement cet article 17
et, s'il est possible, d'appeler tout spécialement l'attention
des ouvriers en meubles sur les dangers d'incendie qui
peuvent résulter des sorbonnes mal construites et d'exiger
l'entretien en constant état de propreté des pots à colle.

TITRE VI

*Entrepôts, magasins et débits de matières combustibles ou inflammables,
théâtres, salles de spectacle, établissements et lieux publics ou particuliers.*

ART. 18. — Les magasins et entrepôts de charbon de terre, houille
et autres combustibles minéraux, les débits de bois de chauffage, de

charbon et de tous autres combustibles, les magasins de marchands de paille et de fourrages en gros ne pourront être formés dans Paris sans notre autorisation.

On ne pourra entrer avec de la lumière dans les magasins de fourrages en gros.

ART. 19. — Tous magasins des détaillants de paille et de fourrages ne peuvent être ouverts qu'après une déclaration à la Préfecture de Police. Ils ne devront être établis ni dans des boutiques, ni dans des soupentes y attenant. Il n'y aura dans ces magasins ni bois de construction apparent, ni foyer, ni tuyau de cheminée. On ne pourra y entrer avec de la lumière.

Ces deux articles visent surtout les magasins et les débits de paille et fourrages. Une étude très complète sur la revision de ces deux articles a été faite par notre regretté collègue et ami, M. Léon Faucher, dans la séance du Conseil d'Hygiène publique et de Salubrité du département de la Seine du 14 mai 1886. Les conclusions du rapporteur étaient les suivantes :

Magasins de Débitants

1° *Les magasins des débitants de paille et de fourrages ne pourront être ouverts qu'après une déclaration à la Préfecture de Police. La quantité de bottes de paille ou de fourrages emmagasinée à la fois dans ces magasins ne devra pas dépasser 300 bottes.*

2° *Si le magasin est en sous-sol ou au rez-de-chaussée et qu'il existe au-dessus des étages habités, le plancher haut sera hourdé plein en bonne maçonnerie, avec enduit de plâtre bien adhérent.*

3° *Si le magasin est au grenier, au-dessus d'étages habités, le sol du grenier sera formé par un carrelage continu, posé sur bonne couche de plâtre, le comble sera hourdé plein, en bonne couche de plâtre continue, ne laissant apparents que les entraits, faux entraits, arbalétriers, poinçons et contrefiches. S'il est possible, les bois apparents seront enduits d'une couche d'argile délayée dans une solution de verre soluble.*

4° Il n'y aura dans ces magasins ni foyer, ni tuyaux de fumée mobiles. Les conduits de fumée fixes seront enduits en bonne couche de plâtre et isolés des matières emmagasinées par un espace vide de 0ᵐ,50 de largeur au moins, réservé au moyen de planches à claires-voies ou de toiles métalliques.

5° La porte des magasins devra être entièrement métallique.

Toutes les ouvertures sur la voie publique et sur les voisins seront fermées par une toile métallique à mailles serrées.

6° On ne pourra entrer dans ces magasins, la nuit, qu'avec des lanternes bien fermées, et dont les verres seront protégés par une garniture métallique suffisamment solide.

MAGASINS EN GROS

1° Les magasins de paille et de fourrages dans lesquels la quantité emmagasinée à la fois dépasse 300 bottes seront entièrement isolés de toute construction environnante par un chemin de ronde de 2 mètres au moins et ne seront habités dans aucune de leurs parties.

2° Il n'y aura dans ces magasins ni foyers, ni conduits de fumée quelconques.

3° Ils seront construits en matériaux incombustibles, avec portes en fer.

Les planchers en fer seront hourdés plein en maçonnerie, avec carrelages et plafonds. Le comble sera également hourdé plein, avec un bon enduit de plâtre.

Les supports verticaux des planchers seront formés par des colonnes en fer ou en fonte, ou par des piles en bonne maçonnerie.

4º Les ouvertures latérales, ainsi que celles établies sur combles, seront fermées à verre dormant, avec toile métallique à mailles serrées.

La ventilation intérieure se fera au moyen de trémies ou tuyaux qui monteront au-dessus du comble et dont l'orifice de sortie sera protégé par un chapeau saillant.

5º Il sera rigoureusement interdit de fumer à l'intérieur et aux abords de ces magasins, et cette interdiction sera inscrite en caractères très apparents, au-dessus ou à côté des portes d'entrée.

6º On ne pénétrera dans ces magasins qu'à la lumière du jour.

7º A chaque étage de ces bâtiments, il sera établi un nombre suffisant de prises d'eau (avec robinet) de 40 millimètres de diamètre, au pas de la Ville et des Sapeurs-Pompiers.

Ces prises d'eau seront établies sur des colonnes montantes en communication avec la distribution d'eau de la Ville, ou pouvant être mises rapidement en communication avec des pompes aspirantes et foulantes, raccordées avec un puits à bonne nappe d'eau constante.

8º A proximité des magasins pouvant contenir plus de 5.000 bottes de paille ou de fourrages, il sera établi, dans des conditions de facile accès, une ou plusieurs bouches d'eau pour pompes à vapeur.

La proposition de classement des magasins en gros soumise au Comité consultatif des Arts et Manufactures fut rejetée et le Ministre du Commerce vous répondait, tout en vous notifiant ce rejet, que vous aviez les pouvoirs nécessaires pour prescrire, par des arrêtés spéciaux, les mesures propres à prévenir les incendies dans les magasins en gros de paille et de fourrages.

Les nouveaux articles 18 et 19 pourront donc être la

reproduction presque intégrale des conclusions du rapport de M. Léon Faucher. Les débitants seront toujours soumis à une déclaration préalable et devront se conformer aux six articles énoncés ci-dessus. Pour les magasins en gros, ils ne pourront être établis sans votre autorisation et les conditions d'installation à fixer, dans chaque cas particulier, seront formulées par un arrêté spécial. L'ordonnance pourrait d'ailleurs indiquer les conditions prévues pour ces magasins en gros, dans le rapport du Conseil d'Hygiène.

Quant aux magasins et entrepôts de charbon de terre, houilles et autres combustibles minéraux, leur établissement dans Paris devra toujours être soumis à votre autorisation; mais nous ne croyons pas qu'il y ait lieu de prévoir des conditions spéciales dans la rédaction de la nouvelle ordonnance. Le danger d'incendie est bien moins grand pour les entrepôts de combustibles minéraux et les prescriptions qui peuvent leur être imposées sont très variables selon l'emplacement et le voisinage.

Les débits de combustibles pour la vente au détail sont soumis à certaines conditions d'autorisation, ignorées très souvent par les exploitants et qui pourraient, sans inconvénient, être insérées dans la nouvelle ordonnance; nous ne voyons aucune modification à y apporter. Elles sont ainsi formulées :

1° *Les cloisons et planchers hauts, s'ils ne sont pas en matériaux incombustibles, seront recouverts en plâtre. Il en sera de même de tous bois de construction apparents.*

2° *Toute séparation avec une boutique, une échoppe ou un logement voisin sera solidement établie, revêtue de plâtre et sans aucune ouverture sur le local du pétitionnaire.*

3° *Le charbon de bois, même en sac, ne pourra être déposé que dans des cases dont les côtés et le dessus seront en matériaux incombustibles.*

4° On ne pourra faire du feu dans la pièce affectée au magasin, et, si le débitant prépare des chaufferettes, il devra avoir, à cet effet, dans une autre pièce, un foyer spécial, lequel sera muni de rideaux en tôle et d'un garde-cendres fixe. Son tuyau sera en maçonnerie.

5° On ne pourra emmagasiner le charbon de bois cuit en vases clos sans autorisation spéciale.

6° Le tamisage du charbon ne pourra avoir lieu qu'à l'intérieur du magasin et de manière à ce qu'il n'en résulte aucun inconvénient pour les habitants de la maison.

7° Tous les menus combustibles, facilement inflammables, résineux, chimiques, sulfureux ou autres préparés pour l'allumage des feux, seront déposés dans des caisses solides et fermées, lesquelles seront réunies dans une partie spéciale du magasin et qui sera désignée à cet effet.

8° Le débitant devra exhiber sa permission aux agents de l'autorité et leur donner accès dans sa boutique à toute réquisition.

9° Il n'apportera aucun changement dans les dispositions du local qu'avec l'autorisation de l'Administration.

10° Il est interdit à tout débitant de combustibles d'exercer un autre commerce dans le local affecté à son débit.

Les chantiers de bois dans les villes sont rangés, par le décret du 3 mai 1886, dans la troisième classe des établissements insalubres, incommodes ou dangereux et les motifs de classement sont : *Émanations nuisibles et danger d'incendie.* C'est donc au Conseil d'Hygiène qu'il appartient de vous proposer les conditions d'autorisation après l'accomplissement des formalités d'usage, ainsi que pour les dépôts ou magasins de charbon de bois, rangés par le même décret dans la troisième classe et dont le motif de classement est : *danger d'incendie.* Les auteurs du décret auraient pu ajouter l'inconvénient des poussières produites par le tamisage du charbon de bois. Nous ferons remarquer en outre que les chantiers de bois de menuiserie et d'ébénisterie, beaucoup plus dangereux au point de vue de l'incendie que les chantiers de bois à brûler, ne sont pas classés. Il conviendrait peut-être de les soumettre à votre autorisation préalable.

ART. 20. — Il est interdit d'entrer avec de la lumière dans les établissements, magasins, caves et autres lieux renfermant des spiritueux et, en général, des matières dégageant des gaz ou des vapeurs inflammables, à moins que cette lumière ne soit renfermée dans une lampe de sûreté, dite de Davy.

Les caves et les magasins renfermant des spiritueux ou des matières dégageant des gaz ou des vapeurs inflammables devront être suffisamment ventilés, au moyen d'une ouverture ménagée dans la partie inférieure de la porte d'entrée et d'une autre ouverture opposée à la première. Cette seconde ouverture sera pratiquée dans la partie supérieure de la cave ou du magasin.

Il est défendu d'entrer dans les écuries et dans les étables avec de la lumière non renfermée dans une lanterne.

La seule modification à apporter à cet article serait peut-être d'ajouter à la suite de : lampe de sûreté dite de Davy, *ou lampe électrique à incandescence.* Cet article ne s'applique d'ailleurs qu'aux alcools et spiritueux, car presque tous les magasins et dépôts contenant des matières dégageant des gaz ou des vapeurs inflammables, hydrocarbures, huiles et essences minérales, éthers, etc., constituent des établissements classés et par suite ne peuvent être autorisés qu'après enquête de *commodo* et *incommodo* et avis du Conseil d'Hygiène.

ART. 21. — Il est défendu de rechercher les fuites de gaz avec du feu ou de la lumière.

ART. 22. — La vente des matières d'artifices, le tir des armes à feu et des feux d'artifices, la conservation, le transport et la vente des capsules et des allumettes fulminantes auront lieu conformément aux règlements spéciaux relatifs à ces matières.

15

A reproduire dans la nouvelle ordonnance sans aucune modification.

Art. 23. — Les lieux publics de réunions, tels que : les théâtres, les salles de bal, les cafés-concerts, etc., ne pourront, à moins d'une autorisation spéciale, être chauffés autrement que par des bouches à air chaud, et être éclairés autrement que par le gaz ou par des lampes à l'huile, mais non à l'huile minérale.

Cet article devra être modifié ou peut-être supprimé. Aucun lieu public de réunion ne peut être ouvert sans une déclaration préalable à votre Administration et la Commission des Théâtres, où le Service des Architectes examine le mode de chauffage et d'éclairage dans chaque cas particulier. Nous croyons qu'il conviendrait d'ajouter : *par l'électricité en se conformant à l'ordonnance du 17 avril 1888.* Quant aux huiles et essences minérales, nous avons toujours demandé que l'éclairage au moyen de ces produits soit formellement interdit dans tous les lieux publics de réunion : théâtres, salles de bal, cafés-concerts, et nous vous proposerons d'ajouter : *baraques foraines.*

Art. 24. — Il est expressément défendu de brûler de la paille sur aucune partie de la voie publique, dans l'intérieur des abattoirs, des salles et marchés, dans les cours, les jardins et terrains particuliers, et d'y mettre en feu aucun amas de matières combustibles.

Art. 25. — Il est interdit de fumer dans les salles de spectacle, sous les abris des halles, dans les marchés et, en général, dans l'intérieur de tous les monuments et édifices publics placés sous notre surveillance.

Il est également défendu de fumer dans les magasins et autres endroits renfermant des spiritueux, ainsi que des matières combustibles, inflammables et fulminantes.

Art. 26. — Il n'est point dérogé, par la présente ordonnance, aux dispositions relatives aux dangers d'incendie qui se trouvent contenues dans les règlements spéciaux concernant les halles et marchés, les abattoirs, les ports et berges, les salles de spectacle, etc.

Les établissements classés et les locaux contenant des produits spécialement réglementés, restent soumis aux conditions particulières que leur imposent les règlements en vigueur.

Ces trois articles pourront être insérés dans la nouvelle ordonnance, en ce qui nous concerne nous ne voyons aucune modification à y apporter.

TITRE VII

Extinction des incendies.

ART. 27. — Aussitôt qu'un feu de cheminée ou un incendie se manifestera, il en sera donné avis au plus prochain poste de Sapeurs-Pompiers (1) et au Commissaire de Police du quartier.

ART. 28. — Il est enjoint à toute personne chez qui le feu se manifesterait d'ouvrir les portes de son domicile à la première réquisition des Sapeurs-Pompiers et de tous les Agents de l'autorité.

ART. 29. — Les propriétaires ou locataires des lieux voisins du point incendié seront obligés de livrer, au besoin, passage aux Sapeurs-Pompiers et aux Agents de l'autorité appelés à porter des secours.

ART. 30. — Les habitants de la rue où se manifestera l'incendie et ceux des rues adjacentes tiendront les portes de leurs maisons ouvertes et laisseront puiser de l'eau à leurs puits, pompes et robinets de concession pour le service de l'incendie.

ART. 31. — En cas de refus de la part des propriétaires et des locataires de déférer aux prescriptions des trois articles précédents, les portes seront ouvertes à la diligence du Commissaire de Police et, à son défaut, de tout commandant de détachement de Sapeurs-Pompiers.

ART. 32. — Il est enjoint aux propriétaires et principaux locataires des maisons où il y a des puits, des pompes et autres appareils hydrauliques, de les entretenir en bon état de service. Les puits devront être constamment garnis de cordes, de poulies et de seaux.

ART. 33. — Les propriétaires, gardiens ou détenteurs de seaux,

---

(1) L'état des postes de Sapeurs-Pompiers établis dans Paris, se trouve à la suite de l'instruction annexée à la présente ordonnance.

pompes, échelles, etc., qui se trouveront soit dans les édifices publics, soit chez les particuliers, seront tenus de déférer aux demandes du Commandant de détachement des Sapeurs-Pompiers et des Commissaires de Police qui les requerront de mettre ces objets à leur disposition.

Art. 34. — Les porteurs d'eau à tonneaux, rempliront leurs tonneaux, chaque soir, avant de les remiser, et les tiendront pleins toute la nuit.

Au premier avis d'un incendie, ils y conduiront leurs tonneaux pleins d'eau (1).

Art. 35. — Les gardiens des pompes et réservoirs publics seront tenus de fournir l'eau nécessaire pour l'extinction des incendies.

Art. 36. — Toute personne requise pour porter secours en cas d'incendie et qui s'y serait refusée, sera poursuivie ainsi qu'il est dit en l'article 475 du Code pénal.

Art. 37. — Les maçons, charpentiers, fumistes, couvreurs plombiers et autres ouvriers seront tenus, à la première réquisition, de se rendre au lieu de l'incendie, avec leurs outils ou agrès, mais ils ne travailleront que d'après les ordres du commandant de détachement des Sapeurs-Pompiers; faute par eux de déférer à cette réquisition, ils seront poursuivis devant les tribunaux conformément au dit article 475.

Art. 38. — Tous propriétaires de chevaux seront tenus, au besoin, de les fournir pour le service des incendies, et le prix du travail de ces chevaux sera payé sur mémoires certifiés par le Commissaire de Police ou par le Colonel des Sapeurs-Pompiers.

Art. 39. — Il est enjoint à tous marchands voisins de l'incendie de fournir, sur la réquisition du Commissaire de Police ou du Commandant de détachement de Sapeurs-Pompiers, les flambeaux et terrines nécessaires pour éclairer les travailleurs, ainsi que le combustible destiné au service des pompes à vapeur.

Le prix des fournitures faites sera payé sur des mémoires certifiés ainsi qu'il est dit à l'article précédent.

---

(1) Il sera accordé une gratification à chacun des porteurs d'eau arrivés les premiers au lieu de l'incendie avec leurs tonneaux pleins. Cette gratification sera :
De 12 francs pour le premier arrivé.
De 6 francs pour le second.
En cas d'incendie, les porteurs d'eau sont autorisés à puiser à toutes les fontaines indistinctement.
Ils seront payés de leur travail à raison de 0 fr. 35 c. par hectolitre d'eau fournie.

Nous croyons inutile d'insister pour un remaniement complet du titre VII, concernant l'extinction das incendies. L'établissement des avertisseurs téléphoniques d'incendie, la substitution de la pompe à vapeur à la pompe à bras, l'établissement des bouches d'eau pour pompes à vapeur, enfin tous les perfectionnements apportés depuis quelques années, dans l'organisation du corps des Sapeurs-Pompiers et des moyens de secours destinés à combattre les incendies, vous sont assez connus pour justifier une nouvelle rédaction de ce chapitre de la nouvelle ordonnance. La suppression des puits dans l'intérieur de Paris vous a été proposée par le Conseil d'Hygiène, les porteurs d'eau, avec leurs tonneaux et les gardiens de pompe ont disparu de tous les quartiers de la Capitale, les Sapeurs-Pompiers n'ont plus jamais recours aux marchands voisins de l'incendie pour requérir des flambeaux ou des terrines nécessaires à l'éclairage des travailleurs, et les postes de pompes à vapeur ont la cavalerie nécessaire pour amener rapidement ces pompes sur le lieu du sinistre, sans qu'il soit nécessaire de recourir aux propriétaires de chevaux. Il ne nous appartient pas de vous proposer la nouvelle rédaction de ce chapitre, c'est M. le Colonel et l'État-Major des Sapeurs-Pompiers, qui pourront vous indiquer les obligations à imposer aux sinistrés et aux voisins du théâtre de l'incendie et les avertissements à donner au public pour réclamer les secours nécessaires pour combattre le fléau.

TITRE VIII

Dispositions générales.

Art. 4e. — Les ordonnances de police des 24 novembre 1843 et 11 décembre 1852, concernant les incendies, ainsi que celle du 25 mars 1828, concernant les magasins de détaillants de fourrages, sont rapportées.

Art. 41. — Les contraventions à la présente ordonnance seront constatées par des procès-verbaux qui nous seront transmis pour être déférés, s'il y a lieu, aux tribunaux compétents.

Il sera pris, en outre, suivant les circonstances, telles mesures d'urgence qu'exigera la sûreté publique.

Art. 42. — La présente ordonnance sera publiée et affichée.

Les Commissaires de Police, le Chef de la Police municipale, le Colonel du Régiment de Sapeurs-Pompiers, les Officiers de paix, les Architectes de la Préfecture de Police, l'Inspecteur général des halles et marchés, l'Inspecteur principal des combustibles, et les autres préposés de la Préfecture de Police en surveilleront et en assureront l'exécution, chacun en ce qui le concerne.

Elle sera adressée à notre collègue, M. le Préfet de la Seine, à M. le Général commandant la place de Paris, à M. le Colonel de la Garde Républicaine et à M. le Commandant de la Gendarmerie de la Seine.

Le Préfet de Police,
L. RENAULT.

A. — INSTRUCTION CONCERNANT LES INCENDIES

Le poste de Sapeurs-Pompiers qui aura eu connaissance d'un incendie, ou d'un feu de cheminée, se rendra immédiatement sur le lieu avec la pompe.

Le chef du poste en fera, au besoin, donner immédiatement avis à la caserne des Sapeurs-Pompiers la plus rapprochée. Dans tous les cas, il fera prévenir le Commissaire de Police du quartier qui se transportera aussi sur le lieu de l'incendie.

Si l'incendie présente un caractère alarmant, le Commissaire de Police fera prévenir le Préfet de Police, le Général commandant la place et le Colonel de la Garde Républicaine, ainsi que le Colonel du régiment de Sapeurs-Pompiers qui dirigera sur le théâtre de l'incendie tous les moyens de secours nécessaires.

Le Commissaire de Police fera transporter en nombre suffisant les seaux à incendie qui se trouveront dans les dépôts publics, et, au besoin, ceux des établissements particuliers.

Il prendra, de concert avec le Commandant de détachement de Sapeurs-Pompiers, les dispositions convenables pour éclairer les travailleurs.

Le Commandant de détachement de Sapeurs-Pompiers prendra la direction des moyens de secours.

Le Commissaire de Police s'occupera plus spécialement des diverses mesures à prendre dans l'intérêt de l'ordre, de la conservation des propriétés et de la sûreté publique.

Il veillera aussi à ce que les diverses fournitures, et particulièrement celles de l'eau, soient exactement constatées.

Si plusieurs Commissaires de Police sont présents à l'incendie, ils se partageront le service, mais la direction principale appartiendra toujours au Commissaire du quartier.

Les Commissaires de Police requerront, au besoin, la force armée.

Les troupes appelées sur le théâtre de l'incendie ne doivent être généralement employées qu'au maintien du bon ordre, à former les chaînes ou à manœuvrer les balanciers des pompes, la direction des secours et de toutes mesures prises pour combattre les incendies devant être laissée au corps des Sapeurs-Pompiers.

Afin d'éviter les accidents et pour ne pas porter le feu dans les parties de bâtiments qu'il n'a pas encore atteintes, le public qui se rend sur le théâtre de l'incendie, ne doit, en aucune façon, ouvrir les portes, les croisées et issues des lieux incendiés, et surtout ne rien démolir avant l'arrivée des Sapeurs-Pompiers, à moins que ce ne soit pour sauver des personnes en danger. Ce sauvetage doit se faire, autant que possible, par les escaliers.

Le déménagement des gros meubles et des gros effets ne doit avoir lieu qu'à l'arrivée des Sapeurs-Pompiers, qui jugent si ce déménagement est nécessaire.

C'est ainsi qu'on pourra reconnaître, à l'état des lieux, comment le feu a pris, empêcher les vols et les dégradations, et maîtriser le feu plus facilement, en évitant les encombrements dans les escaliers et autour du point incendié.

Le Commissaire de Police, le Colonel du Régiment de Sapeurs-Pompiers, et tous autres Agents de l'autorité, nous signaleront les personnes qui se seront fait remarquer dans les incendies.

Les Commissaires de Police dresseront procès-verbal des incendies et des circonstances qui les auront accompagnés.

Ils rechercheront les causes des incendies et les indiqueront, ainsi que le montant approximatif des pertes occasionnées; ils feront aussi connaître si l'incendié est assuré, et pour quelle somme.

Vu pour être annexé à notre ordonnance de ce jour.

Paris, le 15 septembre 1875.

Le Préfet de Police,

L. RENAULT.

Ce que nous venons de dire, concernant le titre VII, s'applique aussi à cette instruction qui devra être complé-

tement modifiée, en tenant compte des récents progrès
apportés dans l'organisation des secours. C'est encore
l'État-Major des Sapeurs-Pompiers et aussi M. le Chef de
la Police municipale, qu'il y aura lieu de consulter pour
vous proposer une nouvelle instruction, annexe de l'ordonnance.

A l'ordonnance de 1875, était, en outre, annexée une
instruction du Conseil d'Hygiène, concernant les tuyaux
de fumée, lue et adoptée dans la séance du 9 avril 1875,
nous la reproduisons ainsi que l'instruction du Conseil
du 16 février 1889, modifiant celle du 16 avril 1880.

INSTRUCTION

CONCERNANT LES TUYAUX DE FUMÉE

Lue et adoptée dans la séance du 9 avril 1875.

La salubrité d'une habitation dépend, en grande partie, de la
pureté de l'air qu'on y respire. Tout ce qui vicie l'air doit donc exercer une influence fâcheuse sur la santé des habitants.

Les tuyaux de fumée en maçonnerie qui traversent des étages et
des habitations peuvent, s'ils sont brisés ou en mauvais état, être la
cause non seulement d'incendies, mais encore d'altération de la
santé, d'asphyxie même, parce que ces tuyaux peuvent alors laisser
échapper des gaz délétères qui vicient l'air des habitations. C'est
notamment dans les chambres où l'on couche qu'il importe que ces
tuyaux soient en bon état.

Il faut donc non seulement que ces tuyaux soient solidement et
convenablement établis, mais encore qu'ils soient bien entretenus et
que tout tuyau brisé par feu de cheminée, ou par toute autre cause,
soit, de suite, réparé soigneusement ou remplacé au besoin.

Il faut que les tuyaux de fumée soient d'une capacité suffisante
pour les foyers qu'ils desservent, car l'excessive chaleur d'un tuyau
peut le faire éclater, le briser et causer, d'ailleurs, dans certains cas,
une incommodité de nature à altérer la santé.

Les ramonages doivent être faits fréquemment, avec le plus grand
soin, pour éviter les feux dits de cheminée qui brisent et détériorent
les tuyaux de fumée, notamment ceux cylindriques. Par suite, après

un feu de cheminée, le tuyau doit être visité attentivement, en vue des réparations ou des remplacements à opérer.

Il importe donc que tout foyer ait son conduit particulier de fumée, montant jusqu'au-dessus des toits ; que tout foyer fixe ou mobile soit convenablement établi.

Il importe, enfin, de rappeler ce qui est dit dans l'ordonnance de police du 23 novembre 1853 et dans l'instruction du Conseil à la suite, savoir :

« Tout foyer mobile, brasero ou autre, alors même qu'on n'y brûle que de la braise ou du combustible ne produisant pas de fumée, est dangereux s'il n'est, par un tuyau, en communication directe avec l'air extérieur. »

On ne doit, par la même raison, fermer la clef d'un poêle qu'après s'être assuré que le feu est complètement éteint.

L'usage des poêles mobiles et des appareils mobiles, à combustion plus ou moins lente, ayant été la cause de nombreux accidents, en 1880, le Conseil d'Hygiène fut chargé d'étudier une réglementation de ces appareils. Dans la séance du 6 avril 1880, il soumit à votre approbation une nouvelle instruction qui devait être annexée à l'ordonnance concernant les incendies. Cette instruction n'a jamais été publiée que dans les rapports du Conseil, aucune publication nouvelle de l'ordonnance n'ayant été faite depuis 1875. Elle n'a plus, pour nous, qu'un intérêt rétrospectif ; on la trouvera dans le Rapport général des travaux du Conseil, de 1880 à 1887.

Dans la période de 1880 à 1889, des accidents graves et même plusieurs décès occasionnés par l'emploi des poêles mobiles ayant encore été signalés à votre Administration, vous avez à nouveau saisi le Conseil d'Hygiène de la question et dans sa séance du 15 février 1889, une Commission composée de MM. Armand Gautier, Lancereaux, Michel Lévy et Bunel, fut chargée d'examiner s'il y aurait lieu de reviser l'instruction du 16 avril 1880, relative au mode de chauffage des habitations. Notre honoré collègue, M. Michel Lévy, rapporteur, émettait l'avis :

1° De modifier l'instruction du 16 avril 1880 en y introduisant des affirmations catégoriques au sujet du danger de l'emploi des poêles mobiles dans certaines circonstances déterminées ;

2° De donner une large publicité à la nouvelle instruction et notamment de l'afficher dans le ressort de la Préfecture ;

3° De recueillir désormais les documents statistiques les plus complets sur les accidents, causés par les appareils de chauffage et d'adresser, à ce point de vue, une circulaire aux Commissaires de Police et aux Commissions d'hygiène des divers arrondissements.

Au nom de la Commission, il soumettait aussi à votre approbation une nouvelle rédaction sur le mode de chauffage des habitations, modifiant sur plusieurs points l'instruction de 1880. Nous la reproduisons in extenso telle qu'elle a été publiée dans les Rapports du Conseil d'Hygiène publique et de Salubrité.

INSTRUCTION

CONCERNANT LE MODE DE CHAUFFAGE DES HABITATIONS, DU 29 MARS 1889.

1ᵉ (ANCIEN § 1ᵉʳ SANS MODIFICATIONS). — Les combustibles destinés au chauffage et à la cuisson des aliments ne doivent être brûlés que dans des cheminées, poêles et fourneaux qui ont une communication directe avec l'air extérieur, même lorsque le combustible ne donne pas de fumée. Le coke, la braise et les diverses sortes de charbon qui se trouvent dans ce dernier cas, sont considérés à tort, par beaucoup de personnes, comme pouvant être brûlés impunément à découvert dans une chambre abritée. C'est là un des préjugés les plus fâcheux ; il donne lieu, tous les jours, aux accidents les plus graves, quelquefois même il devient cause de mort. Aussi, doit-on proscrire l'usage des braseros, des poêles et des calorifères portatifs de tout genre qui n'ont pas de tuyaux d'échappement au dehors. Les gaz qui sont produits pendant la combustion par ces moyens de chauffage, et qui se répandent dans l'appartement, sont beaucoup plus nuisibles que la fumée de bois.

2° (ANCIEN § 9 SANS MODIFICATIONS). — On ne saurait trop s'élever contre la pratique dangereuse de fermer complètement la clef d'un poêle ou la trappe intérieure d'une cheminée qui contient encore de la braise allumée. C'est là une des causes d'asphyxie les plus communes. On conserve, il est vrai, la chaleur dans la chambre, mais c'est aux dépens de la santé et quelquefois de la vie.

3° (NOUVEAU). — *Il y a lieu de proscrire formellement l'emploi des appareils et poêles économiques à faible tirage, dits « poêles mobiles », dans les chambres à coucher et dans les pièces adjacentes.*

4° (NOUVEAU). — *L'emploi de ces appareils est dangereux dans toutes les pièces dans lesquelles des personnes se tiennent d'une façon permanente et dont la ventilation n'est pas largement assurée par des orifices constamment et directement ouverts à l'air libre.*

5° (NOUVEAU). — *Dans tous les cas, le tirage doit être convenablement garanti par des tuyaux ou cheminées présentant une section et une hauteur suffisantes, complètement étanches, ne présentant aucune fissure ou communication avec les appartements contigus et débouchant au-dessus des fenêtres voisines. Il est indispensable, à cet effet, avant de faire fonctionner le poêle mobile, de vérifier l'isolement absolu des tuyaux ou cheminées qui le desservent.*

6° (ANCIEN § 2 SANS MODIFICATIONS). — Il ne suffit pas que les poêles portatifs soient munis d'un bout de tuyau destiné à être simplement engagé sous la cheminée de la pièce à chauffer. Il faut que cette cheminée ait un tirage convenable.

7° (ANCIEN § 3 SANS MODIFICATIONS). — Il importe, pour l'emploi de semblables appareils, de vérifier préalablement l'état de ce tirage, par exemple à l'aide de papier enflammé. Si l'ouverture momentanée d'une communication avec l'extérieur ne lui donne pas l'activité nécessaire, on fera directement un peu de feu dans la cheminée avant d'y adapter le poêle, ou, au moins, avant d'abandonner ce poêle à lui-même. Il sera bon, d'ailleurs, dans le même cas, de tenir le poêle un certain temps en *grande marche* (avec la plus grande ouverture du régulateur).

8° (ANCIEN § 4 SANS MODIFICATIONS). — On prendra scrupuleusement ces précautions chaque fois que l'on déplacera un poêle mobile.

9° (ANCIEN § 6 MODIFIÉ). — On se tiendra en garde, principalement dans le cas où le poêle est en *petite marche*, contre les perturbations atmosphériques qui pourraient venir paralyser le tirage et même déterminer un refoulement des gaz à l'intérieur de la pièce. *Il est utile, à cet effet, que les cheminées ou tuyaux qui desservent le poêle soient munis d'appareils sensibles indiquant que le tirage s'effectue dans le sens normal.*

10° (NOUVEAU). — *Les orifices de chargement doivent être clos d'une façon hermétique et il est nécessaire de ventiler largement le local, chaque fois qu'il vient d'être procédé à un chargement de combustible.*

Cette instruction est très complète et nous ne croyons pas qu'il y ait lieu de demander au Conseil d'Hygiène de la reviser et de vous proposer une nouvelle rédaction. Elle devra donc être annexée intégralement à la nouvelle ordonnance aux lieu et place de l'instruction du 9 avril 1875.

Monsieur le Préfet,

En vous présentant ce Rapport, nous avons succinctement exposé les motifs pour lesquels une revision complète de l'ordonnance de police, concernant les incendies, s'imposait ; nous pensons que l'historique des usages particuliers, de la coutume et des anciennes ordonnances ainsi que les commentaires sur l'ordonnance de 1875 et l'arrêté préfectoral de 1881, qui font l'objet de cette étude, vous auront surabondamment démontré l'urgence et la nécessité de cette revision et de la promulgation d'un seul et unique règlement plus conforme aux usages, aux progrès réalisés dans l'art de bâtir et à la nature des matériaux mis en œuvre dans les constructions modernes, et dans lequel il sera tenu compte non seulement de l'expérience acquise depuis vingt années, des interprétations diverses données à certains articles des règlements actuellement en vigueur, des avis et des nouvelles instructions du Conseil d'Hygiène, mais aussi des modifications réclamées par les hygiénistes, les architectes et les constructeurs, et des perfectionnements apportés depuis 1875 dans les moyens de prévenir et de combattre les incendies.

Nous avons donc l'honneur de vos proposer de confier à une Commission le soin de reviser et de fusionner l'ordonnance de 1875 et l'arrêté de 1881, d'élaborer les articles de la nouvelle ordonnance, concernant les incendies, et de les soumettre à votre haute approbation.

Veuillez agréer, Monsieur le Préfet, l'hommage de mon profond respect.

Henri BUNEL.

ANNEXE

ANNEXE

BORDEAUX. — *Règlement général sur la voirie urbaine et les constructions du 6 septembre 1880.*

TUYAUX DE FUMÉE.

Art. 54. — Dans les murs de 0ᵐ,56 d'épaisseur, il ne pourra être pratiqué de renfoncement pour conduits de fumée de plus de 0ᵐ,13, de manière à conserver au mur au moins 0ᵐ,30 d'épaisseur, si deux cheminées venaient à se trouver adossées. La partie amincie devra être construite en pierres de taille.

Art. 108. — Aucune pièce de bois ne doit être logée dans l'intérieur d'un tuyau de cheminée, ni placée à une distance moindre que 0ᵐ,16 de la paroi intérieure de ce tuyau.

Art. 109. — Les tuyaux de cheminée ne pourront être construits qu'en pierre, en briques ou en fonte.

Art. 110. — Il pourra être dérogé à cette règle pour les tuyaux de poêle complètement isolés, et qui seront distants de 0ᵐ,50 au moins de toute pièce de charpente ou de menuiserie.

Art. 111. — Les languettes de face et de côté des tuyaux doivent être construites en pierre ou en briques posées à plat, et avoir une épaisseur d'au moins 0ᵐ,12 enduit compris.

Art. 112. — Lorsque les tuyaux seront en fonte, ils devront être revêtus d'une chemise en briques, laissant 0ᵐ,02 de vide autour de la fonte.

Art. 113. — Les souches des tuyaux de cheminée doivent être élevées de 0ᵐ,70 au moins au-dessus de leur point de contact le plus haut avec la rampe de la toiture.

Art. 115. — Les cheminées d'usine, de chaudières à vapeur, de fours et de fourneaux, devront s'élever à 3 mètres au moins au-dessus des toitures voisines dans un rayon de 50 mètres.

Art. 116. — Toute cheminée d'établissement industriel qui, sur les plaintes des voisins, serait reconnue présenter, par suite de la nature et de la quantité des combustibles qu'elle consomme, les mêmes inconvénients que celles qui sont désignées ci-dessus, pourra être assujettie aux mêmes conditions d'élévation au-dessus des toitures voisines, dans un rayon à déterminer par l'Administration, et qui ne dépassera pas celui qui est fixé par l'article précédent.

16

Art. 117. — Toute cheminée présentant des dangers au point de vue de la solidité ou de l'incendie, devra être immédiatement l'objet d'une reconstruction, ou des réparations nécessaires. Si le propriétaire ne se conformait pas à la première injonction qui lui serait faite, il serait procédé d'urgence, et comme en matière de péril imminent, sans préjudice des poursuites de droit.

Art. 118. — Les tuyaux de cheminée ou de poêle, saillants sur la voie publique, sont formellement interdits.

LYON. — *Règlement de voirie de 1874.*

TUYAUX DE FUMÉE.

Art. 33. — Les gaines de cheminées d'une maison basse joignant une maison plus élevée, quand elles seront contiguës au mur mitoyen, devront être élevées jusqu'à 0m,50 au moins, au-dessus du toit de la maison la plus élevée.

Art. 34. — Toutes les fois qu'il aura été constaté qu'une cheminée est dans des conditions qui exposent à un incendie, le propriétaire sera tenu, sur l'injonction qui lui sera faite par l'Administration, de faire exécuter les réparations jugées nécessaires pour faire cesser le danger.

BORDEAUX. — *Règlement général sur la voirie urbaine et les constructions du 6 septembre 1880.*

DÉPÔTS ET MAGASINS DE MATIÈRES COMBUSTIBLES ET ATELIERS AFFECTÉS A LEUR PRÉPARATION.

Art. 55. — Les murs mitoyens des édifices devant servir de dépôt de matières combustibles (chais à vins et spiritueux, magasins à bois, à textiles ou à fourrages, scieries mécaniques, etc., etc.) et les murs d'enceinte de ces dépôts situés à moins de trois mètres des propriétés voisines, devront toujours avoir au moins 0m,56 d'épaisseur. Ils s'élèveront à 1 mètre au-dessus du lattis des toitures du bâtiment qu'ils renferment. Cette surélévation pourra être construite en parpaings de 0m,30 d'épaisseur.

Art. 137. — Dans tout bâtiment où l'on voudra établir un dépôt de matières combustibles ou un atelier affecté à leur préparation, les murs mitoyens et les murs d'enceinte qui seront éloignés des propriétés voisines de moins de six mètres, devront avoir une épaisseur de 0ᵐ,56. Si la distance est de moins de 3 mètres, ils seront assujettis, en outre, aux prescriptions de l'article 55 ci-dessus.

ART. 138. — Si les murs déjà existants sont d'une épaisseur inférieure à 0ᵐ,56, l'Administration examinera s'il y a lieu d'accorder ou de refuser l'autorisation.

L'assentiment du voisin intéressé pourra être exigé.

ART. 139. — Les dépôts de matières combustibles placées à l'air libre devront être séparés des bâtiments voisins, soit par une distance de 6 mètres au moins, soit par des murs de 0ᵐ,56 d'épaisseur, s'élevant à 1 mètre au moins au-dessus de la hauteur que peuvent atteindre les dépôts.

La hauteur de ces murs ne pourra être moindre que 3 mètres.

ART. 140. — Les dépôts de matières combustibles et les ateliers destinés à leur préparation, à créer, ne pourront être mis en fonction que quand l'Administration aura vérifié, sur la demande du propriétaire, que les locaux remplissent toutes les conditions exigées pour la sûreté des voisins et celle des ouvriers et habitants de ces locaux.

ART. 141. — Selon l'importance et la disposition des dépôts de matières combustibles et des ateliers affectés à leur préparation, l'Administration pourra exiger que des prises d'eau soient établies soit à l'intérieur, soit à l'extérieur des locaux. Ces prises porteront un raccord s'adaptant au matériel du service des incendies. Elles seront scellées du plomb du Service des Eaux, et les scellés ne pourront être brisés qu'en temps d'incendie.

Ces prises ne donneront lieu à aucune redevance, mais elles seront établies aux frais du propriétaire par les soins du Service municipal.

ART. 142. — Sont assimilés aux dépôts de matières combustibles et soumis aux mêmes conditions tous les locaux renfermant des matières qui, par leur nature et par leur agglomération, peuvent présenter des dangers sérieux d'incendie.

IMPRIMERIE CHAIX (SUCCURSALE B), RUE DE LA SAINTE-CHAPELLE, 5, PARIS.
2293-95.

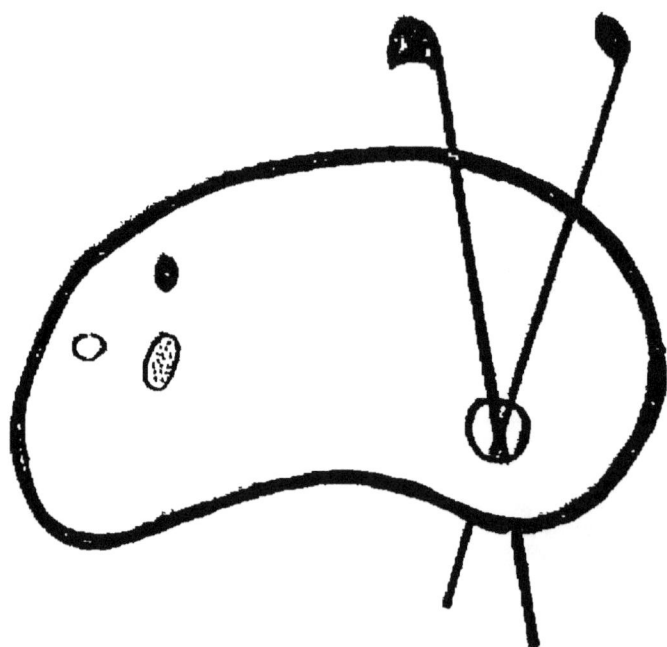

www.ingramcontent.com/pod-product-compliance
Lightning Source LLC
Chambersburg PA
CBHW071633200326
41519CB00012BA/2280